现代语文教学思维的创新研究

李 岚 汪淑双 刘 莹 ◎著

中国华侨出版社
·北京·

图书在版编目（CIP）数据

现代语文教学思维的创新研究 / 李岚，汪淑双，刘莹著. -- 北京：中国华侨出版社，2023.5
ISBN 978-7-5113-8753-0

Ⅰ. ①现… Ⅱ. ①李… ②汪… ③刘… Ⅲ. ①语文教学—教学研究 Ⅳ. ①H19

中国版本图书馆CIP数据核字(2022)第003084号

现代语文教学思维的创新研究

著　　者：李　岚　汪淑双　刘　莹
责任编辑：张　玉
封面设计：北京万瑞铭图文化传媒有限公司
经　　销：新华书店
开　　本：787毫米×1092毫米　1/16开　印张：12　字数：258千字
印　　刷：廊坊市源鹏印务有限公司
版　　次：2023年 5 月第 1 版
印　　次：2023年 5 月第 1 次印刷
书　　号：ISBN 978-7-5113-8753-0
定　　价：60.00元

中国华侨出版社　北京市朝阳区西坝河东里 77 号楼底商 5 号　邮编：100028
发行部：(010)69363410　　　传　真：(010)69363410
网　址：www.oveaschin.com　　E-mail：oveaschin@sina.com

如发现印装质量问题，影响阅读，请与印刷厂联系调换。

前言

教育既是一门科学，又是一门艺术，学科教育学不仅要研究学科的教学理论问题，而且要从教育学的基本原理出发，从培养人的高度来讨论学科教育的问题。在人的智力结构中，思维居于核心地位，是整个智力活动的最高调节者，给各种智力活动以深刻的影响。人类依靠思维能力，去认识世界、改造世界，创造了光辉灿烂的物质文明和精神文明。

语文教学的主要目的是培养学生的语文能力，学生的语文能力是以语文知识为基础，由听、说、读、写四种能力和思维的深刻性、灵活性、独创性构成的一个开放的动态系统。语文思维教学促进学生智力的发展，从而有效地提高语文能力。为此，必须使语文学习与思维训练有机结合起来，学思结合就成了学习语文的一条基本规律。学语文离不开思维的积极参与，只有通过教师引导下的独立思维，学生才能达到发展智力、提高语文水平的目的。要达到这一目的，必须把握语文思维教学的特性。

语文课程标准和语文核心素养理念都强调了发展学生的思维能力，语文教育工作者和一线语文教师也为培养学生的阅读思维能力进行了一系列的教学实践。如何有效地培养学生的阅读思维能力，改进语文阅读教学，已经成为目前语文教育探讨的重要课题之一。

目 录

第一章 语文教育教学方法与思维教学 1
    第一节 语文教育教学方法的基本理论 1
    第二节 思维的概念和特点 18
    第三节 开发思维以及在教学中的作用 20
    第四节 语文思维教学的思想内涵 25

第二章 语文教学中的形象思维与训练 28
    第一节 形象思维的基本理论 28
    第二节 在语文教学中训练形象思维能力 31

第三章 语文教学中的抽象思维与训练 39
    第一节 抽象思维的基本理论 39
    第二节 在语文教学中进行抽象思维训练的原则 55
    第三节 语文教学中抽象思维与形象思维的有机结合 58

第四章 语文教学中的直觉思维与训练 61
    第一节 直觉思维的基本理论 61
    第二节 语文教学中培养直觉思维的特殊意义 67
    第三节 语文教学中培养直觉思维能力的原则 69
    第四节 语文教学中直觉思维与抽象思维的结合 81

第五章 语文教学过程的设计与实施 84
    第一节 教学过程概述 84
    第二节 语文教学过程的设计 86
    第三节 语文教学过程的实施 94

第六章 语文教学方法的设计与运用 111
    第一节 教学方法概述 111
    第二节 语文教学方法的设计 119

第三节 语文教学方法的运用...124

第七章 语文教学设计的其他要素..152
　　第一节 语文课堂提问...152
　　第二节 语文课堂板书...158
　　第三节 语文说课...165
　　第四节 语文教案...169
　　第五节 语文课堂教学多媒体手段的运用...175

第八章 语文教学思维创新能力培养的实践策略..180
　　第一节 语文教学思维创新能力培养环境的创设.................................180
　　第二节 语文教学思维创新能力培养的文体教学策略.........................181
　　第三节 语文教学思维创新能力培养的评价策略.................................183

参考文献..185

第一章 语文教育教学方法与思维教学

第一节 语文教育教学方法的基本理论

语文学科性质、语文教学目的、语文教学原则这些语文教学的原理原则赋予了语文教学灵魂。

语文教育教学的基本理念,是人们观察问题、分析问题和解决问题所依据的原理和观念,是语文教学活动的指导思想和行为准则。我们把语文教学的理念概括为三句话:人文关怀是语文教学的最高价值追求,个性发展是语文教学的根本指针,回归生活是语文教学的必然途径。

语文教学方法是语文教学的一种重要手段,没有良好的教学方法,就难以取得预期的教学效果。所以,学习语文教学的方法对语文教学有着重要的意义。哲学家黑格尔把方法喻为耕地的犁,生物学家达尔文说最有价值的知识是关于方法的知识。什么是方法?从现代科学意义上理解,方法是指人们在有关的活动领域,把握事物规律,为完成某种任务而采用的途径、手段、工具和方式的总和。语文教学方法是教师引导学生自觉而有效地完成学习语文知识、培养语文能力、陶冶品德情操的任务所采用的方式、手段和途径。

一、语文教学方法的基本原理

语文教学方法,首先要了解语文教学方法的内涵、特征和分类,明确优化语文教学方法的标准和要求。

（一）语文教学方法的内涵

方法是一个多视角的复合体。从哲学的视角考察,它是人类认识世界和改造世界的方式和手段,人们称之为方法论。从心理学的视角考察,它是人类自主控制的行为程序。

方法实质上就是一定对象运动规律的规定性和活动模式,它在一定的范畴内规范着人们的行为方式。

语文教学方法具有多层次的内涵。从宏观、广义、整体来看,它是概指实现语文教学目的所采用的教材编排、教学过程、教学原则、教学形式、教学设施、教学技术等一切方面。人们平常泛指的"改进语文教学方法",实际上多指"语文教学方法论"。从微观、狭义、局部来看,它是师生为达到语文教学目的而进行的相互联系活动的形式,也就是独立的、具体的语文教学方法,是教法和学法的统一。我们所说的语文教学方法是狭义的,为了完成教学任务所使用的工作方法,包括教师教的方法和学生学的方法。

（二）语文教学方法的特征

语文教学的方法不是一种孤立的现象,而是要受到多种教学因素的制约;语文教学的方法也不是一种单一的模式,而是多姿多彩、变化多端的;语文教学的方法更不是凭空产生、一成不变的,而是发展变化、推陈出新的。正确认识语文教学方法的基本特征,认识它的整体功能,这是选择运用和改革创新语文教学方法的基础和前提。也就是说,无论是选择运用,还是改革创新,都必须充分考察语文教学方法在语文教学整体坐标系中的位置和功能,它与各种教学因素、教学环节以及方法与方法之间相互联系、相互作用、相互影响,进行教法结构的整体设计,提高语文教学的实际效益。

语文教学方法的基本特征可概括为三个方面：

1.语文教学方法具有依存性和变通性

这是从它与其他教学因素的关系来说的。所谓依存性,就是语文教学方法要受各种语文教学因素制约。首先,教学思想统率教学方法,教学方法是教学思想的直接体现。教师设计某种教学方法,总是有意或无意、自觉或不自觉地受一定教学思想的支配,完全不受任何教学思想支配的教学方法是不存在的。语文教学方法的改革,归根结底是教学思想的改革。其次,教学目的决定教学方法,教学方法为教学目的服务。如果以传授知识为教学目的,则主要可以采用讲授法;如果既要传授知识,又要培养能力,则必须讲练结合。此外,语文教学方法还要受到语文学科性质、语文教学内容以及学生年龄和心理特征等多种因素的制约。所以,语文教学方法具有较强的依存性,不能主观随意地盲目设计和使用。但是,与此同时,语文教学方法又具有较大的变通性。它的依存性并不能限制它的灵活变通。不同的情态可能采用相同的方法,相同的情态也可以运用不同的方法。

2.语文教学方法具有多样性和综合性

这是从它的表现形式来说的。语文学科性质的综合性、语文教学内容的丰富性、语文教学过程中师生相互联系活动形式的多样性,以及语文教学方法自身的变通性,决定了语文教学方法具有多样性。语文教学中绝不能单一地只使用某一种具体方法。比如一堂新授课,光讲不行,也要读,可能还要议和练;即使是讲,也不能只用讲述法,还要交错运用讲解法、讲析法乃至于串讲法、评点法等。所以,在语文教学中,以某种方法为主、其他方法为辅、多种教学方法交错使用的情况是常见的,这也是语文教学方法综合性的特点所决定的。

3.语文教学方法具有继承性和创造性

语文教学方法既不是从天上掉下来的,也不是人们的头脑里所固有的,而是从历史的沃土中生长出来的。历史是无法割断的。试想,谁能够在现代语文教学中完全排除古人和前人创造出来的教学方法呢？语文教学方法具有历史继承性,这是不言而喻的。

但是继承传统绝决不等于故步自封。任何事物都在不断地发展变化，停止发展就会丧失生命力，语文教学方法同样如此，要在继承的基础上创新。仅以阅读教学方法为例，从古到今、从传统教法到现代教法，它经历了串讲法、诵读法、评点法、讲读法、分析法、谈话法、精讲多练法、讲读法、读书先导法的发展轨迹，不时发展变化，推陈出新。

这种"出新"包含三个层次。一是新的组合，即将现有的具体单个的教学方法经过科学的排列组合，形成一种新的教学方法，如读写结合法；二是新的引进，即从外国外地移植一些先进教法，结合本地教学目标，进行消化、推广，如情境教学法、五步读书法等；三是新的创造，即总结自己和他人的丰富教学经验，遵照教育教学原理，结合实际，别出心裁地设计创造出一种新的教学方法，如"读、划、批、写"教学法等。教学方法的设计和使用，既是一种技术，更是一种艺术，特别需要避短扬长，推陈出新，发挥创造性。

概括地讲，上述语文教学方法的三大特征，体现了语文教学方法本身的三对辩证关系。正确地处理好这三组对立统一的矛盾，也就可以整体把握语文教学方法的本质。

（三）语文教学方法的分类

语文教学方法到底有哪几种？这就牵涉到一个教学方法分类的问题。而这个问题，长期以来，人言人殊，见仁见智。

对语文教学方法的分类，既要借鉴普通教学方法分类法的原理，又要依据语文学科教学自身的特点，还要顾及语文教学方法的历史和现状，集中起来，就是要确立一个能够反映语文学科特点、便于区分的划分标准。

这个标准，可以由以下几个方面组成：第一，从教学论来看，语文教学方法作为一种教学手段，它主要采用的活动形式；第二，从信息论来看，作为一种传递信息的通道（信道），它主要凭借的传递媒介（传媒）；第三，从生理学来看，作为一种外部刺激，它主要作用于生理感官；第四，从心理学来看，作为一种心理调节方式，它主要调节心理机能。根据这种划分标准，语文教学方法可以分为四类：

第一类为运用语言的方法，包括讲述法、讲解法、评析法、串讲法、评点法、谈话法、问答法、商议法、讨论法、默读法、朗读法、背诵法、吟诵法、复述法等。它主要采用讲、议、读的活动形式，凭借语言符号这种传媒，刺激人的言语器官，主要促进学生的记忆和理解。

第二类为直观感知的方法，包括观察法、观摩法、参观法、演示法等。它主要采用看和听的活动形式，凭借模型、实物和图像等传媒，刺激人的感觉器官，主要强化学生的感知。

第三类为实际操作的方法，包括提纲法、抄摘法、作业法、作文法等。它主要采用动手做的活动形式，凭借人的肢体等传媒，刺激人的效应（运动）器官，主要训练学生对知识的应用技能。

第四类为综合交错的方法，如板书图示法、讲练结合法、读写结合法等。它采用多种（两种或两种以上）活动形式，凭借多种传媒，刺激多种生理感官，多方面调节学生的心理机能，发挥多种语文教学效应。

(四)语文教学方法的优化

谈到语文教学方法,必然论及语文教学方法的优化。语文教学方法的优化,对于语文教师来说,应当努力做到:科学选用、巧妙组合、刻意出新和自成体系。这四句话,既是四项教学要求,也是依次递进、逐步上升的四个发展阶段、四种教学境界。

科学选用是基础,也是优化教学方法的基本要求。选择运用教学方法,必须依据正确的教学思想、既定的教学目的、学科的性质、教学的内容、学生的特点以及教学环境的状况,做到课时少而且效果好,尽量提高单位时间的教学效益。概括地说,就是必须符合语文教学的规律和教学过程最优化的原理。这是科学性的要求。

巧妙组合讲变化,在科学性的基础上讲究灵活性,能够将不同的方法巧妙地排列组合,使之更好地为完成教学任务、提高教学质量服务。刻意出新求发展,对原有的、常规的教学方法进行分析评价,汰选扬弃,通过引进改造和更新换代,创造出新颖的教学方法。

自成体系日臻完善,要求语文教师在长期的教学实践和艰苦的教改探索过程中逐步形成一套自己的教学方法体系。事实上,每个教师在毕生的教学实践中都可能形成一套自己习用的教学方法,问题是这套方法能否成为完善的体系。而体系的完善性,就是科学性、灵活性和创造性的总和。

二、语文教学方法的基本形式

语文教学是建构起常规教学方法系统。这个常规语文教学方法系统,主要是由讲授、诵读、议论、练习、观察五个大类的几十种具体教学方法构成的。

(一)讲授法

讲,是语文教学中最基本的方法,既是传统的,又是现代的。讲授的方法在语文教学中占有重要的甚至是首要的地位。

语文教学的讲授法是一个大的门类,包含下述主要的具体教学方法。

1. 讲述法的关键在"述"

教师采用叙述和说明的方式来讲授语文知识。它以班级学生为对象,充分发挥教师的主导作用,在较短的时间内集中传授密集的书本知识,保证知识传授的系统性、完整性和深刻性。一般用来介绍作者和时代背景与叙述课文内容,描摹情境气氛、阐发中心思想、总结写作特点等。

它纵贯教学全过程,横穿各类文体教学,是各种教学方法中使用频率较高的一种方法。教师要吃透教材,掌握精髓,把最能体现内在规律性的知识教给学生,做到"少而精";突出重点,突破难点,围绕教学目的,集中讲述必要的知识,不致旁逸斜出,横生枝节;要语言精练、讲述生动,尽量运用直观的语言以及表情、手势等体态吸引学生、感染学生;要启发诱导,双边协同,充分调动学生感知、思维等多种心理机能,把教师讲述和学生讲述结合起来。

2. 讲解法的关键是"解"

教师采用解说和诠释的方式来讲授语文知识。这是一种释疑解惑、点到为止的教学方法。主要用于解释字词,串解难句,解说概念史实典故,诠释名物典章制度等。运用讲解法,要保证准确性,有根有据;要具有明晰性,解说清楚,表述中肯,不能模棱两可,含混不清;要有针对性,哪些要解说,哪些是诠释,事先心中有底,课上有的放矢,解学生之所惑,释学生之所疑,讲学生之所需。

讲述法和讲解法都是讲授法,实际教学中,要彼此配合,相互作用。

3. 评析法

教师采用评价、分析的方式来讲授语文知识。主要用来剖析课文内容、评论写作特点、讲评作业等。教师运用理论思维对语文教学内容进行判断、推理分析、综合、归纳、演绎,从而引导学生加深领会,提高认识,由初步感知教材到深入理解知识。采用评析法,既要精当、有的放矢、切中肯綮、要言不烦、一语破的,又要实在、有感而发、言之有物。

4. 串讲法

这是一种古文教法,也适用于某些艰深语体文的教学。它依照篇章结构顺序,逐段逐层乃至逐句逐字地重点讲解,串通文意。串,就是贯串、连接,用于疏通语句文意;讲,就是解字释词。串讲的步骤一般是:读—讲—串。读一段(句),讲一段(句),然后贯通文意。串讲法适用于教学内容深奥、文字艰深的课文,特别是有利于文言文教学。运用串讲法,并非每字每句都要详加讲解,而应突出重点、难点。重点一般指思想内容或写作技巧方面,或在全篇中处于关键地位或者是有特点的句段;难点可以是没有注释而又难于理解的,或读了课文注释仍难理解的,或可能有歧义、有多种解释的字词句段,涉及社会历史背景和名物典章制度的内容,表述含蓄深奥甚至晦涩难懂的地方。

5. 评点法

也是一种古文教法。评,指品评;点,指圈点。评点就是对文章写作方法和思想内容加以品评圈点,指出其突出之处,如指点炼字遣词的精当,品评修辞表达的巧妙,赞赏立意谋篇的奇特等,有时也对重点字词或关键词语做些注解。古人读书评点重在圈点,并各自设计了圈点标记办法。评点时一般是逐句评点,逐段小结。运用评点法,要言不烦,明白准确;注重写法,兼及内容;抓住关键,设问置疑。

(二) 诵读法

读,也是语文教学的基本方法。此法创设历史久远。诵读法就是通过反复诵读,疏通文字,体会感情,理解内容,同时培养语感,积累语言材料,训练读书技巧,增强语言的感受力和记忆力,提高语文素养。诵读包括朗读、背诵、吟诵三类具体教学方法。

朗读就是把书面语言转化为响亮的口头语言。这是一种眼、口、耳、脑等多种生理机能共同参与、协调动作的阅读。它能增强语感,训练语音,再现课文情境,加深对课文的理解,培养学生的记忆力、语言感受力和口头表达能力。朗读的要求:一是准确,做到语音正确,语句完整,句读分明,停顿合理,不哼读,不唱读,不拖泥带水读,要读得字字响亮,可误二字,不可少一字,不可多一字,不可倒一字,不可牵强附记,只要多诵遍数,自然上口,久远不忘。二是流畅,读得连贯流利，恰当把握语调和语气，体现抑扬顿挫、轻重缓急。三是传神，也就是有感情地读，熟练地运用语音和表情，表达出文章的风格神采。

背诵法是凭借记忆念出读过的文章词句，在理解的基础上熟读而成。背诵有助于积累丰富的语言材料，模仿名家名篇行文说话，提高语文素养；背诵还是语文教学中的一种"记忆力体操"，长期适度训练，可以强化并开发学生的记忆力。但是不能把死记硬背和背诵法简单地等同起来。

运用背诵法教学必须注意：一要坚持数量要求，每个学期必须要求学生背诵一定数量的诗文选段。二要精选背诵材料，所背诗文，或是名家名篇，或是典范段落和精彩片段。三要加强方法指导，提示所背文章脉络或关键词语，作为记忆的"支点"，帮助考生较快理解所背内容。

吟诵法，一种古老的诵读方法。它用唱歌似的声调来诵读作品，以声入情，因声求义，以此感受作品的思想内容和韵味情调。吟诵包括两种方式：一种是按一定曲调唱，又叫吟唱、吟咏、吟哦、吟讽，适用于律诗、绝句、词、赋等抒情性强的古典文学作品；另一种曲调感不强，诵读成分较多，听起来朗朗上口，连贯流畅，又叫吟读、朗吟、讽诵，适用于读长篇歌行体诗、古代散文中叙事性强的文学作品。运用吟诵法，既要深刻把握作品意境，使吟唱腔调与作品内涵协调一致，又要掌握一些吟诵的基本技巧。

（三）议论法

议，语文教学基本方法之一，是通过师生之间回答问题或者展开讨论来完成语文教学任务的教学方法。它本是一种古老的教学方法，一部《论语》，就是孔子与其弟子门生的讲谈录。古希腊大哲学家苏格拉底在论辩中运用问答法，通过巧妙的诘问，引导对方承认自己的观点是错误的，所谈是自相矛盾的，并将这种谈话法称为"助产术"。

议论法以问、答、议、论为主要表现形式，使学生有较多的质疑问难、发表见解的机会，有利于激发学生的学习热情，发挥其主观能动性，促进和发展他们的积极思维，养成敏捷思考、迅速作答的习惯和能力，同时有利于提高口头语言表达能力。议论法主要包括谈话、讨论两种方法。

谈话法也叫"提问法"。由教师提出一些问题，引导学生积极思考，得出正确答案。这种教师提问、学生作答的对讲形式，就像日常生活中的谈话，故称谈话法。谈话的过程实际上就是启发学生分析问题、解决问题的过程。

有效运用谈话法的关键在于教师如何设计提问和组织问答。一是谈话设计的整体性。对于提问、作答要做通盘思考，整体设计，不要"东一榔头，西一棒子"，零打碎敲，使教学失去系统性和条理性。二是谈话设计的启发性。设计提问要有利于开拓学生思路，引导他们积极思维。既不过浅过易，保持一定的思维力度，又要让学生"跳起来摘果子"，通过努力可以达到，同时要顾及全班，所提问题难易搭配，使各种水平层次的学生都有答问的机会和能力，用于调动全体学生的学习热情。三是谈话设计的艺术性。要善于设疑、引趣，巧于曲问、点拨，还要注意教学态度和蔼亲切，坚持诱导激励，造成一个融洽生动的谈话氛围。谈话法的最大特点，就是充分发动学生既质疑问难又释疑解惑，便于充分发挥学生的学习主体作用。教师必须真正吃透教材，牢固把握教学重点，精心设计教学步骤，善于驾驭课堂，做到活而不乱，游刃有余。

讨论法也称课堂讨论法、问题讨论法，是在教师的精心运作下，以集体（小组或全班）的形式，围绕某一教学要点或专题，展开议论甚至争辩，从而获得知识、开发智力的一种教学方法。

讨论法的形式多种多样。从组织形式分，有同桌对话、小组活动、全班讨论等。从讨论内容分则有质疑问难（可用于文字艰涩、内涵深邃作品的释疑解难）、心得交流（适用于课内外读写心得交流）和专题评述（多用于评述文学作品，也可用于评析同学作文，进行作文集体讲评、问题辩论等）。

运用讨论法时必须注意：一要充分准备，选好论题，明确要求，妥善安排，指导学生做好参阅资料、起草发言提纲等准备工作；二要严密组织，加强宏观调控，引导学生踊跃发表意见，围绕中心进行；三要认真总结，从中得到提高，收到实效，不能虎头蛇尾，有始无终。

（四）练习法

练，也是语文教学的基本方法。这是教师指导学生反复训练、将知识转化为技能的一种教学方法。练习法的最大功能就是使学生运用学过的知识，投入听说读写的各项实践，促使知识迁移，形成必要的语文技能和熟练技巧。

练习的方式方法很多。既有课堂练习，又有课外作业；既有单项训练，又有综合训练；既有书面作业，又有口头练习。练习的方式主要有复述法、提纲法、抄摘法、作业法。

1. 复述法

以课文为依据，根据理解和回忆，用自己的语言叙述课文内容的练习方法。能够促使学生熟悉课文，理解课文，锻炼和培养理解、记忆、概括、想象和口头表达等多种能力。复述方式很多：简要复述，即以简明的语言，扼要叙述主要内容，一般用于检查预习或复述长篇课文，可以训练学生的概括能力；详细复述，包括复述课文基本内容和重要词句，多用于低年级或短文教学；摘要复述，即摘取课文中的重点部分或精彩段落等，复述可详可略；创造性复述，即以原文为依托，展开合理想象，进行必要的创造性描述。运用复述法时，应当指导学生恰当地运用课文中的语言和自己的语言，正确而有选择地表述课文内容。复述前要明确要求，让学生准备充分；复述中要启发鼓励，使学生正常发挥；复述后要总结讲评。

2. 提纲法

用准确、简明的语言扼要概括课文内容并揭示其内在联系的教学方法。可以帮助学生深入理解课文，得到语言和逻辑思维能力的训练。提纲的类型繁多：从内容分，有段落结构提纲、情节线索提纲、人物描写（或评价）提纲、景物（环境）描写提纲、论点论据提纲、说明顺序提纲等；从形式分，有条文式提纲、表解式提纲、表格式提纲、图示式提纲、词句辑录式提纲、综合式提纲等；从范围分，有全篇提纲、段落提纲、片段提纲等；从作用分，有预习提纲、分析提纲、板书提纲、练习提纲等；从繁简分，有详细提纲、简单提纲。编列提纲的步骤是：首先，将课文内容划分段落层次；其次，用简明扼要的词语概括每个段落层次的内容；最后，按照一定的逻辑顺序，将这些概括性词语正确地排列组合起来。提纲可以由师生共同编列，也可由学生单独编拟；可在课内讲习、练习时结合教读进行，也可在课内外自读时进行，还可作为课外预习、复习的作业安排。

3. 抄摘法

抄摘，也叫摘记、摘抄，是有选择而又扼要地抄写摘录的一种练习。抄摘实际上就是抄读。抄读就是边抄边读。前人治学，重视抄读，他们认为抄读的益处不仅在于积累资料，而且有促进注意和强化记忆的效果。抄摘种类也不少：从范围分，有全文（多是短篇）抄录、片段摘要、语句摘抄、词语抄写等；从内容分，有精美诗文抄录、优美描写摘要、名言警句摘抄、重要词语抄写；从形式分，有课堂笔记、课后作业、课外读书笔记等。指导学生运用抄摘法，一要养成随手抄摘、工整书写的习惯；二要多读多抄、边抄摘边思考；三是组织全班性抄摘活动，如由学生在黑板上开辟"名言角""每日一句"等专栏，举行班级抄摘比赛等；四是要求学生设计并开展各种课外抄摘活动，如做名言警句书签、编图文并茂的文萃册等。

4. 作业法

指教师为了巩固、深化和提高教学效果而给学生布置学习任务，要求学生限时完成的一种教学方法。作业一般在教完新课后集中进行，可在课内，也可在课外，和其他教学方法交叉使用。它的形式多种多样，从表达形式分，有口头作业、书面作业；从训练方式分，有朗读、背诵、复述、听写、抄写、组词、造句、解释词语、分析句子、编列提纲、回答课文内容或形式方面的问题等。运用作业法，要加强科学性，讲求实效。

（五）观察法

它是教师指导学生运用自己的视听器官，直接感知客观事物，增强感性认识的直观教学方法。一般来说，人主要靠视听觉摄取信息。观察是人的智力活动的起始，是人认识世界、将物象转化为表象的桥梁。

观察法包括观摩、演示、参观三类具体方法。

1. 观摩法

即组织学生观看利用幻灯、投影、电视录像、教学电影等电教媒体展现的与教学有关的内容，从而增强感性体验，深入理解教材内容的一种方法。运用观摩法，一是要求教师学会操作一般电化教具，并学做教学幻灯、投影片；二要认真组织和指导学生观摩，做到事前明确要求，观摩过程中插入解说指导，事后进行讨论和总结，使观摩的过程成为一个完整的教学过程。

2. 演示法

指利用教学卡片、挂图、实物、标本和模型等教具辅助教学的一种方法。运用演示法，特别要注意教具出示和收取的适时性，紧密配合教学需要，指导学生及时细致观察，不能顾此失彼，分散学生注意力。

3.参观法

指配合教学概要,组织学生到一定场所参观访问,以增加感性认识,深化对课文的理解,获取作文素材的一种方法。运用参观法,一要确定参观目的,制订参观计划,明确参观要求;二要严密组织,具体指导,要求学生做好参观记录;三要指导学生整理参观笔记,组织讨论、座谈,写观后感或写作预定的有关作文,把感性认识上升到理性认识。

三、语文核心素养与智慧课堂

（一）中小学语文教育要指向核心素养

1.语文核心素养的含义

（1）学科基本素养

学科基本素养是一种基本素质,任何一个学生都应该拥有这种素质,以便于掌握他所学习的某一学科。学科素养指的是学生运用知识的能力,这其中也包括知识本身,同时包括学生通过对学科的学习和训练掌握的知识内容,以及学科学习过程中产生的独特思维。学科基本素养,将这一切转变为学生自身的技能和品质。

①学科基础知识

学科的不同,也就代表着它们的表现形式各自不同。不同的学科,通过不同的方式进行呈现,这其中的概念、术语和范畴都存在着很大的不同,这些表现形式也正是学习一门学科应该有的基础理论知识。学科基础知识的主要构成有四个部分,分别是概念、事实、范畴和结构。学习一门学科,如果没有一定的基础,会变得很困难。学科基础知识也正是至关重要的一点,它所涉及的知识属于比较浅显的陈述性知识,主要是对概念的一种表述。这些知识是在现象中抽取出来的,并不是单纯的一些现象。学科的基本素养就是学科基本素质,因此在学科学习之前,应该能够做到掌握扎实的学科基础知识。死记硬背并不能解决问题,需要的是对知识的理解。理解了,自然也就记住了;不能理解,就算记下来,也起不了作用。概念是从现象中提取概括出来的,那么理解记忆就要求我们将这些概念进行反向的翻译,将概念呈现出来的情景再次展现出来。这一系列过程,都是学科基础知识,也就是学习一切学科的认知基础。

②学科独立思维

学科的不同,代表着它们拥有不同的学科逻辑结构。学科基本结构的概念,是在任何一个学科领域中,现代科学知识体系的基本概念和学科基本原理之间的关系,这也就表示着根据学科的不同思维方式,对这一门学科进行学习时的学习方法也会不同。针对不同的学科,要用不同的思维去对待。学科独特的思维品质,是学习这一学科的路径,它保障着学生在学科学习过程中的效率。因此,在学科教学过程中,教师采用多种途径来训练学科的独立思维,尽量增强学生的学科独立思维,是非常必要的。

③学科基础技能

学科的不同,也就代表着它们拥有不同的学科基础技能。学科基础技能不同,也就说明每门学科都有着各自的特点。它们的知识结构不同，导致采用不同的学习方式进行学习。逻辑结构的不同，就要求采用不同的学习步骤进行学习。学科基础技能方面的知识，属于程序性知识。既然是程序性知识，也就说明在学科学习过程中，要遵循特定的步骤来进行，以产生式来表征。在对某一学科进行学习时，训练和体验是必不可少的。学生参与学科的探究，能够更好地帮助其学好这一学科。除了直接的学科探究学习以外，间接地理性反思，也是一种极为重要的手段。通过这种方式的运用，能间接地获得学科经历与体验，提升学科学习的效率。不管是直接参与到学科探究之中还是间接习得经验，都是学习一门学科的有效手段。因此，学生在对一门学科进行学习时，教师应该引导学生自己去发觉学习这一学科的具体方法和手段，以此找到更加适合自己的学习方式，提高学习效率。总体来说，学科基本技能就是学生在直接或间接的学习中获得的程序性知识，并且恰当地运用这些程序性知识来帮助掌握最有效的学科学习能力。

④学科基本素质

学科的不同，也就代表着它们拥有不同的学科基本素质。在学习的过程中，学生由于自身的认知结构、思维方式的差异，在学习同一门学科时的学习态度，也有很大的差异。而学习态度的差异，直接导致了学生对于这门学科的兴趣。兴趣较浓或者很喜欢这门学科，学习效果自然会很好；反之，则不能拥有很好的学习效果。例如，在学习中，学生出现的偏科现象就是由态度的差异产生的。不同的态度，直接导致了偏科现象，这是一种偏向于某些学科而对其他学科没有兴趣的学习行为。因此，教师在对某一学科进行教学的过程中，不仅要注重学科知识的学习，更要把学科实践活动也加入学科学习之中，为学生创造出一个快乐的学习环境，从而培养学生的学习兴趣，帮助学生养成学科学习的基本品质。

学科基本素养之所以被称为基本素养，说明它是学科学习的基础。拥有了这一基础素养，才能够更好地进行学科学习。反之，则不会达到最好的学习效果。这对学生对学科理解能力的增强对学科学习动力的提升和学习效率的提高，都有着积极的作用。因此，学生必须用科学的学习理念来进行学习，根据不同学科的不同特点，提高学生对于学习这一学科的主观能动性，以此来提升学生的学科基本素质，帮助学生更好地进行学科学习，高效地实现教学目标。

（2）语文素养

语文课程应致力于学生语文素养的形成和发展。语文素养是学生学好其他课程的基础，也是学生全面发展和终身发展的基础。

语文素养具有整体性，中小学生语文素养的内涵应有具体性和可操作性，是语文知识、语文能力、语文情意、语文学习方法和语言积累的融合。其中，语文能力是语文素养的核心。不同的人的观点都应存在片面性，语文素养虽然具备综合性，但其中所综合的内容要分类明确，并不是所有的内容都能够归入语文素养，要注意内容的筛选，这样才能明确语文素养的内涵。

（3）语文核心素养

一些学者认为，核心素养的"核心"并不是单纯地指知识和基本技能，也不是所谓的学生对其是否感兴趣以及学习某学科的态度,核心素养的"核心"重视的是如何运用知识,并且如何运用知识来提出问题和解决问题,这一过程中所需要的思维能力和判断能力就是我们所说的核心素养。这就要求学生要学会利用各个学科的综合知识来解决问题,培养其核心素养的形成。

对于语文核心素养的研究,是建立在双核的基础之上的。首先,是以促进学生发展为基础;其次,以塑造人的语文品格为基础。语文学科的核心素养的内涵是什么?许多学者都做过许多的解释和总结。普遍认为语文核心素养的表现是听、说、读、写、思,这五项能力是语文核心素养的要点。除了这些基本的知识能力要点之外,还有必要把审美能力、文化传承等纳入语文核心素养的构成中。

语文教育的重中之重是培养学生的语文核心素养。作为母语学科的语文,不仅承担着母语教育及培育母语素养的重任,而且需要传递主流价值观。语文核心素养应该是核心素养学科化的具体反映,是个体通过语文学习活动形成的能在现实生活和未来发展中发挥语文自身价值、能够帮助个体实现自我价值的必备语文品格和关键语文能力。在语文教育实践中,只有将核心素养融于学科核心素养之中,并贯穿学科教育的始终,学科素养的培育才不会迷失方向,核心素养也才能落到实处。

2.语文核心素养的维度解析

（1）语言建构与运用

语文核心素养包括两个方面,即知识能力和人文素养。听、说、读、写四种能力,在语文课标中表示能够促进语文能力的培养。听和说是在口头表达方面的运用;读和写是书面表达的运用。中小学语文教师只有通过全面培养学生的这四种技能,才能有效地培养中小学生语文核心素养,并提高他们的语文水平。在语文课堂教学中,听、说、读、写这四种基本能力的关系是相互联系的。一方面,听和读是对语文知识的吸收与理解;另一方面,说和写是对语文知识的运用与表达。因此,这四种基本技能是紧密相连的。在课堂教学过程中,教师应注重这四种技能的联系,全面提高学生的语文综合能力。

①听、说能力的培养

认真细心倾听别人的讲话,并且及时理解说话的内容,是中小学生的重点培养目标。在课堂教学过程中,大部分学生是通过听和说来学习知识的。一旦学生听和说的能力不足,会直接影响中小学生的成绩水平。中小学生只有在上课的时候集中精力听讲,才能深入理解教师所讲授的语文知识。因此,培养中小学生的听和说的能力,是最基本的要求与目标。

②阅读能力的培养

中小学生阅读能力的培养,要通过文章的字、词、句进行教学。复述和默读的训练,能够让中小学生自然地掌握词语,并且理解句子的含义,从而能够给文章分段并概括其中心思想。新课标的要求规定,阅读和默读是高年级学生学习的重难点。为了培养学生的阅读能力,教师可以严格要求学生多背诵、多复述。通过反复阅读,从而达到会背的目的,有助于为今后的写作打下良好的基础。

③写作能力的培养

中小学生写作要以写记叙文为主，并且要学会写应用文。在语文教学过程中，教师应指导学生养成勤观察、勤思考的写作习惯，并且指导学生针对季节和环境的不同，随时记下周围的变化。在每次写作文之前，教师都带领学生仔细观察，找出其特点，不断提高中小学生的写作水平。教师应想方设法地激发学生的写作兴趣，将教师规定的"要我写好"转化为"我要写好"，全面提升学生的书面表达能力。

（2）思维发展与提升

语文的教学要以思维发展与品质为核心素养，这是因为语文是祖国的语言文字，语文课程是学生学习运用语言文字的课程，以培养学生的听、说、读、写能力为重点。如何把握和运用语文，并且应用到实践中，是一个很棘手的过程。汉语的结构复杂，信息烦琐，这些都离不开思维的发展。因此，语文教师要抓住学生发展的特点及其规律，来进行语文教学。根据学生思维的特征，开展有效的教学，使学生的思维品质得到良好的提升。

思维能力和语言能力，紧密相连，密不可分。语言是思维的载体，如果一个人说话时语言犀利，条理清晰，那么我们会认为这个人的思维很有条理性；如果一个人说话时语言混乱，那么我们就会说这个人的思维也是混乱的。因此，语言能力的培养，对思维能力的提升也是极其重要的。在中小学语文课堂教学中，教师应指导学生学会思考并且能够深入思考，锻炼学生的逻辑思维能力。

（3）审美鉴赏与创造

在审美鉴赏与创造这项核心素养方面，教师必须掌握正确的方法，进行指导和传授，学生应在认真听完教师的讲授后，再去实践。美育已成为我国提高全民素质的基本要求。比如，如何鉴赏小说、如何欣赏一篇散文。进行文学赏析的时候，教师要由浅入深地引导学生对其进行赏析，并产生强烈的学习兴趣。在指导的过程中，教师应充分尊重学生的主体地位，使学生真正成为学习的主人，让学生形成自己的审美观念。在中小学语文教学中，教师应积极渗透"审美鉴赏与创造"这一核心素养，让学生体会到文学作品给他们带来的愉悦情感。在审美鉴赏的过程中，培养学生的独立自主性与创造性，从而让学生对文学产生强烈的热爱。

（4）文化传承与理解

一个人要想具备良好的核心素养，他必须具有深厚的文化底蕴。对于语文来说，文化底蕴是指一个人对古今中外文化的理解程度和认识程度。作为一名语文教师，更需要有深厚的文化底蕴，尤其是对诗词的深入理解。在中小学语文教学中，教师应充分重视语文学科对文化的传承作用，促进学生对我国优秀传统文化的传承与理解。

（二）中小学语文智慧课堂的内涵与特征

1. 中小学语文智慧课堂的理论基础

当网络技术越来越多地成为我们教育生态的一部分的时候，多元化的语文教育也必然会发生

第一章 语文教育教学方法与思维教学

革命性的裂变和系统性的重构。以实现智慧教育理念和培养学生智慧能力为根本目标的智慧课堂与传统课堂相比,课堂学习方式的多元化,满足学习者的自主性、个性化和泛在学习的需求,在培育学生核心素养方面具有更明显的优势。这主要体现为以下几个方面的特点。

(1) 自主建构与协作分享相融合

在信息时代,全球教育资源无缝整合和共享的步伐不断推进,学习者个性化学习的要求也愈加强烈。在"以人为本"为核心理念的智慧课堂中,教师是引导者和促进者,更多地启发和引导学生"悟"道,学习者掌握更多主动权,同时获得较大的思维锻炼空间。学生以一个"主人"的身份,充分发挥主观能动性,以适合自己"个性"的方式,灵活地选择学习资源,自由地安排学习方式,积极利用网络、智能终端、现代信息技术等技术与设备自主获得各类信息进行建构。根据建构主义学习理论,知识是主动建构的,而不是被动接受的。如果没有主体的主动建构,知识是不可能由别人传递给主体并被主体内化的。知识的意义不能机械地灌输给学生,必须靠学生根据其个人先前的知识经验主动建构。因此,如果没有学生的自主建构,就不可能有他们智慧的迸发,也就不可能有智慧课堂的出现。

大数据时代催动着知识的快速发展与更新,各种知识构成了一个连通的空间,人们的生产、生活将更需要通过群体活动来完成。面向未来的核心素养需要教师注重对学生协作能力的培养。智慧课堂应进行多维沟通。学习不单是个体的独立行为,许多基于情境的任务都需要学生有效分工、协作分享:借助网络技术,将任务协作小组中每个成员个别的、分散的记忆、认知、情感和能力等聚合起来,将专家学者、研究成果、图像视频、网站资源等树状或网状的资源聚合起来,形成巨大的学习能量;协作探讨问题、交流观点、集智取长、深化理解,思维的火花将在分享协作中迸发。

智慧学习活动打造了集体智慧发挥的场域。学习者自主探究形成的内部网络和协作分享构成的外部知识网络相互连通,有助于学习者连通新知识,保持知识的时代性,并在知识的流动、技能的迁移与创造中,培养学习者的文化思维和连通能力。

(2) 个性思辨与多元探究相融合

今天,数字技术和创新理念深度融合,以史无前例的速度迅猛发展,开创了"人类—技术—创新—智慧"的协同进化。善于借助技术,你就更智慧。技术开发延展人脑智慧,新事物诞生的速度已经超出了我们"教化"这些新事物的速度。人类只有不断探究才能持续探索,积累新的知识经验,不断提升人的智慧境界。基于网络技术的智慧课堂,使学生有了更广阔的学习思辨与探究的空间。

学习应营造一种"生成场"的氛围。智慧课堂是学生思维生长的场域,也是探究的实践场。在学习过程中,学生要不断地思考、比较、筛选、提炼、融合,进一步质疑探究,辩证客观地思考,包容悦纳,披沙拣金,凝练提升,使个性思辨更具深度性。这样的新型教学较之传统教学更能培养学生勇于探究的精神,促进理性思维、批判质疑能力的形成,使学生获得较强的现代信息意识与技术运用的能力。学生在智慧环境中独立发现问题并进行实验，最终得出结果或结论。智慧环境提供的多种信息手段为学生验证结果提供了强有力的保障。这种解决问题的方法倡导学生对学习的主动参与，改变了传统的以教师为主导的学习方式。探究式的解决问题的方式，使学生的探索精神和实践创新能力有所提高。

（3）实时评价与科学延展相融合

随着云时代的来临，大数据与云计算如影随形，为教学提供了基于数据的科学分析。教师可以通过不同平台的数据统计工具开展在线检测，即时获得学生学习情况的数据，从而形成有针对性的评价，实现轻松、科学的"经验积累"，为进一步的教学提供科学依据。教师可以根据不同的训练点设计不同的题型。比如，客观题，根据全班答题正确率，得到学生对本课知识技能掌握情况的精准了解，从而帮助教师决策这个知识点是可以通过还是必须停留，是延续还是及时调整教学策略。主观题，教师通过对答题情况的及时浏览、比较，发现几种有代表性的观点，可以引发学生去思辨、争论，从而越来越接近真实，使学生自主建构意义。学生的学习数据可以保存，而且同一个发展方面的数据在不断生成，因而从一个阶段来看，就形成了能准确反映班级或学生个体语文学习发展的状态图表。教师或学生都可以根据这一图表理性分析、判断，形成比较科学的过程性评价，为学生的后续发展提供更加客观准确的指导。

人是一个生命体，永远处于发展的进程中。实时检测便于教师根据数据能够及时调整教学策略，科学地开展拓展延伸。根据长期的数据积累，教师能有效地掌握学生的个性化步调，为学生制订科学的学习计划，提高教学效率。在运用数据进行评价的过程中，智慧课堂紧扣学习者的实时反馈情况，科学地开展学科拓展学习活动，以挖掘学科的深度与广度。

2. 中小学语文智慧课堂实践指南

智慧课堂要以学习者学会学习为核心，以智慧学习的全过程为重点，整合各种教育资源，创造富有智慧的教育条件，促进学生全面发展。灵活选用技术，积极利用技术多样的延展能力，合理设计教学活动，在培养学生自我管理、技术应用、健康生活能力等方面显示出传统课堂不可比拟的优势。如何充分发挥智慧课堂的优势，促进学生核心素养的发展？根据许多教师的实践体会，提出以下建议。

（1）拓宽学习时空，促进自主学习

构成人类智慧最根本的因素是知识，人类认识世界的结晶也以知识的形式传承与发展。当今社会，互联网毫无保留地为每一个网上冲浪者提供了广阔的知识海洋，知识早就不是哪位教师、哪位专家独享的秘密。学生通过智能终端、移动互联网等技术与设备，轻而易举地就能获得知识。因此，对于今天的学习者来说，"知道更多"的能力比"目前知道多少"更为重要，"知道在哪里"比"知道的信息"更为重要，"知道怎样改变"比"知道知识本身"更为重要。

技术拓宽了学习时空，营造了随时随地的学习氛围。打个越洋电话、开个面对面视频会议，全球各地的师生便汇聚一堂，共同学习。互联网络的连接和技术的移动性也让学习变得信手拈来。

因此，智慧课堂要弱化课前、课中和课后的分界线，形成一种新的学习思维，实现教学的重构。

（2）丰富学习体验，促进探究学习

智能终端、移动互联网为学生延展学习体验提供了十分给力的相助。虽然课堂的实验过程、有意义的活动经历、物体的变化过程等往往稍纵即逝，但是通过视频记录，学生可以在课后反复观看，仔细研究。其移动性和记录功能，让有限的课堂体验在课外得以重现。除此之外，丰富的资源储备让学生可以自由选择，并驱使学生对学习内容进行深入探究，让学习体验贯穿学习的全过程。

（3）延展学习评价，促进深度学习

教学需要预设，这就需要教师立足学生真实的学习原点。在智慧课堂上，基于云环境，教师可以根据不同需要，采用不同平台的数据统计工具，在不同的教学时段进行检测，即时得到反馈。各平台提供的检测功能一般比较实用，教师可以根据不同的知识点选择不同的题型，轻松设置检测卷，检测方式也便捷。

上课前，教师可根据学习情景采集技术，预测学生存在的问题和需求，向学生推送个性化学习资源与检测，学生可以通过移动终端等平台接收。学习结束后，就可以登录平台进行检测，提交试卷就能知晓自己答题的对错情况。教师同时能了解学生的答题进度与答题结果，这样，教学预设的起点就比较准确了。

在课堂教学中，教师可以结合学生课前分享的学习成果，应用协作互动交流和即时反馈评价技术组织互动学习活动。要想了解学生当堂的学习情况，只要将检测题通过截屏或以文件的形式发给学生，学生就能通过智能终端上的答题界面完成检测。教师通过查看答题情况，不仅能看到每名学生的答题结果，还能知道每道题的全班答题正确率情况，并据此有针对性地组织或调整相应的教学。除此之外，教师还可以给每道检测题设置答题时间，这在一定程度上将提高学生的答题速度，同时不影响学生的思路。在练习过程中，教师可以设置进阶规则，系统根据学生的练习结果，采用智能学习分析技术，向教师反馈练习完成时间和练习成绩分析，自动判断学生是否可以进入下一阶段学习，并向处于不同阶段的学生推送个性化学习资料。变文本检测为在线测评，能实现即测即评。学生学习所产生的数据当堂呈现，便于教师根据数据即时调整，有效地改变了课堂教学的节奏，提升了教学效率。

（三）中小学语文智慧课堂建构新视角

1. 中小学语文智慧课堂建构理论

显而易见，以上的课堂教学方式明显区别于传统课堂。而这种新型课堂，从效果上来看也有许多优势。那么，要建构这样的"互联网+"背景下的新型课堂，我们必须思考要有哪些必备条件。

（1）学校实现智能互联

近年来，互联网进入校园。移动互联破除有线拘束，打破了原有固定的"教"和"学"的壁垒，促进了家长与学校间的沟通。有别于传统课堂中的信息技术辅助教学，智慧课堂首先要架构云教育环境。智慧课堂教学中，师生通过无线网络与无线投屏技术，将数十台智能终端互联互通，实现教室内师生之间、学生之间的多元同时互动。用无缝漫游的方式架构起便捷流畅的无线网络，要有比较强大的服务器或者"阿里云"等稳定的服务商提供后台支撑。

从实施的稳定性、安全性等角度考虑，智慧教育环境还要有系统的云平台做支撑，至少要包括数据处理、云服务和管理三个子平台。云平台应该具有强大的数据处理能力，模块化、插件化，提供"一站式"电子教育平台集中管理服务，为运行提供强有力的保障。

（2）师生拥有智能终端

智能终端的"无线互联、智能感知、自然界面、触控交互"的特点，相比台式电脑更能让师生进行无障碍、智能化的操作。因此，师生应该有这样的智能终端。这种设备操作简便，可全天候随身携带，让碎片化时间创造价值成为一种态势。丰富的传感器、语音和摄像等功能为教学资源的创生提供更多的便利，这种智能终端将成为师生工作、学习、生活的信息中心。

目前，"Bring Your Own Device"（BYOD自带设备）已经成为发达地区师生所自发推进的行为。学校节约了大量的资金，可以转而增大对技术基础设施的投入，师生用自己熟悉的设备也更便利。智能终端作为师生智慧学习的利器，随着它的使用度的增高，生成的学习资源也会增多。它的移动性和便捷性让随时随地学习成为现实。

（3）研修引入智慧平台

理念是行动的先导，任何一项教育改革都要首先使参与者的理念得到转变。建构智慧课堂，既是技术层面的问题，又是教学观念的问题。习惯于传统教学的教师已经形成了固有的教学方式，要转变教学方式，就要推动教师传统理念的改变，让改变成为他们的专业发展需要。我们要借助各种合适的App、教学应用平台、公共网络资源等工具，实现教师对学习资源与学习成果的搜集、整理、展示、分享、互动评价等教学活动。分享和开放在线平台，能促进教师更好地践行教书育人的重任。

另外，也要转变家长的传统理念，这项工作比转变教师理念难得多。因为家长不是教育专业人士，对教育的理解高度不够，他们会比较认同社会的一种普遍认识。在目前中考、高考的基本模式或内容等没有根本转变的前提下，要让家长不把孩子的卷面分数作为唯一的评价标准还是不容易做到的。因此，要充分了解家长的心理状态，尊重家长的主观认识，运用各种智慧平台为家长打开视窗，让家长真实地感受智慧学习的效果，形成合力，把教育改革进行到底。

2. 中小学语文智慧课堂建构新视角

课堂是教学的主阵地。理想的课堂应该是互动的，是知性灵动的天地。那么，要建构智慧课堂，我们必须思考如下这些必备条件。

（1）"软硬兼施"，架构"4A"智慧基础环境

有别于传统课堂中的信息技术辅助教学，智慧课堂首先要架构云教育环境（本章特指服务于教育的智能化环境），使学习者能够在任意时间（Anytime）、任意地点（Anywhere），以任意

方式（Anyway）和任意步调（Any pace）（简称4A）进行学习。

首先，实现无线网络全覆盖，可以利用融合移动通信和互联网为一体的技术破除有线束缚，使原本的固定地点、固定设备、固定网络的教育行为变得随时随地。孤立信息与孤立资源被云存储、云分享所融合，获取与分享信息资源、交流等变得易如反掌。

其次，建设相应的智慧教室。可以建成全校班级共享的专用教室，供进入该教室的师生使用。也可以基于BYOD方式建在相应的普通教室，供该班级师生随时随地使用。学生可以充分利用无线互联网下"爱学板"的"自然交互"与"智能感知"来学习；加载了Apple TV的多媒体设备，可以让教师、学生将自己的屏幕通过无线投屏功能投影到全班共享屏上；连接Apple TV的HD高清电视，作为每个小组的学生分享讨论屏幕。如果教室中能配置一台可移动的小车效果会更好，可以实现教室内所有的智能终端同时充电。有的移动小车无须通过无线网络就能实现同时给所有终端下达任务，便于教育App的统一安装、管理等。

再次，拥有合适的"智慧课堂"平台。从智慧教育实施的稳定性、安全性等角度考虑，智慧教育环境还要有系统的云平台做支撑，至少要包括数据处理、云服务和管理三个子平台。云平台应该具有强大的数据处理能力，模块化，插件化，提供"一站式"电子教育平台集中管理服务，为运行提供强有力的保障，为适时检测与数据的收集、保存、分析与保密等提供便捷的管理。

最后，学校和家庭要配置一定数量的智能终端。在全校共享的智慧教室中，至少要有供一个班级学生学习所需的智能终端，保证人手一台。教师要拥有相应的笔记本电脑或平板电脑，实现移动办公、移动教学。采用BYOD方式，每个学生的家庭为孩子提供一台智能终端。这样，不仅可以为学校减轻很大的经济负担，还可以让学生拥有属于自己的终端，拥有了存储量很大的"电子书包"。"电子书包"会在使用过程中不断丰富，有利于学生随时保存、整理、完善自己的学习信息与成长记录，还有利于教师集成并分析数据，积极利用数据促进学生成长。

（2）内外兼修，培育"3E"理念通识

理念是行动的先导，任何一项教育改革都要首先使参与者的理念得到转变。建构智慧课堂，既是技术层面的问题，又是教学观念的问题。智慧课堂上应该追求轻松（Easy Learning）、投入（Engaged Learning）和有效（Effective Learning）（简称3E）的学习。因此，教师作为学习的设计者、组织者、合作者和帮助者，要内外兼修，成为课堂转型的实践者、研究者和推进者。

第一，微门户研修，拓宽对技术认识的广度和深度。如今云技术与技术的智能化，让人使用技术时几乎感觉不到技术的门槛。新型课堂教学中，师生可以通过无线网络与无线投屏技术，将数十台智能终端互联互通，实现教室内师生之间、生生之间的多元同时互动。借助各种合适的App、教学应用平台、公共网络资源等技术与设备，师生可以完成学习资源与学习成果的搜集、整理、展示、分享、互动评价等教学活动。因此，教师必须了解现在的技术应用，有一定的技术认识广度，懂得引入什么样的技术来服务教学。诸如不断推陈出新的教学平台和教育App等应用的选择、使用、制作等，也要与时俱进，不断培训学习。学校可以打造一个微门户，上传微课程视频并将内容进行分类，既能方便教师碎片化的自主学习，又能引导学生系统地进行微学习，促进师生共同成长。

第二，云工作室研修，提高对教学的智慧组织与调控能力。当下，BYOD是让师生直接进入智慧教育环境的最佳途径，"智慧教学"互动非常多，对教师的教学能力提出了更高的要求。这时，可以利用"零壁垒"的博客技术，在校园网上建立"教师博客"，教师以文字、多媒体等方式上传发表自己的教学实践心得。在教师"写博"这一独立反思行为的基础上，以空间聚合的方式，通过"领博""议博""评博"等策略，组成研修共同体。"外控"与"内省"结合，"他律"与"自律"和谐发展。依靠真实的、家常的、全员的互动学习分享，教师个体、群体及专家彼此融合，共同研修，实现研修学习的多主体、跨时空、低成本、高效率，实现"以悦纳而成长，以分享而引领"，催生学习者的智慧生长。

第三，云资源研修，确立新的评价体系。以往，教师一般采用形成性评价和总结性评价的方式对学生的学习结果进行测评。BYOD模式下的智慧教学，教师应懂得通过技术平台积累数据，以大数据分析诊断学生的个性化学习情况，明确个体学习差异与优势成长方向，为孩子提供个性化的学习与发展指导。教师对学习过程中产生的各种数据及时生成并深入分析，这些数据是在拓展运用中实时形成的，可以有效提醒和改善学生的学习。

3.家校兼顾，形成"1S"互联纽带

智慧课堂的外延是家庭、社会。要把正式学习和非正式学习有机融合，学校不仅要用无缝漫游的方式架构起便捷流畅的无线网络，还要架构起家校的"无缝"（Seamless，简称1S）互联纽带。

怎样让家长与时俱进并与学校形成合力来引领学生形成面向未来的核心素养？首先，让家长了解学校在智慧课堂探索方面取得的卓有成效的经验，在全面深入沟通的基础上加强对家长的培训。其次，要有一定的制度管理，从BYOD班级、教师、学生和家长四个方面制定规范制度，使家校、师生都能统一认识，形成合力。

第二节 思维的概念和特点

学生的思维蕴藏着极其宝贵的资源，开发思维资源，学生的潜力将得到更大发挥，听说读写能力将得到更快发展。在人的智力结构中，居于核心地位的思维，是整个智力活动的最高调控者。如果思维不能积极参与智力活动，知觉会缺乏理解性，记忆变成了机械重复，想象也难对表象进行加工，写作创新将是一纸空文。

一、思维的概念

思维是多学科研究的对象，如哲学、逻辑学、语言学、神经生理学、脑科学、心理学等，这些学科都从不同侧面揭示了思维的实质。

思维是一种心理现象，是心理这种能动反映的高级形式。具体来说，思维是人脑反映事物的一般特性和事物之间有规律的联系,以及通过已有知识为中介,进行判断、推理、联想、想象,解决问题或进行创造的过程。人类所特有的第二信号系统的活动,是人的思维活动的生理机制与心理机制。思维具有概括性,就是指它所反映的绝非个别事物及其个别属性,而是事物的一般特性以及事物之间的有规律性的联系。思维具有间接性,就是说,它不是反映直接作用于人的感官的事物及其个别属性,而是以已有的知识经验为基础,以语言为中介,去反映未曾直接作用于人的感官的一般事物及其本质和规律。思维具有目的性,人的活动总是为了解决某一理论或实践问题。语言是直接与思维联系着的,思维活动的进行和其结果的记载与巩固,都离不开语言。

综上所述,思维是人脑对客观现实的本质和事物内在规律性的概括的、间接的、有目的的反映;这一反映是以已有的知识经验为基础,以语言为中介进行的活动。

二、思维的特点

(一)思维的(物质)外壳是语言

思维依靠语言来进行,思维通过语言表现出来,也通过语言固定下来。例如,高中语文课文《蒲公英》的构思,就是要通过语言来表达与固定:本文借物抒情,以蒲公英为中心,借对蒲公英的描述,表现作者憎恶战争、向往和平的思想感情。作者并未直接描写战争的残酷、罪恶和对美的毁灭,而是通过细致叙述自己生活中与蒲公英有关的一些生活片段,非常自然地突出了反战的主题。这些思维活动,通过语言文字的表达固定了下来。

(二)思维的问题性

思维要指向解决某一个或某几个问题,完成某一项任务。如果没有问题或产生问题的情景,就不会引起思维。因此,思维具有"问题"的性质,并往往表现为一种有组织、有目的、颇为紧张的过程。思维中的问题,既可以是来自别人的提问,也可以是自己主动思索,这便是"好奇心"。

(三)思维的概括性

思维是对客观事物的一种本质的认识。它要揭示客观事物的本质特点,反映并把握诸多事物的共同特征。思维的一般概括,要能反映客观事物的本质特点。由于掌握了本质,人们既能完成当前的任务,也能看到未来,在思想上解决后来所要碰到的问题。

(四)思维的间接性

人类通过思维,利用事物相互影响的结果,利用其他有关的媒介,来间接地正确认识事物。由此,我们可根据古今中外总结出的各种知识,来解决自己面临的问题。

(五)思维的能动性

思维可以能动地反映客观对象,是一个信息的加工、改造过程。因此,就产生了对同一事物不同的人有不同的理解的现象。

思维的能动性表现在两个方面:其一是构思假设,形成问题。思维一旦形成假设,就能指导我们的认识活动,减少盲目性,提高认识活动的水平。以骄傲而论,可形成这样的一些问题:骄傲若属于自信心强,会不会有人认为是狂妄自大呢?假设有人认为骄傲是坚持真理,是否有人认为是自我膨胀呢？其二是要把这些问题搞清楚，就要进行推理，从这些假设性的问题中，推衍出新的知识。可见，思维的能动性也是十分明显的，它体现出一种自觉的努力，一种积极的思维活动。

这里我们不妨把思维和意识、认识做一个比较。本书认为，思维与意识、认识虽然都是人类所特有的，人们通常把它们通用，但它们并不完全一样。不一样的原因，就在于思维具有能动性。就思维和意识而言，应该看到，思维和意识是有通性的，这是因为意识包含了思维，思维体现了意识。因此，在某种意义上，通用思维和意识是可以为人接受的，如恩格斯在表述哲学基本问题上用的是"思维和存在的关系问题"，而这里的"思维"实际上就是我们今天所说的意识。但是，作为严密性极强的哲学教科书，在使用专门的哲学术语上则来不得一点误差。思维和意识虽然密切联系，不可分割，具有通性，但毕竟有差异，这是因为，思维是意识中最高形式、最深刻内容的体现，它有能动性，显示了主观对客观的能动作用，而这种作用并非人类意识中都具有的。因此，本书认为，现行哲学教科书提及的"意识能动性"并不妥当，它应由"思维能动性"所替代。就思维和认识来说，我们知道，认识是主体对客体的反映，而这种反映分低级阶段和高级阶段，前者为感性认识，是对客观事物的现象、各个片面和外部联系的反映；后者为理性认识，是对客观事物的本质、内部联系的反映。比较前后者的反映内容，我们认为，前者是一种机械的反映，后者则是一种能动的反映。思维是认识，但并非认识都是思维，只有能动的反映，即理性认识才属于思维。由此，本书认为，思维的根本特点在于能动性，缺乏能动性，就无所谓思维，人的意识、认识也就无法显示出对实践的指导作用，而一切把思维和意识、认识混为一谈的做法都是不妥的。

（六）思维的创造性

思维的能动性是和思维的创造性密切联系在一起，思维贵在创造。所谓创造，就是指思维能根据人类的需要去反映世界，能触及事物内部反映其本质和规律，能按照人类的希望，建构出一个理想的世界。创造的实质是创新，即"想前人所没有想过的事"，而"干前人所没有干过的事"。思维不能没有创造，有了创造，才有思维的能动性，才有思维对人们的实践的指导作用，因而，也才能完成思维的任务。

第三节 开发思维以及在教学中的作用

学生的思维蕴藏着极其宝贵的资源，开发思维资源，学生的潜力将得到更大发挥，听说读写能力将得到更快发展，每个学生将得到更丰富的学习资源。

一、开发学生的思维资源

开发思维资源，应注意以下几个方面。

（一）引导学生进行积极思维

开发思维要从儿童抓起，思维的器官是大脑。幼儿大脑的发育关系着未来的思维能力。怀孕初期，胎儿的神经系统开始发育。第四周时，胎儿就有了神经管，神经管上又形成端脑、间脑、中脑、后脑和末脑。3个月后，大脑开始形成。5个月，胎儿头部已占身体的1/3，并能记录脑电的活动。7个月，胎儿大脑沟回已形成，大脑皮层迅速扩大。出生时，胎儿大脑的细胞分化、细胞层次的分化已基本完成，大脑神经元的数量也基本达到成人的水平。

胎儿期和婴幼期是大脑发育的关键阶段，必须提供充足的物质养料与信息养料，开展适合儿童思维发展的活动，为儿童学习语言、推动思维发展创造必要条件，以保证儿童早期智力的开发。为此，要注意三个方面的问题：

1. 智力开发宜早

儿童智力的早期开发，关系着人类的进步。从婴儿坠地，就开始了受教育的过程，就开始了思维发展的过程。

智力开发，的确应从婴儿时代抓起。就拿语言学习来说，语言具有概括性，它对概念的形成、对抽象思维的发展，都有重要的意义。让儿童在1岁内学会说话，其智力往往超过一般儿童的5%~20%。二三岁时，是儿童学习语言的敏感期，语言掌握较丰富的儿童，思维也较活跃。

2. 智力开发要循序渐进

从儿童到青少年，智力发展有一定的顺序，如幼儿的智力总是从感觉动作阶段发展到形式运算阶段。幼儿时期（3岁前后）左半球语言中枢、判断机制还未成熟，其思维就是"情境思维"，这种"思维"是形象思维和情感思维的某种雏形。人成熟的形象思维、情感思维就是在"情境思维"的基础上形成的。中学生的智力开发、思维训练，不同的学生虽有不同特点，但也有一个共同的顺序，那就是从以形象思维为重点，逐渐发展到以抽象思维为重点，进而加强辩证思维训练。

3. 智力开发要注意综合性

抽象思维或逻辑思维是侧重于以左半球大脑皮质第二、第三机能联合区为物质本体（生理机制）来进行工作的思维活动方式；抽象思维是以第二信号系统"词"为单位"细胞"的思维。

大脑右半球没有语言中枢。所以，在右半球的大脑皮质第二、第三机能联合区里，就发展了对除"词"以外的各种信息的加工能力。于是，就出现了右半球同形象思维、视觉图形、整体性映象、音乐鉴赏有关的事实。

脑作为一个整体，大脑两半球作为一个对立统一体，又是不可分割的。上述抽象思维侧重以大脑左半球为物质本体，就是说，进行抽象思维，左半球是矛盾的主要方面。与此同时，矛盾的非主要方面右半球仍起作用；当大脑皮质第二、第三机能区联合成为形象思维的物质本体时，右半球是矛盾的主要方面，而左半球仍起作用。大脑左右两半球被命名为"体"的两亿多根神经纤维连接着，一个脑半球学到的知识可传给另一个脑半球，一个脑半球起作用时，也会受另一个脑半球的影响、制约。可见两个脑半球是既分工，又协同互补。例如，中学生读诗写诗，主要是形象思维、情感思维、灵感思维在起作用，但绝不能排斥抽象思维的作用。而且，智力是一种综合的能力，它是由多种因素组成的，观察、注意、记忆、想象、思维、创造、语言等能力都属智力

/21/

的重要因素，都需综合培养。只有这样，学生的智力才能更好地发展。

（二）引导学生进行积极思维

语文教学活动是一个以学生为主体、教师为主导，通过有目的有计划的科学训练，使学生获得知识，并发展智能的过程。而学生知识的获得、智能的发展，必须通过积极的思维、科学的学习方法来实现。教师应从以下方面引导学生进行积极思维。

首先，语文教师必须明确：只有使学生把知识的学习与崇高的理想结合起来，才能产生真正的积极性。因此，语文教师应满怀深情向学生讲明，并利用各种机会证明，语文在学习、工作、生活中的重要性，使学生也怀着深情来学习语文。为此，教态应亲切。所谓亲其师，方易信其道。态度亲切，说话风趣，学生听课如坐春风，又何乐而不为。这样，学生必能沿着教师引导的思路，在学习上孜孜以求。

其次，教学语言应力求简明、生动，力避累赘重复。简明，指教学语言逻辑严密，适合学生接受；生动，学生才乐于接受。教师讲课语言干瘪、枯燥、缺乏情趣，啰唆重复，只能使学生昏昏欲睡，感到疲倦；教学用语"华丽"，但艰涩、散乱，学生听不明白，抓不住要领，同样不能充分调动学生学习的积极性。

再次，教师的导，要突出重点，要有启发性。重点是"纲"，以点带面，则纲举目张；讲述重点明确，学生听课思路清晰，还有利于发现学习中的新问题。人的思维总是以发现问题开始，以解决问题为目的来不断深入的。语文学习是在"不知"与"知"这对矛盾的对立统一中不断发展。这就要善于启发提问，以引起学生的探索与思考。

比如在作文指导中，就可提出这类问题让学生思考：你这样写也可以，是否还有更好的写法呢？这种看法真有道理吗？能否提出相反的看法？这样写理由是不是很充分？是否有例外？有人会反驳吗？多提类似问题，让学生结合自己的、同学的习作思考，作文的提法、措辞就会准确、严密，少犯逻辑错误。教师的提问就是向学生调查的一种方式，让学生自己思索释疑，较之由教师给以现成答案，更适合训练学生思维，学生兴趣也就更浓。

教学应该适合学生水平。因为学生学有所得，是使学习积极性持久和高涨的基本条件。教师从制订计划到进行教学，只有适合学生水平，才能使他们经过努力，不断进步。这就有个因材施教的问题，教师只有善于对不同的学生进行切合实际的引导，才能大大提高语文教学质量。

最后，还必须改变教学方式。语文教师的教学方式如能常教常新，适当变换、交替，则易吸引学生学习的注意力。当然，教学程序变化太大，也会使学生难以适应。有的老师交替运用不同教法，以调动学生积极思维，效果很好。

当然，调动学生积极思维的方法很多，如通过比较事物异同，可以帮助同学打开思路，发现问题，提高鉴别力。

中学语文教材以单元编排，为进行比较思维教学提供了广阔的天地。

引导学生积极思维的方法有不少，教学的具体组合方式也灵活多变，但对思维的研究、对语

文教学中的思维能力的培养,则应坚持以下三条原则:

1. 整体性原则

学生学习语文,进行思维活动,从选取、存储信息,到加工改造信息,再到输出信息,进行听说读写的实践,中间必须经过一系列的中介系统与反馈过程。因此,要从整体着眼,分散训练,取得最佳的效果。

2. 系统性原则

语文教学从单元到一册课本,到整个教学计划的贯彻、教学目标的实现,都有一定的系统结构。教师与学生的思维活动,必须放到这个系统结构的"框架"中,才能取得好的效果。从学生的认识活动过程看,认识一般是由感性阶段发展到理性阶段,再进入实践的过程。在这个过程中,认识的每一阶段都是作为系统结构的要素存在并发挥作用的。正是这种系统性,思维才表现出连贯性和逻辑性。完成语文单元三种类型课文的教学过程,也正体现了这种连贯性和逻辑性。

3. 层次性原则

语文教学中的思维活动,如果只看到整体性和系统结构性的特点,而忽视层次性,往往会流于空泛和抽象。但若把某一层次当成思维的全部或整体,也会流于偏狭片面。语文教学从字、词、句、篇到与整个教育的关系,都存在着一种有层次的系统结构,每一层次都是处在一定系统结构中的要素。就拿字的教学来说,它也是由音、形、义的结构层次构成的。

宏观上把握了以上原则,就能使微观的思维训练方法更好地为语文教学改革服务。

二、思维在语文教学中的作用

（一）对语言的理解

语言是一种信息符号,语言是人类创造的以语音和意义相结合的信息符号系统,其特征如下:

第一,语言是人类特有的一种能力。动物传达某种感觉、表达某种意思的手段,如鸟语、虫鸣、鸡叫等,并不属人类所特指的语言范畴,只有人类才通过语言进行交流或交际,借助语言表情达意。

第二,语言比其他符号系统更为复杂,并具有"强生成性",即每一种语言符号（如音位、语素、词）数目有限,但按一定的规则或模式,可以生成无限的句子。这个特点就决定了语言只包括口语和文字形式的"自然语言",以及数学表达式、计算机程序语言等人工语言。

第三,语言是载有信息的符号系统,它不仅可以传达思维信息,还能通过思维携带自然信息和社会信息。没有信息量的语言只是空洞的符号,语文教学绝不能只教空洞的语言文字,应把语言文字同思想内容结合起来,同文化内蕴结合起来。

第四,语言符号具有约定性。语言符号（语音、文字）与意义的结合是约定俗成的。约定俗成是任意性和强制性的统一。语言符号在制定阶段具有任意性,但在使用阶段具有强制性,否则无法进行正常的交际。从这个意义上讲,必须让学生牢固掌握语文这个基础工具和文化载体。

（二）思维与语言的关系

1.思维和语言之间，是一种相对独立的关系

思维是一种包含物质内容的精神现象，语言则是一种包含精神内容的物质现象，是思维的物质外壳或思想的直接现实。思维与语言绝对不能分开，但它们之间也有相对的独立性。

2.思维和语言的区别

从生理基础考察，思维与语言活动都是大脑与感官的综合效应，但思维器官主要是大脑，语言器官主要是口腔和喉头等执行说、写、听、读功能的效应器官或感官。聋哑人丧失了语言能力，但不一定丧失了思维能力，可见语言能力对语言器官具有直接依赖关系，也说明了语言与思维的区别。

再从信息论的角度来看，思维过程与语言过程的区别：思维过程分为"信息输入—信息加工—信息输出"。语言过程则分为"信息编码—信息传递—信息解码"。从次序与内容看：语言过程的信息编码与思维过程的信息输出部分重合，即为了表达思想进行语言编码时，思维过程就向语言过程转化。语言过程的信息传递包括"发送—传输—接收"，发送主要由发音器官负责，思维只起控制作用；传输是靠声波，完全与思维脱钩；接收又回到思维过程的信息输入阶段，但感官只接收到输入的全部语言信息的一部分，思维尚需非语言信息输入方可正常进行。语言过程的信息解码与思维过程的信息加工亦部分重合，但思维的信息加工，除对解码后的语言信息进行综合处理外，还要加工各种非语言信息。再一个区别是思维具有人类性，语言具有民族性。

（三）思维对语言的决定作用

思维先于语言发生，它与劳动相互促进。思维通过有实际目的的动作，可以获得关于客体特性的认识。语言是在劳动和思维相互作用的推动下产生的。有了语言，思维就获得了向抽象性、概念性发展的手段，它可凭借实物和动作进行，也可只用语言符号进行，思维成果也在语言中得到保存，通过语言进行传达、交流。从这时起，精神劳动就可以和物质劳动分离。

文字的产生与发展，更足以证明思维所起的决定作用。文字的产生和发展，不同的民族大致都经历了从实物到图画文字、象形文字、拼音或音节文字几个阶段。实物，随后的刻痕记事、结绳记事皆非文字，乃是同彼时的直观动作相适应的。

至于"人工语言"，如世界语、计算机语言等，思维在其创造中也是起决定作用的。以人脑为起点，以电脑的"电子—语言"为中介，最后又回到人脑，这就是人脑电脑统一活动的实质。通过这一思维活动，就实现和扩大了人的智能。

（四）思维在语言使用过程中的作用

我们用短语来表达思想时，在遣词造句前，通过思维，可以形成比较明确的思想。但在较长的语言过程发生之前，我们常常不能清楚地估计我们要说的每一句话是什么，脑海里似乎是模模糊糊的。有时在课堂讨论中的即兴发言，更是如此。如果词不达意，未说清楚想说的问题，或者说了未认真想过的问题，可能会感到遗憾；如果说话的客观效果好，也可能很满意。这除了表达

能力的强弱外，也与思维指向性的强弱密不可分。

在学习、生活中对一定问题思考时间越长、范围越宽、内容越深刻、要求解决问题的压力越大，思维的指向性一般就越明确与灵活，语言表达也就越主动与清晰，如不假思索、信口开河，语言表达就会东拉西扯、一团乱麻。

语言学习中，在某种语言单位中确定一词多义的一种切近意义，在一义多词的语言现象中选择恰当的词句，这显然是思维的功能。如果头脑加工的不是语言信息，那就要进行某种转换。如看图作文，思维对语言的选择性功能就更大，而且要更多地发挥创造性思维。

人们每天都要接触大量的语言，但输入大脑加工的只是一部分，其余的则视而不见，听而不闻。可见言语的接收，绝非仅由感官被动承担的任务，而有一个由大脑思维活动指挥的主动筛选过程。可见，言语的使用，直接体现着思维的选择性与创造性。同时，思维内容还决定着语义。语义即语言的意义，一般指词、词组与句子所表达的意思。它是思维和语言关系中的核心问题。

首先，单词的普遍意义和特殊意义是统一的。单词离开具体的语句，仍保留着普遍的稳定的意义。单词进入具体的语句，就会获得特殊意义。孤立的词的意义是"死"的，在语言学上称为词汇意义，可以在词典里供任何人查阅。人们将孤立的单词用入句、段、文章，"死"的词汇意义就变成了"活"的结构意义。因此，孤立的单词进入语句篇章，就从普遍意义向特殊意义发生转化。促成这种转化的正是思维内容和思维操作（主要是编码和解码）过程。

单词的一般思维内容则是在特殊思维内容的具体运用中体现出来，是表达一般思维内容向表达特殊思维内容转化的结果。由此可见，对语义的理解和运用离不开思维，思维能力越强，越能通过一定语境，正确理解词句的特殊意义，可见语文教学与思维密不可分。

第四节 语文思维教学的思想内涵

一、"语文思维教学"的界说

首先要弄明白什么叫语文思维。所谓语文思维，是指一切参与各种语文学习活动的思维。这种思维既要受语文学习活动的制约，从而打上语文学科性质的烙印，又会对各种语文学习活动施加积极影响，从而成为提高学生语文素养的助推器。

本书认为，语文思维教学是指在语文教学活动中，运用相关的思维理论知识，通过识字写字、阅读、写作、口语交际以及综合性学习实践活动来训练学生各种思维素质和思维能力，进而促进学生语文素养全面提高的教学。语文思维教学的核心就是在各种语文教学活动中对学生的思维素质和能力进行扎实而有效的训练。语文思维训练的过程是在科学先进的语文观指导下，让思维主体（学生）的语文思维结构，作用于所要研究探讨的语文知识与能力，并使之产生分析、综合、比较、抽象、概括这一过程。在思维训练过程中，师生之间、生生之间、师生与文本之间要进行多方交流，持续不断地进行信息的传递和加工，异中求同，同中求异，使学生这个思维主体的思维意识不断地得到优化，不断地在"聚合—发散—聚合"的碰撞过程中将思维推向高潮，推向深处。

二、把握语文思维教学的特点

既然语文思维教学的落脚点是各种语文教学活动，在加强对学生思维素质与思维能力的训练上，我们就要首先明确语文思维教学中开展思维训练的基本特点。

（一）思想的交流性

引起思维意识的主要方式是交流。师生大脑内部的信息在思维交流中得以交换，思维得以不断地调整。在这种持续的交换、调整中，学生的思维更趋于系统化、具体化。在语文的听说读写教学活动中，学生通过讨论、争论、辩论、鉴别、思考、验证，使思维的方向、范围、内容、进度得到积极调整，对教师反馈的信息进行变通性的加工整理，使其对客观事物的认识迈向更新更高的境界，为思维的深化和创新创造良好的条件。学生在交流中互相质疑、互相启发，思维由疑而生，经交流而发散，再由发散到聚合，这样学生对文本的解读也就逐渐趋于正确，思维逐渐趋于辩证。这充分体现了思想交流在思维训练中的妙处。

（二）训练的整体性

基础教育课程改革的基本理念就是要面向全体，全面发展，主动发展。语文课程标准也强调要全面提高学生的语文素养，而思维品质的培养已纳入提高语文素养的范畴。从这个意义出发，必须强调思维训练要面向全体学生，面向每一个基础知识有差异的学生，使每个学生都能在原有基础上得到发展和进步。所谓"全面发展"是指平等发展、自由发展、和谐发展、个性发展。语文思维训练要特别突出学生思维个性的最优发展，要从学生思维特点出发寻找突破口，因人施教，因材施教，让学生在扎扎实实的语文思维训练中得到思维个性的充分发展。学生探讨问题的兴趣受自身认识水平差异的制约而有所不同，教师的功夫要下在调动所有的学生都能参与到对问题的思考和探索之中，让不同程度的学生都有发表自己意见的权利和机会。对于思维能力差的学生，不能冷淡他们，疏远他们。教师要小心翼翼、循循善诱地呵护他们，让他们得到更多的思维训练的机会和获得成功的喜悦，从而提高他们参与思维训练的主动性、积极性，这有利于班级的整体思维能力上一个台阶。思维训练中，学生发表与教师想法不一致的意见是常有的事，教师不能压制不同意见。教师要深入学生，去接触、了解、研究学生的思维方式，使思维训练更能有的放矢。

（三）内容的广泛性

语文与生活的外延相等，这就决定了语文教学中思维训练的内容是丰富多彩的。古今中外，政治、经济、军事、外交、学校、家庭、社会、理想、法律、伦理、道德、情操、建筑、文学、绘画、雕塑、音乐、舞蹈等，凡课文所涉及的内容无所不包。教师对思维的训练要克服随意性和盲目性。要有整体考虑，通盘设计，要研究思维训练的系统性、连贯性，研究新旧教材、新旧知识之间的连贯性和各部分之间的联系，研究当前的训练内容时必须考虑和过去以及今后的训练内容相衔接。教师还要了解所教学生的思维情况，从课标要求、教材特点、学生学情出发，确定思维训练的最佳内容和方法，使"矢"和"的"和谐地碰撞起来，以提高思维训练的实效性。

（四）形式的渗透性

在语文教学中，思维教学不是孤立地进行的，而是将思维训练渗透到识字写字、阅读、写作、口语交际、综合性学习实践活动之中，使语文学习活动与思维训练水乳交融，互相促进。

在语文教学中，渗透思维训练较之其他学科有着得天独厚的优势。比如数理化学科，就主要适合训练抽象思维，其他思维的训练会受到学科内容的限制。而语文教学内容的广泛性决定了思维训练的多样性。说明文、议论文的阅读与写作教学最适合渗透包括辩证思维在内的抽象思维训练；记叙文，特别是文学作品的阅读和写作教学，最适合渗透形象思维、直觉思维、灵感思维的训练。语文教学不仅帮助学生学习内容，更重要的是学生还要学与内容相关的语言表达形式。语言是思维的物质外壳，思维是借助语言来进行的，调整语言本质上是调整思维，学习语言本身就是在学习思维。

第二章 语文教学中的形象思维与训练

第一节 形象思维的基本理论

一、形象思维的定义

所谓形象思维，是指思维主体结合自己的主观认识和情感因素，在感受研究对象的形象信息的基础上，借助对研究对象相关的形象信息进行分析、综合、比较、抽象、概括、想象、联想等认知加工，对研究对象的本质和规律进行审美判断或科学判断的思维。

形象思维的细胞是"形象"，但这个形象已经不是具体事物的形象，它是从具体事物中抽取出来的典型形象。它从具体事物中剔除了次要的、偶然的、表面的、非本质的东西，从中抽取出一般的、共同的、本质的东西。科学研究中的形象思维包含着科学家对研究对象的科学判断。

二、形象思维的特点

（一）形象性

形象思维既然是思维，当然也必须遵循思维的一般规律，那就是由感性认识上升为理性认识。但形象思维是始终离不开感性材料的，形象思维要完成认识的概括和飞跃，始终要借助形象的生成和组合。它是把抽象的思想或深沉的情感熔铸在具体的形象之中。因此，形象思维最基本的特点就是形象性，事物的形象就是形象思维所反映的对象。

形象思维的形象是熔铸思维主体情意的物象，亦称为意象。意象的"意"是指内在的抽象的心意，"象"是指外在的具体的物象。"意"源于内心，但借助外在的"象"来表达，所以"象"便成了"意"的寄托物。简言之，所谓意象是指作者不直接抒发自己的感情，表达自己的思想，而是借助对一些自然景物或生活中的各种物品的描写来曲折地抒发感情、表达思想。这些蕴含感情和思想的自然景物、生活物品就叫意象。

表达形象思维的工具和手段是能为感官所感知的图形、图像、图式和形象性的符号。形象思维的形象性使它具有生动性、直观性和整体性的优点。

（二）想象性

思维主体运用已有的形象创造出新形象的过程就叫想象。想象、联想和幻想都可以弥补作家实际生活经验的不足。艺术家不是"全知全能",但他又要从"全知全能"的角度去观察和感知生活的全貌、整体及运动过程,去塑造典型的人物形象和景物形象。不借助想象、联想和幻想,能行吗?即便是真实的历史题材,要想把它改编成小说、戏剧电影、电视剧等文学作品,也得在真实的历史题材的主干上通过想象来添枝加叶,即增加情节、丰富细节描写。

在艺术创作中,想象又称为虚构。想象就是虚构的手段,虚构有现实主义的,也有超现实主义的。现实主义的虚构描写的形象是现实生活中的"已然"存在,也可以是"可能"存在。超现实主义的虚构是指艺术作品中的形象在现实生活中永远不可能存在。无论是现实主义的虚构还是超现实主义的虚构,都不是杜撰的,而是按照生活的规律和情感的愿望来进行的。这样塑造出来的形象或具有客观的真实性,或具有主观的真诚性。

形象思维并不满足于对已有形象的再现,它更致力于追求对已有形象的加工,而获得新形象产品的输出。所以,形象性使形象思维具有创造性的优点。富有创造力的人通常都具有极强的想象力。

与想象相关的还有联想。联想也是审美感受中最常见的心理现象。审美感受中的所谓"见景生情",就是指曾被一定对象引起过感情反应的主体,在类似或相关的条件刺激下,而回忆起过去有关的生活经验和思维感情,这就是联想。联想是由当前所感知的审美对象联系到与此相关的对象,是由此及彼,连类而及。而想象是一种观念形态上再造或创造出现实的表象和形象的心理能力。审美主体在其感情和理性的驱使下调动原有的审美经验,从而形成源于作品又异于作品的意会形象。虽然联想与想象有所区别,但又均以表象为基本材料。所谓表象,是指过去感知过、观察过的事物不在面前,而在头脑中重新唤起的形象,本质上是形象的记忆。特别是审美欣赏中的联想与想象都是缘文驰想,即以作品的反映内容为中心,向四面八方呈辐射状展开,这对活化和丰富审美对象、体验审美对象的思想内涵是大有作用的。

(三)情感性

情感是对客观事物是否满足人们需要的态度上的反映。客观事物与人的需要之间的关系不同,人对客观事物的好恶态度也有所不同。比如对好人好事流露出喜欢赞扬,对坏人坏事流露出憎恶反感。包括形象思维在内的一切思维活动都要受到情感活动的驱使与制约,在艺术形象的塑造中一定会渗透作者的感情色彩,有明的,有暗的,有直接的,有间接的。所谓文贵情真、寓情于景、情景交融,一切景语皆情语,这些艺术创作中的说法都关乎一个情字,情为文之魂。形象思维中的形象塑造要借助想象和联想,而想象联想要靠情感来推动。形象思维的动力是情感,形象思维的材料与内容也是情感。正如法国心理学家李博所言:艺术性的创造有两道情感之流:一道构成激情,这是艺术的材料,另一道则激起创造的热情,随着创造而发展。虽然,科学家、哲学家也要依靠情感来推动行动、激活思维,但情感并不注入思维的对象,他们如果需要客观地面对研究对象,就必须避免主观性,排除情感对象对思维的干扰,这样才有可能获得科学的结论。科学家研究动植物,不需要把自己变成猪马牛羊、花草树木,而艺术家描绘猪马牛羊、花草树木,就要将自己的感情倾注在这些动物和植物身上。

艺术家就是这样带着感情来观察和感受自然的，他们与自然已经浑然一体，"物我统一"。作家塑造人物常常把自己也摆进去，写的是作品中的人，含的是作者自己的情。

（四）典型性

形象思维的细胞是"形象"，但这个形象已经不是具体事物的形象，它是从具体事物中抽取出来的典型形象。它从具体事物中剔除了次要的、偶然的、表面的、非本质的东西，从中抽取出一般的、共同的、本质的东西。这样创造出来的艺术形象既有具体、生动、鲜明的个性特征，又具有能揭示社会生活本质、充分表现重大意义的普遍性。总之，它是借助现象反映本质、借助个性反映共性，写一人，代表一群。可见，形象思维的形象一定是典型化的形象。

艺术作品中的人物是根据实际生活中的原型进行的广泛概括，但它又不同于实际生活中的原型，它比现实生活中的原型"更高、更集中、更典型，因而更具有普遍性"。

（五）渗透性

所谓渗透性是指形象思维与其他思维是互相渗透、互相推移的，特别是与抽象思维常常结合使用。

首先，抽象思维要渗透形象思维。以文学创作为例，作家从事文学创作主要用形象思维，这是无疑的。但是，作家在创作中怎样去认识生活、怎样去表现生活，这就要受他自身的世界观、人生观、价值观、伦理观、道德观、文艺观的影响，受社会风气和社会思潮的影响。这就注定了文学创作中一定要渗透抽象思维活动。作家塑造人物形象还要把形象摆在现实生活中去考察他的社会关系、阶级关系，思考人物形象的政治意义和道德意义，甚至把作品的整个内容与现实生活的情势或历史发展的倾向联系起来进行分析研究。根据刻画人物身份性格的需要，有时还要让塑造的人物做政治演讲、道德说教，做科学的说明甚至数字的计算。所有这些，都要借助抽象思维的渗透。形象思维主要用于艺术创作，特别强调形象性、想象性、情感性、典型性。但形象思维只是粗线条地反映问题，只是从整体上把握问题，对问题的分析也只是定性的分析或者顶多是做半定量的分析。能给出精确数量关系的只有抽象思维，所以，虽然在艺术创作中是以形象思维为主，但不可避免地要将抽象思维与形象思维巧妙结合。

抽象思维渗透形象思维，形象思维也可以渗透抽象思维。形象思维在科学研究中具有认识与发现作用、解题作用与创造性作用。抽象思维借助形象思维产生创新思想，引发科学发现；形象思维协助抽象思维完成科学发现。

（六）非逻辑性

抽象思维加工信息是一步一步、线性地进行的，进行过程中是首尾相连接的。形象思维可不是这样，形象思维可以调用许多形象性材料，将这些材料加以整合，形成一个新的形象，或者由一个形象转换到另一个形象。它加工信息的过程不是系列加工过程，而是平行加工，是平面性的或立体性的。它能够使思维主体很快地从整体上把握住问题的实质。这些就是形象思维非逻辑性的特征。在科学研究中，形象思维这种非逻辑性特征有着抽象思维不可替代的作用。

三、形象思维的作用

人要正确认识世界和客观反映世界，不能没有形象思维。形象思维运用范围十分广泛。艺术创作与艺术鉴赏自不必说，就是科学研究、企业经营管理、学校教育均离不开形象思维。科学研究常常是形象思维与抽象思维结合使用。高度发达的形象思维也是企业经营管理的强大思想武器，是企业家在激烈复杂的市场竞争中克敌制胜的法宝。企业家离开形象信息和形象思维，他得到的信息很可能就是间接的、过时的，而且还极有可能是不确切的，这样，他也就难以做出科学的决策。学校的各学科教学，尤其是语文教学更要用到形象思维。教会学生在学习中运用形象思维是教育，特别是语文教育义不容辞的责任。

第二节 在语文教学中训练形象思维能力

一、训练形象思维能力的意义

说到思维能力的培养，就不能只想到抽象思维，而忽视形象思维。须知，这两种思维能力的培养应该是相得益彰、相辅相成的。如果没有形象思维来支撑，抽象思维的发展就会受到影响。现代大脑科学研究雄辩地证明：人脑是由左右两个半脑组合而成的。由左半球主管语言、逻辑、数字的运用；由右半脑主管音乐、美术、空间的知觉辨认。从思维角度看。左脑的功能是主管抽象思维，右脑的功能是主管形象思维。人的思维活动正是在左右两个半脑的共同配合下完成的。教学，特别是语文教学，要最大限度地同时开发学生的左脑和右脑，这样学生的抽象思维能力和形象思维能力方能齐头并进。

形象思维对于学生的语文学习有着特殊的意义。语文教材中大量的选文属诗歌、小说、戏剧、散文，这些文学作品的创作主要借助的是形象思维，学生对这些作品的鉴赏也主要靠形象思维。学生的记叙文写作训练，特别是诗歌、散文等的写作训练，从立意选材到布局谋篇，再到遣词造句，哪一个写作环节也离不开形象思维。这说明语文学习需要借助形象思维，也说明语文学习对于发展学生的形象思维能力具有得天独厚的优势。学生有了形象思维能力，不仅可以帮助他学好语文，而且可以帮助他学好其他学科。

形象思维的运作机制是：无论创作还是鉴赏始终离不开形象，形象要借助想象与联想，想象与联想要靠情感来推动。形象、想象、联想、情感是形象思维的四大要素，也是形象思维的运作机制。因此，语文教学中培养学生形象思维能力主要是培养感受和描写形象的能力、培养想象能力、培养联想能力、学会把握审美情感。

二、训练形象思维能力的途径

（一）训练学生感受形象与描绘形象的能力

如前所言，事物的形象就是形象思维反映的对象。语文课本中诗文的形象主要指文学作品中的语言形象，即以语言为手段而形成的文学形象，是作者的美学观念在诗文中的创造性体现。形象的具体因素包括环境、人物、场面、情节等。形象思维的第一要素是形象，训练学生的形象思维，就要引导学生从诗文的阅读中去感受形象，从诗文的习作中去再造或创造形象。

1. 训练学生在阅读中感受形象

文学形象具有知觉、表象和想象所能把握的生动可感的属性。它不同于科学上标示抽象所用的一般的种类、性质的图示和模型，而是表现为具体、生动、独特和个别的形态，或是一片景象，或是某个人物。

引导学生感受景物形象，就要让他们感受形象的意蕴，从景物形象中窥探作者的情感世界，看作者怎么借助景物形象来传情达意。引导学生把握人物形象，就要透过形象认识人物的典型性格，进而体悟作者的审美感受、全文的主题思想。

2. 训练学生在写作中描绘形象

学生作文中少不了记人叙事、写景状物，这必然涉及形象的描绘，是在写作教学中训练学生形象思维的重要环节。训练形象描写可以与阅读鉴赏教学结合进行。写作开始不一定成篇，可先练习写片段。

3. 在综合性学习训练中丰富学生形象

综合性学习实践活动作为一门课程被纳入语文学习之中，作为教学目标的五大板块之一，使语文课程由封闭走向了开放，意义深远。语文综合性实践活动能够很好地使语文自身的听说读写活动实现有机统一，使语文与生活实现紧密连接，使语文与其他学科实现交叉整合，使书本知识学习与实践运用实现紧密结合，因而在语文综合性学习实践活动中训练学生的思维能力较之在其他语文活动中具有更广阔的空间，训练的灵活性、综合性、多元性更强。形象思维是综合性学习的起点。形象是人的大脑对外界事物的印象，这种印象往往可以借助物化的形式加以再现，从而为人的感觉所把握。因此，教师在开展语文综合性学习实践活动中，要创设问题情境，丰富学生形象。

（二）训练学生的想象力与联想力

在形象思维中，无论是感受形象，还是描绘形象，都要借助想象与联想，想象与联想是形象思维的主要加工方式。因此，培养形象思维能力，就要培养学生的想象与联想能力。

1. 在识字教学中训练学生的想象与联想能力

（1）在识字教学中训练学生的想象力

汉字符号是单一、表象、修辞的符号。汉字具有十分鲜明的形象性特点，又具有丰富的文化内涵，蕴藏着汉民族的思维方式、审美观念、社会心态和价值取向，所有这些，决定了汉字能给人以广阔的想象空间。

在识字教学中引导学生借助想象来识字，并在识字中发展想象力，最重要的是要引导学生调动已有的知识和生活经验。比如学习"圆"字，教师要学生联系生活展开想象。有学生想到元宵节"全家欢聚吃汤圆";想到"圆"外面的"口"就像汤圆皮,里面的"员"就像汤圆馅。通过这样的想象,"圆"字就会在学生心里记一辈子。由教师引导学生通过想象识别汉字很有效果。比如"串"字,通过想象就变成了学生喜欢吃的羊肉串或者糖葫芦,十分形象。又如"雨"字,学生是这样想象的:"雨"上面的"一"是天上的乌云,"冂"是我们的世界,里面是雨点。想得多好呀!上面的例子无不说明,想象力来自知识和生活经验的积累。要发展学生的想象力,就要千方百计地丰富学生的知识和生活经验。

(2)在识字教学中训练学生的联想力

汉字本来就是"物"与"形"、"理"与"字"的联想的产物,所谓"依类象形""分理别异"就是这个道理。因此,识别汉字最容易引发人的联想。教师可以引导学生借联想辨别部首帮助识写一类文字。比如,以"木"字为基础,可联想到"杆""桂""标""梧""树"……以"心"为基础,可联想到"思""想""念""愁""息"……凡与太阳有关的字,均有一个"日"旁;凡与语言有关的,都有一个"讠"旁;凡与水有关的,必有一个"氵"旁。根据汉字音、形、义三位一体的特点以及六书的造字方法,在识字教学中可以凭借生活积累以及知识储备,从汉字的原型出发,展开由此及彼、由近及远、由浅入深的联想,来理解汉字的形、音、义。教师借联想构建字形字义联系,编些字谜让学生猜,使学生在猜字谜中识记生字。随着学生识字量的增加、知识面的扩大、生活经验的丰富,学生可通过联想自创谜语来认识生字。教学"奋"字,学生编出:一群大雁田上飞;教学"美"字就编出:羊字没尾巴,大字在底下;学习"金"字就是:一个人,他姓王,口袋里装着两块糖。通过直观手段、形象语言,把一个个抽象的汉字演绎成一个个生动的故事和一幅幅有趣的图画,激活了孩子们的思维创造力,既能展现语文课的趣味性,又能提高识字效果。

利用偏旁部首记字。汉字中有很多合体字,记忆这些字就要依据形声字和会意字的造字特点,让学生加一加、减一减、换一换,快捷熟练地记住。特别是形声字的识记,一定要通过不断的训练,让学生牢固掌握,但要灵活应用。

2.在阅读教学中训练想象力与联想力

(1)在阅读教学中训练想象力

这里的阅读教学主要是指文学作品教学。文学语言主要是模糊语言,它表达感情和思想倾向的特征就是含而不露,曲折隐晦,这就给读者留下十分广阔的想象空间,令读者回味无穷。教师引导学生抓住课文的模糊性来品味其意蕴,这是发展学生想象能力的有效途径。

①用词语的模糊性引发想象

文学作品中的词语,既有概念性,更有描述性,其意义为不定量、不定界、不定指,它不像概念性那样靠查词典、看注释就可以弄明白,必须借助语言环境,联系生活展开想象去体味、感悟。特别是一些时间名词、形容词、副词,其语义界限更是模糊。在阅读教学中,教师应借助这些模糊词语来引发学生的想象。

②用情节的模糊性引发想象

在叙事性文学作品中，人物思想性格必有其发展过程，这个过程就叫情节。情节是由一系列能够展示人物性格的具体事件构成的，它是人物在一定时空内的行动过程。有时，作家为了更好地表现主题和丰富人物形象，让读者产生共鸣的艺术效果，就故意切断某个情节，留下未定点，以吸引读者通过想象让情节继续发展。

③用形象的模糊性引发想象

文学是人学，人的性格和感情都具有主观性、非定量性、相对性、变异性，即不确定的模糊特点，这就决定了文学表现人物性格、描摹人物感情必然带有模糊性。文学借形象塑造来反映生活，作品的形象虽然不同于生活，但又来源于生活，他们都有生活的原型，生活原型转化为作品中的形象也必然带有生活的烙印。而生活是极其复杂的，具有大量的模糊现象，这也决定了根据生活创造出来的人物形象具有模糊的特征。但作品的价值无论是真善美，还是假丑恶，都经常表现为多义的、多值的、多争议的状况，构成了文艺的模糊性。这种模糊性必然蕴含于作品创造的人物形象之中。唯其如此，才给人以想象的余地，生出"象外之象"来。如果句句写实，单调平板，纵使有一定画面出现也不能构成审美境界。文学形象的模糊性本质上具有间接性、典型性的特点，这就导致了它具有诱导性与拓展性功能，因而欣赏者只有通过想象的思维方式在头脑中重新组合，达到呼之欲出的境界，才能感受到人物形象的栩栩如生，进而理解作者塑造人物形象的深刻含义。

④借助情感的模糊性引发想象

在抒情性文学作品中，特别是在抒情诗中，作者常常不直接吐露真情，而采取一种委婉曲折的方式隐约地显示某种思想和感情的影迹。

⑤创设想象的情境引发想象

具体的自然环境和具体的社会环境都称为情境，情境具有一定的社会学意义和生物学意义，它对人有一定的刺激作用，所谓触景生情、感物而动、睹物思人，就是这个意思。而情境教学则是从教学的需要出发，教师依据教材创设以形象为主体，富有感情色彩的具体场景或氛围，激发和吸引学生主动学习，达到最佳教学效果的一种教学方法。教师要善于围绕教学目标，从课文中寻找点燃学生思想火花的导火索，从而激活学生的想象力。可以依据文本的典型环境、典型情节、典型人物进行再造想象。比如，从人物所处的生活环境中想象人物的性情，从人物的肖像、语言、动作去想象人物的内心活动等。

（2）在阅读教学中训练联想力

与想象相关的联想力，也可以在阅读鉴赏中得到训练。其方法是以阅读文本为媒介，调动学生的期待视野、整合学生的知识与生活经验，对文本进行多元解读。

3. 在写作教学中训练学生的想象力与联想力

（1）在写作教学中训练学生的想象力

想象是形象思维的主要结构成分，要培养学生形象思维能力，就不可不培养其想象能力。其实想象岂止是艺术家的本领，中小学生写作文也需要想象的本领。它能弥补学生生活不足的缺陷，丰富生活的内涵，赋予形象审美价值，创造出形象生动的第二自然。

为什么课标这样重视对学生想象能力的培养？那是因为作文是思想内容和书面表达形式的高度统一，是学生思想道德品质、语言表达与应用能力、书本知识及生活体验的综合反映，是富于创造性的语言表达与交流的实践活动，作文立意选材、布局谋篇、遣词造句的每一个环节都离不开作为形象思维主要结构成分的想象。想象力贯穿了整个作文教学，没有想象力，学生的写作思路就会闭塞，内容就会空洞，立意就会落俗套。一句话，要提高学生的写作能力，就要培养学生的想象力。在作文教学中培养想象力可从以下几个方面入手。

①训练观察中的感悟，奠定想象的坚实基础

想象不是凭空的，必须以对生活的感悟为源泉，没有对生活的感悟，想象就会枯竭。对生活的观察和感受就是"感"，针对生活中的观察和感受所得进行领会和思考就是"悟"。所谓感悟，就是要引导学生在对外部世界的观察中去寻找与人的内心情感相吻合的东西，这种观察一定要带上自己的主观色彩。这在格式塔心理学中，称为心物同形或异质同构。比如我们去观察白天鹅，从它那一尘不染的洁白羽毛、曲项向天歌的从容形态，就能够感悟出与人的纯洁善良、乐观向上的性格吻合，于是，我们就可以借写天鹅的洁白美丽、形态从容来歌颂人的心灵纯洁、品质高雅、乐观向上的精神风貌。我们观察到黄鼠狼的体态是细长的、油滑的，它恰好同人类某种隐蔽狡猾的情感对应，于是我们就可以借黄鼠狼的形象来写出某些人的阴险狡猾，"黄鼠狼给鸡拜年——没安好心"的歇后语就这样产生了。一枝刚出土的嫩芽，假如你带着自己的主观色彩来观察它的生长过程，你就会发现，它与人的某些情感因素有着某些吻合的地方，你就会展开想象的翅膀把它描绘成这个样子：它先是伸出柔柔的芽尖，向周围试探着，然后弯曲自己的身子，设法避开障碍物，或者是想推翻它，经过努力，它终于从重压下解放出来，舒展姿容……这里描述的是嫩芽生长过程的特点，渗透的却是人类才有的渴盼、期待、努力、希望等情感因素。总之，在作文教学中，要培养学生的形象思维能力，就要培养想象能力，要培养想象能力，就要培养学生对生活观察的感悟能力。这就要求我们语文教师的视野要冲破课堂的局限，去引导学生发现那些具有生命形式的事物，如泉水的叮咚、野花的娇艳、游鱼的嬉戏、燕子的穿梭、柳枝的摇曳、黄莺的歌吟等，无不具有生命同构的运动形式。只要语文教师经常地引导学生去体验和感受现象世界，耳濡目染，不断熏陶，就能调动学生潜在的感知能力，并能使他们对外物的感知越来越敏锐。学生有了这诗外的功夫，吟诗赋文，何愁无灵感，何愁言之无物。

②创设驰骋想象情境，进入角色挥毫为文

教师也可以创设情境吸引学生想象作文。教师要善于从生活和教学活动中创设或捕捉那些可见、可闻、可历、可感的情境，吸引学生身临其境、身经其事、进入角色，将情境的诱惑转化为写作的需要，去观察、感悟、思考、想象，从而展开延续式的作文训练。

③寻找课文艺术空白，引导学生想象作文

在前面相关部分，我们已经从接受美学的召唤结构理论和模糊语言学理论方面涉及文本的艺术空白。这种艺术空白也是格式塔心理学完形压强理论研究的对象。

④设计假设式作文题，借想象画出新的画面

假设式作文题是催生想象的发生器，它能引导学生对原有意象进行熔铸，把平时生活的积累化为新的画面。

4.在口语交际教学中训练学生的想象与联想能力

所谓口语交际是指交际双方为了达成交际目的，运用口头语言和某种表达方式进行思想感情或信息交流的一种言语活动。语文教学的各个环节都可以渗透口语交际，比如自我介绍、看图说话、复述故事、讲故事、说理想愿望、说自己的感受、谈读后感、日常交往情景的模拟、演讲、表演、辩论等，其中的许多形式特别适合对学生进行想象与联想能力的训练。

5.在综合性学习中训练学生的想象与联想能力

综合性实践活动就是要在突出各学科自身特点的前提下实现跨学科教学，要使语文学习与其他学科的学习适当地交叉整合，还要把语文课堂教学资源和生活学习资源，包括自然风光、文物古迹、民俗风情、国内外重要事件、学生家庭生活及日常生活话题等，都开发成语文课程资源积极利用。这就决定了综合性学习活动需要充分调动学生储备的各种知识和生活经验，为学生训练想象与联想力提供了广阔的空间。充分利用综合性学习这一优势发展学生的想象与联想能力。

（三）训练学生把握审美情感的能力

情感是形象思维的重要因素，是一种推动想象与联想从而塑造或鉴赏艺术形象的助推器。在语文教学中，识字与写字教学、阅读教学、写作教学、口语交际教学、综合性学习实践活动都可以训练学生的审美情感，尤其是阅读教学中的文学审美鉴赏活动，更适合训练学生的审美感情。文学作品中的形象无不打上作者审美情感的烙印。语文教师应该用高尚的思想道德情感去对学生进行潜移默化的感染，去开启学生情感的"潘多拉魔盒"，去塑造学生美好的心灵。这是为培养学生形象思维能力练内功。

语文课本中每篇课文都有力的结构和情感的力度。教师要引导学生把文本中有形的物理力场转化为学生能感受到的作者的心理力场和情感力度，借以对学生进行审美情感教育。

1.营造煽情的氛围和环境

语文教学的规律之一就是"以情悟文"，情感还要靠情感来打动。教师要引领学生设身处地去体验文本传递的情感，应创设一种与被感知对象相似的教学情境，从而唤醒知觉表象，然后过渡到认知对象的体验上。营造煽情的氛围与环境的方法很多，如再现图画、渲染音乐、表情朗读、表演动作、展现生活、演示实物等，通过这些教学活动来激发学生有利于知识学习和个性健康发展的情感，让教师情、学生情、教材情三情合一，从而使学生在心理和生理上都能产生震动，得到情感上的洗礼。

要创设情境也需要教师的情感投入。如果说学生的头脑是一个需要被点燃的火把的话，那么教师的教学激情就是火种，要使学生燃烧起来，教师得首先燃烧自己。教师在教学过程中，要尽情地忘我投入，该哭时，不惜洒泪；该笑时，纵情放声；该悲时，话不成语；该怒时，拍案顿足……教师只有自己进入了角色，才能带领学生进入艺术天地。教师的情感一旦感染了学生，师生的情感就会交融、共振，求得实现目标的一致性，收到最佳的教学效果。

2. 从感情表达出发把握朗读语气

在朗读教学中，所谓读出感情的"情"，应该是文本情、教师情、学生情的融通之情、共鸣之情。首先是教师要从文本的解读中挖掘出隐含的情感因素，从这些情感因素中引起自己思想感情的回旋激荡，使教师自己的情和文本的情达到高度的和谐统一，然后再用教师与文本的共鸣之情去感染和打动学生，从而实现三情合一。三情合一的关键在于教师要能引导学生发现作品中反映的矛盾与人类面临的类同现实矛盾的相似之处；发现人类相似的生活境遇与作品中表现的情境的相似之处；发现人类相通的人生经验与作品中表现的经验相通之处；发现在现实生活中能使人感动的大自然美景与作品描写的美景吻合之处。这些现实矛盾的类同、生活境遇的相似、人生经验的相通、对大自然的共同向往就会使教师、学生与文本之间产生情感融通。所谓读出感情，也就是读出共鸣之情、融通之情。

总之，有感情地朗读应着眼于以文本之情育学生之情。教师要以声情并茂的范读抒情、播情；以绘声绘色的导读达意、传情；以音乐伴随的朗读激情、动情。

3. 挖掘语言文字背后隐含的传情点

所谓传情点，就是那些在传情达意方面表现力极强的语言或表现形式。教师要善于引导学生挖掘并捕捉这些传情点，去铺设学生与文本进行情感交流的桥梁。

4. 借助历史文化语境领会文情

所谓历史文化语境，第一是指文本语言在其产生的那个时代的语义，如用典，它既是文本意义产生的内部证据，又是文字历史语境的基本内涵。第二是指作者同类作品或与之相关的书信、其他文字材料，以及作者的写作风格、嗜好、与人交流的历史材料，这些是文本解读的外部证据，以及作者的创作意图材料。第三是同时代的作品或哲学思想、时代思潮、文学观念、历史事件等，这些是作文扩展了的共时态语境。第四是文本产生之前或之后的同类文学作品及与文本相关的评论，这些是作文判定时代特征的不可少的参照，是扩展了的时态历史语境，是帮助读者挖掘文情的历史文化语境。对作品关涉的历史情况的广泛了解，对于发掘文本的情感意蕴有很大的帮助。

5. 从句子组合规则中释放情感意绪

结构是系统中各部分的组织形式。系统就是以某种方式构成内在联系的或结构化的整体。系统对要素的制约是通过结构起作用的。相同的要素形成不同的结构，就会产生不同性质的事物。

语言也如此，同样几个词语，其组合的句式结构不同，表达的意义也会不同。可见语言的结构形式不只是内容的负载体，它本身就意味着内容。总之，句子的一定组合规则是与一定意义和感情的表达相对应的。

①注意用标点改变句式带来的情意变化

文章的标点有导致句式变化进而引起语意变化的功能。因此，在阅读教学中，要解读文章的意义，不可不注意分析由标点引起的句子结构的变化所带来的语义变化。

②注意由语序变化带来的情意变化

文言文中的主谓倒置、介宾结构后置、宾语前置、定语后置等，以及现代汉语中的主谓倒置，定语、状语的前置或后置等都是语序的变化。在阅读教学中，要从语序的变化去把握情感意绪的变化。

③注意由成分省略带来的情意变化

句子成分的省略造成语言的"缺陷"，就会产生一种内在紧张力，以促使人的大脑皮层紧张的活动来填补"缺陷"，从而达到内心的平衡。语文课文中用省略的地方很多，教师要引导学生通过想象去填补，填补的过程就是对文本加深理解的过程，还可发展学生的想象力。

④注意句式的多样性导致表意的复杂性

有时，句子的组合形式并非单一的，而是多种形式的综合，这就导致句子在情感意绪表达上的复杂化。

句子有整散之分。整句如对偶、排比、反复，其句式整齐、音调和谐、气势充畅，能够使文章的情感意绪更加鲜明；散句结构形式自由、散漫、灵活、富有变化。将整散句式交错使用，能使语言于整齐中富有变化，在对称中出现错落，这种具有流动感的语言，传情达意的功能会更强。

第三章 语文教学中的抽象思维与训练

第一节 抽象思维的基本理论

抽象思维是思维的高级形式，又称为抽象逻辑思维或逻辑思维，也有科学家称之为分析思维。抽象思维就是舍去了事物的具体形象，主要以语言为载体的思维方式。其主要特点是通过分析、综合、抽象、概括等基本方法的协调运用，从而揭露事物的本质和规律性联系。抽象思维是人类所特有的，而且只有在达到一定年龄阶段后才会出现，它是心理发展到高级阶段的一种水平较高的思维。抽象思维的训练，在语文教学中占有很大的比重。几乎每一节阅读课、每篇作文，都涉及对学生的抽象思维训练，关键在于教师能否从发展思维的意义上去看待这些训练，提高思维训练的效果。

一、抽象思维的定义

所谓抽象思维，简单地说是指借助概念、判断和推理，认识和反映事物过程的思维方式。有的研究者把抽象思维称为抽象逻辑思维、逻辑思维，或分析思维它，与形象思维相对应，是思维主体结合自己的主观认识和情感因素，在感受研究对象的形象信息基础上，以语言、文字、符号、数字等为思维载体，以抽象分析分类等为基本过程，通过分析、综合、比较、抽象、概括等认知加工方式，揭露事物的规律和本质的思维活动。抽象思维可以分为形式逻辑思维与辩证逻辑思维两种思维形式。所谓形式逻辑思维就是凭借概念和理论知识，并按照形式逻辑的规律进行的思维。这种思维的形式是概念、判断和推理。所谓辩证逻辑思维就是凭借概念和理论知识，按照辩证逻辑的规律进行的思维。形式逻辑思维是对相对稳定、不大发展变化的客观事物的反映；辩证思维是对不断发展变化的事物的反映。抽象思维是人类最主要、最基本的一种思维方式，因而，语文学习离不开抽象思维。不仅议论文、说明文等文体的读写训练离不开抽象思维，散文、小说、诗歌等文学作品的读写训练也离不开抽象思维。

二、抽象思维的特点

关于抽象思维的特点，不同的学者从不同的角度出发，有不同的说法。本书认为，抽象思维的特点有以下几个方面。

现代语文教学思维的创新研究

（一）抽象思维的普遍性

抽象思维在构成概念时，舍去了事物的具体形象，通过分析、综合、抽象、概括等基本方法协调运用，从而揭露该事物的普遍性——本质和规律性的联系。它抽取的是客观事物一般的、本质的、规律性的东西，舍弃了事物个别的、现象的、偶然性的东西，故而只反映事物的一般属性和普遍性（共性），而不反映其特殊属性和个性。它使概念不再包含对象内部的矛盾性、差异性、多样性和特殊性，而是抽象的同一。例如，面对五颜六色的苹果、柑橘、香蕉、菠萝……却只说是"水果"，甚至说"植物的果实"；面对千姿百态的大雁、海燕、白鹤、天鹅……却只说是"飞禽"，甚至说"鸟纲"。"水果"或"植物的果实"，"飞禽"或"鸟纲"等，就是从这些相应事物中抽取出来的，能够反映这些事物本质的普遍性。当我们面对"水果"或"植物的果实"，面对"飞禽"或"鸟纲"等抽象概念的时候，似乎有一种"枯燥""冷冰冰"的感觉，似乎它超越了眼前看到的现实，甚至"脱离"了它们。这种感觉是很正常的。抽象思维作为一种重要的思维类型，是在分析事物时抽取事物最本质的特性而形成概念，并运用概念进行推理、判断的思维活动。逻辑思维的普遍性能帮助人们在思维过程中做到概念明确、判断恰当，为超越自己的感官去认清更加宏观或更加微观或更加快速变化的世界提供了可能性。如果没有抽象思维的普遍性，就不能准确界定概念和概念与概念间的关系，这种可能性就无法变成现实。

（二）抽象思维的严密性

抽象思维最重要的特征是思维系统的严密性。抽象思维的严密性表现为其规范性、必然性、规则性和可重复性。抽象思维的方法是一个多层次、形式化的系统方法。它由一个被形式化了的公理系统组成，在这个公理化系统中，包含许多逻辑思维的形式和逻辑规律，它的每个组成部分的构建和功能都是为整体服务的。在系统内部的各个组成要素之间存在着有机的联系，而且系统与外部因素之间也有着某种程度的联系。随着逻辑科学的进一步发展，这个系统将变得越来越复杂，越来越严密。

抽象思维注重纵向集中的线性过程，追求结论的有效性，因而思维进程的每一步都要有充分的根据，都必须采取肯定或否定的形式，有严格的真假规定。故而它的思维进程从一开始就是在实现目标所规定的区域内进行，有条不紊，循序渐进，步骤严密，且具有很强的说服力。其结果可以由以往思维进程的每一步所验证。抽象思维的规范性不仅表现在它自身内部，还表现在它的检验与反思功能上，主要表现在对假说的形成和科学认识结果的证明过程中，这些都需要建立在推理和论证正确、可靠、严密的基础上。

（三）抽象思维的稳定性

抽象思维着重研究的是对象的质的规定性和矛盾发展的相对的稳定性。它以有序的思考方式提出问题并验证解决问题。它的每一步都有严格的时间渐进顺序，概念—判断—推理的过程是不能跳跃前进的，即使在推理的省略式中，其省略的部分也是思维者心中自明的。任何事物在其发展、变化的过程中，都存在着自身的质的规定性，即相对稳定、静止的状态。这种事物本身所具有的运动的普遍性和静止的相对性，决定了人们的抽象思维活动既要反映事物内部及事物之间的运动、联系，也要揭示事物在某一方面或某一发展阶段上的有条件的确定性和稳定性。逻辑思维的确定性和稳定性能帮助人们发现偷换概念、转移论题、自相矛盾等这些看似简单的逻辑错误，以帮助人们在思维过程中做到概念明确、判断恰当、推理合乎逻辑和论证有力。由此，不少文章认为逻辑思维是机械化的思维，其程序是封闭式的推导，任何中断、飞跃、逆转的运作方式都不属于逻辑思维的范畴，得出逻辑思维是僵化、保守、不能带来新知的思维的绪论。这显然是片面夸大了逻辑思维的有序性、相对确定性和稳定性。思维是客观现实的反映，而客观现实有其相对稳定、不大变化的一面，也有其不断运动和不断发展变化的一面。形式逻辑思维是对相对稳定、不大发展变化的客观事物的反映。所以说，抽象思维具有稳定性特点。

（四）抽象思维的层次性

抽象思维通过抽象形成概念、判断、推理，其抽象能力可分为三个层次。

1. 表征的抽象

这是初始层次的抽象，是对事物表面现象的特征进行的抽象，因此抽取出来的主要是事物的表面特征中的共性。例如，竹门、木门和铁门都是门。"门"就是抽取出来的事物的表面特征中的共性，这个概念反映了所有门的普遍属性，你不能说它是窗。在语文教学中训练学生形成概念，有利于解决问题。

2. 本质和规律的抽象

这是深层次的抽象，是对事物内在本质和规律的抽象，因此抽象的结果往往是定理、定律或原理等。

3. 形式结构的抽象

这是更深层次的抽象，是对各种在内容上截然不同的事物所具有的共同形式结构的抽象，其抽象的结果与表面上的共性有本质的区别。表面特征的抽象结果是可以直接进行感知的，而形式结构上的共性是不能直接进行感知的。形式结构的抽象是最高层次的抽象。

三、抽象思维的功能

抽象思维可以帮助人们清楚地熟悉和把握直观感知的形象，并使人们对形象的感知得到促进和深化。抽象思维规范引导着人们的形象思维，帮助人们分析、审阅形象结构。概言之，抽象思维能够规范和引导人们学习各科知识，建立学科体系，开展创新活动。

（一）靠抽象思维学习各科知识

思维在学习各科知识中发挥着重要作用，抽象思维在教学中占有绝对优势。在目前学校各门课程学习活动中，大量地进行阅读、写作、计算、分析、逻辑推理和言语沟通等，其过程主要是以语言、逻辑、数字和符号为媒介，以抽象思维为主导。这些活动都是着重于左脑功能的发展。要搞好学习必须发展大脑左半球的功能，重视言语思维能力，学会并善于运用抽象思维方法，这也是学习成功的基本条件。在学习中，抽象思维的作用是十分重要的。任何一门学科中的公式、定理、法则、规律，都必须通过抽象思维才能把握，解决作业任务等也都离不开抽象思维。所以，一定意义上说，掌握知识的过程，就是运用抽象思维，即掌握概念、判断和推理的过程。

（二）凭抽象思维建立学科体系

观察事实的简单堆积不是科学，定律的简单汇编也不是科学。如果把观察事实比作第一层的砖瓦，科学便可以看作宏伟大厦，定律只是第二层次的组装结构。一旦能够覆盖几乎所有定律的一、两个主定律诞生，一门科学便标志着成熟，这就是第二次飞跃，即由定律到理论的飞跃。有了逻辑推理，无次序的定律出现了次序，定律变成了定律链，后一个总可由前面的定律派生出来，处在链的最前方的便是主定律或公设。不仅如此，借助逻辑推理，人们还能派生出新的定律。在理论形成之前，定律是科学家千辛万苦发现的，而在理论形成之后，定律可以是由一个中等智力的人所推导和派生的。欧几里得几何学的诞生就是这种方法的楷模。欧氏的新贡献并不是在几何定律的集合中又增加了新的一条，而是实现了知识的第二次飞跃，把定律的集合进化为几何理论。正是有了这种整理和简化，建立起了一个学科体系，使一个中学生有望在半年之内掌握全部几何定律，人类的文明得以传播和发扬。

（三）借抽象思维开展创新活动

创新活动是指通过对现有事物的观察、分析、综合、推理、想象，突破原有知识的范畴，发现新规律，提出新方法，创造新产品、新成果，解决新问题的过程。任何创新活动都必须遵循客观规律和逻辑法则，违反了逻辑就不可能有任何真正的创新。因此创新活动与抽象思维是密切相连的，真正的创新活动往往是从抽象思维开始的。抽象思维对开展创新活动的作用主要表现在引导调控创新目标、直接产生创新结果和准确表达创新结果三个方面。

1. 引导调控创新目标

思维主体发现新问题之前，其思维处于非逻辑思维状态，非逻辑思维就像天空中自由展翅的鸟，无拘无束地自由飞翔，即思维主体的思维处于自由散漫而又杂乱无章的状态。但无序的自由的思维状态不会无休止地维持下去，当思维主体的思维运行到一定的时候，就会从中捕捉到某个闪光点，无序的思维就会转化为抽象思维。这时，抽象思维中的同一律、矛盾律与排中律对思维的发展起着重要的引导调控作用，凭靠逻辑规律的引导才会明确创新的目标，才会有创新的发现。例如，同一律具有客观性和必然性，它强制性地规范着思维主体的正确思维。在引导和调控思维主体研究出结果之前，思维研究的创新必须专注于一个中心，不能随意转移到其他问题上，否则，会走入思想的误区，远离创新目标。矛盾律的作用是保证思维主体对思维的前后一贯，任何包含逻辑矛盾的思想都是不符合实际的，必须遵守矛盾律的要求，将逻辑矛盾排除之后，才能得到创新或新发现。

2. 直接产生创新结果

抽象思维方法主要有假说、类比、归纳。假说就是根据已知的科学事实和科学原理，对所研究的各种现象及其规律性提出的推测和说明，得到一个暂时的但可以被接受的解释。假说使一个新的事实被观察到了，使得过去用来说明和它同类的事实的方式不适用了，从这一瞬间起，就需要新的说明了。进一步的观察会使这些假说纯化，取消一些，修正一些，直到最后纯粹地构成定律，产生创新的结果。类比即从两个或两类对象具有某些相似或相同的属性的事实出发，推断出其中一个对象可能是有另一个或另一类对象已经具有的其他属性的思维方法。由这种方法所得出的结论，虽然不一定很可靠、精确，但富有创造性，往往能将人们带入完全陌生的领域，并给予许多启发。通过类比思维，在类比中联想，从而升华思维，既有模仿又有创新。发明创造中的类比思维，不受通常的推理模式的束缚，具有很大灵活性和多样性，是一种或然性极大的抽象思维方式。它的创造性表现在发明创造活动中人们能够通过类比已有事物开启创造未知事物的发明思路，其中隐含触类旁通的含义。所谓归纳，是指从许多个别的事物中概括出一般性概念、原则或结论的思维方法，是从个别事实中概括出一般原理的思维方法。它从对个别事实的考察中，概括出其中的一般规律性，然后概括到同类事物上，并从而断定，这个由个别事物中概括出的规律，也是该同类对象的共同规律。这是从个性中寻求共性的思维方法。它能够从大量观察、实验得来的材料中发现自然规律，总结出科学定理或原理；它也能够从科学事实中概括出一般规律，提出新的科学假说和理论。

3. 准确表达创新结果

抽象思维与人们的日常思维、语言表达、交流、推理论证等有密切联系。从抽象思维规律对准确表达创新结果的作用看：同一律强制地规范着创新者的正确思维，同时通过规范对思维过程或思维成果的语言表达来保证思维的同一性；矛盾律规定了创新者保证思维的前后一贯，在表达的创新结果中，相互否定的思想不能同时为真，必有一假，否则它就不是一个完善的理论，没有逻辑矛盾的新理论才是创新的或新发现的；排中律也对创新结果的表达有着重要的作用，它规定了创新结果的表达"在同一思维过程中，相互矛盾的思想不能同时为假，必有一真"，如果含糊其辞，表达不清，就不是创新的结果。

我们再从抽象思维方法的角度看。创新主体必须运用逻辑方法对创新的结果提出新的概念，并做出明确的界定和分类。概念的逻辑方法涉及定义、划分、限制和概括。定义是揭示概念内涵的方法，它可以消除或限制语言的模糊性和歧义性；划分是把属概念所包含的种概念揭示出来，进而明确属概念外延的逻辑方法；限制是通过增加概念内涵以缩小其外延来明确概念的逻辑方法；概念的概括则是通过减少概念的内涵以扩大其外延来明确概念的逻辑方法。运用概念做出判断、进行推理、论证创新结果，确保创新结果表达的科学性和准确性。

四、抽象思维的形式

抽象思维是人们在认识活动中运用概念、判断、推理等思维形式，对客观现实进行间接的、概括反映的过程。概念、判断、推理的思维形式是抽象思维的重要特征，属于理性认识阶段。

（一）概念

概念是反映思维对象的特征及本质属性的思维形式，是反映事物本质属性的思维产物。概念所反映的对象的本质属性，称为概念的内涵，是概念的质。概念所指的属性的对象称为外延，它是概念的量。概念的内涵与外延是互相制约的。一个概念，内涵确定了，外延也随之确定；外延确定了，在一定条件下内涵也随之确定；概念的内涵增加了，其外延就缩小了；反之，概念的外延扩大了，其内涵就减少了。任何概念都是内涵与外延的统一体。抽象思维凭借科学的抽象概念对事物的本质和客观世界发展的深远过程进行反映，使人们通过认识活动获得远远超出靠感觉器官直接感知的知识。科学的抽象是在概念中反映自然界或社会物质的内在本质的思想，它是在对事物的本质属性进行分析、综合、比较的基础上，抽取出事物的本质属性，撇开其非本质属性，使认识从感性和具体进入抽象，形成概念。

概念和词语有密切的联系，任何一个概念都要借助词语来表达，词语是概念得以产生、存在、交流、发展的基础。但二者也有区别：①二者所属的研究领域不同：概念属逻辑学（或思维学）研究领域，词语属语言学研究领域。②二者和人类的关系不同：概念具有全人类性，不受民族、地域影响；词语具有民族性、地域性，不同民族、地域的词语存在差异。③二者语义含量不同：词语除基本语义外，还会有引申义、转用义、感情和语气等色彩；概念则只有逻辑含义。④二者之间具有不对应性：有的词语表达概念，有的不表达概念，如介词、连词、助词等虚词就不表达概念；有的词语可表达多个概念，如"浅"可表达上下距离、学识、感情、颜色、阅历等方面的程度，但从抽象思维角度说，这是五个不同的概念；有的概念可用多个词语表达，如"父亲"这个概念可用来表达的词语就有：父亲、爸爸（爸）、爹爹（爹），还有不同方言区、不同民族、不同国家语言的表达词语。任何概念都是确定性和灵活性的统一。

训练学生学习和运用概念进行抽象思维时，要提醒他们注意概念和词语的联系与区别，要把词语教学同概念教学有机地结合起来。既要从词语的角度讲清它的意义，又要从概念的角度讲清它的内涵与外延，并尽量通过具体化的方法让学生逐步达到对概念的本质性理解。为此，指导学生学习掌握和运用概念要从以下几个方面着手。首先，要求学生丰富自己的感性材料，这是掌握概念的基础。在语文学习中丰富感性材料的方式有直接感知和利用已有知识经验。其次，要明确这个概念的内涵与外延，从而掌握精确的概念。精确的概念是正确思维的首要条件，没有精确的概念，就不会有恰当的判断和推理、论证。对于一些意义相近或类似而常常混淆不清的概念，可以通过比较分清它们的异同，了解它们之间的关系来明确。由于词语和概念的密切关系，同义词的辨析也是如此。概念的明确不仅是正确思维的前提，也是语句通顺的前提。比如，"我们的报纸、杂志、电视和一切出版物，更有责任做出表率"。句中的报纸、杂志就属于出版物，概念间有包含关系，因此不能并列放在一起。再次，要及时给概念下定义，即在理解的基础上，用简练的语句揭示概念的内涵和外延，这是掌握概念的重要方法。在语文学习中，应强调在对概念理解的基础上，对概念下定义，切忌死记硬背概念。以学习句群为例，列出几个复句、句群进行分析、比较。其共同之处是：都可以借助关联词语组合，或借助语序组合，句子（分句）之间在意义上有一定联系，在结构上有相对的独立性。不同之处是：句群的句间用的是句末标点（句号、问号、叹号），复句的分句间用的是句中标点（逗号、分号）；句群较少使用成对搭配的关联词语，单用一个关联词语时，它一般不出现在句群的第一个句子，复句则相反。这样，句群的本质特征就可抽象出来了，在这基础上再进一步概况出句群的定义：句群是前后衔接连贯，有一个明晰的中心意思的一组句子。这样，我们对句群的掌握就深刻了。最后，要在实践中运用概念。掌握概念的目的就是运用概念进行正确思维，以解决实际问题。通过运用概念解决问题，反过来又能促进对概念的牢固掌握，对概念有更全面、更深刻的理解与掌握。在语文学习中，可指导学生通过选词填空、造句、改错、词义辨析等形式进行练习。同时，还要注意概念的变化（一词多义现象）。中学生在运用概念的实践中常犯的错误有两种：分类不当和指代不明。

（二）判断

判断是对思维对象是否具有某种属性以及事物之间是否具有某种关系的肯定或否定的思维形式。它是在概念的基础上发展起来的一种更高级、更复杂的思维形式。概念与判断在抽象思维中是密不可分的。概念是浓缩的判断，判断是展开了的概念。表达概念的是词语，表达判断的是句子，判断与语句也是密不可分的。判断是句子的逻辑内容，句子是判断的表达形式。判断与句子的这种密切关系，决定了培养学生的判断能力要与句子的语法相结合。例如，简单判断（直言判断）的表达形式是单句，包括判断句、反问句等；复合判断的表达形式是复句，其中，联言判断的表达形式是并列复句、递进复句和转折复句；假言判断的表达形式是假设复句、条件复句；选言判断的表达形式是选择复句。判断不当是中学生在说、写中常常会犯的毛病，如自相矛盾、主客颠倒、照应不周，以及多重否定引起的混乱等语病。由于现行的中学语文教材取消了逻辑知识短文，因而有关判断的知识和能力的培养，就主要靠结合句子的语法教学来进行。具体说，教学单句，应该尽量渗透简单判断的知识；教学复句，应该尽量渗透复合判断的知识；做修改病句的练习，应教学生不仅能从语法上看出句子的毛病，也要能够从逻辑上分析出问题的所在。这样就可以使学生的语法能力和逻辑判断能力同时得到提高。

（三）推理

推理是指由一个或几个已知的判断（前提），推导出一个新判断（结论）的思维形式。推理和概念、判断一样，是人们在日常生活、学习和工作中经常运用的一种思维方式，它与概念、判断互相联系。其作用是从已知的知识得到未知的知识，特别是可以得到通过感觉经验不可能掌握的未知知识。推理由前提和结论组成。推理所依据的已知判断就是前提，前提通过推理得到的新判断就是结论。前提与结论的关系就是理由与推断、原因与结果的关系，比如"所有的商品都是劳动产品（已知的前提），电视机是商品（已知的判断—前提），所以，电视机是劳动产品（新判断—结论）"。推理有以下几种基本形式。

1. 演绎推理法

演绎推理，是指由普遍性的前提推出特殊性结论的推理。演绎推理有三段论推理、假言推理和选言推理三种形式。

（1）三段论

三段论是演绎推理中最常见的形式，其意义是由普通的原理到特殊事实的推理，即以普通的原理为前提，以特殊事实为结论。

（2）假言推理

假言推理是演绎推理的另一种形式。它是以假言判断作为大前提，以直言判断作为小前提来推出结论的推理形式。其意义是运用普遍原理来解决特殊的具体问题。例如：

A.如果谁骄傲自满，那么他就要落后；小张骄傲自满，所以，小张必定要落后。

B.只有年满十八岁，才有选举权；小周不到十八岁，所以，小周没有选举权。

假言推理包括充分条件假言推理（一个前提为充分条件假言判断，另一个前提和结论为直言判断的假言推理，如 A）以及必要条件假言推理（一个前提为必要条件假言判断，另一个前提和结论为直言判断的假言推理，如 B）。假言推理是通过假说的方法研究自然规律的思维形式，即运用已知的事实或规律，对未知的事物规律性所做的假定性说明。我们在学习中，都会大量应用假言推理的形式。

（3）选言推理

选言推理是演绎推理的第三种形式。选言推理的大前提是选言判断，小前提和结论都是直言判断。选言推理包括相容的选言推理和不相容的选言推理。在运用选言推理过程中，只有大前提中的两个选言肢不相容，也就是说，只有在"非此即彼"的情况下，才能用否定一个选言肢的方式，而肯定另外一个选言肢。

2.归纳推理法

归纳推理是指由特殊的前提推出普遍性结论的推理，即由特殊到一般。归纳推理有完全归纳推理、不完全归纳推理、探求因果关系法和类比推理法四种形式。

（1）完全归纳推理

完全归纳推理又称"完全归纳法"，它是以某类中每一对象都具有或不具有某一属性为前提，推出以该类对象全部具有或不具有该属性为结论的归纳推理。完全归纳推理的前提无一遗漏地考察了一类事物的全部对象，断定了该类中每一对象都具有（或不具有）某种属性，结论断定的是整个这类事物具有（或不具有）该属性。也就是说，前提所断定的知识范围和结论所断定的知识范围完全相同。因此，前提与结论之间的联系是必然的，只要前提真实，形式有效，结论必然真实。完全归纳推理是一种前提蕴含结论的必然性推理。

完全归纳推理在日常生活中经常用到。比如，"这批彩电全部合格""某校的语文教师全都获得了高级教师的任职资格"等结论，都是通过完全归纳推理获得的。概括地说，完全归纳推理的作用主要有二：一是具有认识作用，它的前提是个别性知识的判断，而结论则是一般性知识的判断，也就是说，完全归纳推理能使认识从个别上升到一般；二是具有论证作用，由于完全归纳推理是一种前提蕴含结论的必然性推理，因而人们常常用它来证明论点，反驳谬误。在语言表达上，常用的句式有"所有……都是……""每一个……都是……""没有一个……是……"。由于其结论必须在考察一类事物的全部对象后才能做出，因而完全归纳推理法的适用范围受到限制。

（2）不完全归纳推理

这是指以对某类事物中部分对象的判断为前提，推出以关于这类事物的全体对象的判断做结论的推理，即在没有考察全部个别情况的基础上就做出一般性结论的推理方法。例如，中学课文《我的老师》《我的母亲》《鞠躬尽瘁》等描写人物的优秀品质时，不需要烦琐地记流水账，只是举出几个典型事例就能表现主题。由于完全归纳推理法具有一定的局限性和不可实现性，通常的做法是在集合中抽取少量或具有代表性的元素。

（3）探求因果关系法

探求因果关系法是抽象思维中的一种推理方式。探求并揭示各个研究领域的因果关系，是各个学科门类的任务。探求因果关系法的初步的、比较普遍适用的逻辑方法有以下几种。

①契合法

契合法又称求同法，是指如果被研究对象在不同场合出现，而在各个场合的诸多先行情况下，只有一个情况是这些场合共同具有的，则这一个唯一的共同情况与被研究对象之间就有因果联系。即同一个结果在各个不同场合出现，而在不同场合中只有一种情况是共同的，那么这个共同情况就有可能是引起该结果的原因。例如，在寻找人患肺癌的原因时，抽样调查一组患了肺癌的病人，比较他们的一些方面，发现他们只有一个方面是相同的，那就是他们都爱抽烟；而其他方面，如饮食习惯、职业工作环境、居住条件、性格爱好等都不同。由此可以得出结论：抽烟是患肺癌的原因。

契合法的明显特点是异中求同契合。它要求：一是不同场合出现的结果相同；二是先行情况中只能有一个情况是共同的（指直接与结果有关的情况）。实际上，契合法的前提与结论之间的联系是或然的，结论不是必然可靠的。因而运用这种推理方式有一定的局限性：①可靠程度有局限性。运用契合法寻找事物的因果联系，其结果是或然性的，必须用其他科学方法、逻辑方法加以验证。②适用范围有局限性。契合法适用于探求比较简单的因果关系，如一因一果关系、单因一果关系（由许多原因中的某一因素单独起作用就能引起结果）；不太适合于探求合因一果关系（指许多原因共同起作用才能引起结果）以及其他比较复杂的因果关系。

②差异法

差异法又称求异法，是指被研究对象的结果出现或不出现的两个场合中，其他先行情况相同，只有一个情况不同，这一情况存在，某种结果出现；这一情况不存在，某种结果不出现。这个情况就是被研究对象的原因。

差异法的明显特点是同中求异。在运用差异法进行推理时要注意：第一，先行情况中只能有一个情况不同。所以，把正、反两种场合进行比对时，既要注意研究已知的不同情况，也要注意发现可能潜在的其他不同情况，后者也可能是事物存在的真正原因。第二，通过差异法得到的原因，可能是被研究对象产生的全部原因，也可能是被研究对象产生的部分原因。

③契合差异法

契合差异法又称契合差异并用法，是指在对研究对象进行探求因果推理时，把契合法和差异法同时并用的一种思维方法。

契合差异法有两个基本原则：一是契合——某个现象以不同的形式出现，所共有的因素很可能就是该现象的原因；二是差异——只在某个现象发生的时候出现的因素很可能是该现象的原因。它的特点是两次运用契合法，一次运用差异法。契合差异法的求异是从正反两组事例求异。例如，李强和赵峰在周五下午的比赛中发挥不好，输给了实力稍差的周金生和张立群。教练想知道为什么，就去弄清每个队员赛前做了什么。得到的情况是李强和赵峰在周四晚上参加派对很晚才回来，而周金生和张立群没有参加那晚的派对。教练的结论是：周四晚上参加很晚的派对导致李强和赵峰发挥不好。尽管契合法和差异法可以单独使用，但组合使用契合差异法得出的结论可靠性更大。

④共变法

这是指如果某一现象发生一定程度的变化，另一现象也随之发生一定程度的变化，即一现象的量变引起另一现象的相应的量变，那么前者就可能是后者的原因。

共变法是从现象变化的数量和程度方面来判明因果关系的。这种推理方法与前几种推理方法的不同点在于：它从定性分析转向定量分析。在运用共变法进行推理时要注意：一是在多种因素同时发生变化时，很难运用共变法探求因果关系；二是具有共变关系的两种现象不一定都有因果关系；三是两个现象之间的共变关系有一定的限度，超过限度，共变关系就会发生变化。

（4）类比推理法

类比推理又称类比思维，是根据两类不同对象的某些属性相同或相似而推出其他属性也可能相同或相似的逻辑方法和思维形式，即从一个对象的属性推出另一对象也可能具有这属性。这种思维形式也称为"相似思维"。类比思维是一种或然性极大的逻辑思维方式，它的创造性表现在发明创造活动中人们能够通过类比已有事物，开启创造未知事物的发明思路。它把已有的事和物与一些表面看来与之毫不相干的事和物联系起来，寻找创新的目标和解决的方法，如飞机与鸟类、飞机与蜻蜓、鲁班受茅草割手的启发而发明木锯等。近代仿生学的许多发明创造，都是受生物某些结构和功能的启发而得到的。所以类比思维在创造性思维中居于重要的地位，具有联想、启发、假设、解释和模仿等多种功能，对于创意主体的灵感和直觉思维的产生都有不可忽视的作用。在语文课程的议论文课文中就较多运用这种类比推理。

类比推理包括具体类比、情感类比和抽象类比。具体类比是事物或事件之间具体特征的类比，就是根据事物某一点相同或相似把原来极不相关的事物联系在一起而产生类比，即比喻。比喻作为文学中的常用方法，运用在科学技术中便具有了一些新的特点：它不仅是一种表达方式，而且带来了新的体验和理解，使得能从一种全新的角度去看待旧事物；它还能带来解题的新思路，因为比喻具有双向作用，可借用被借用事物、事件的特点去解决被比喻的问题。付铁扇公主，"黔之驴"等三件事作比喻，深入浅出地对观点进行了阐发。情感类比又称移情，移情不是事物或事件之间的具体类比，而是借助于人的情感作用，在人和事物、事件之间进行类比。移情也是双向的，既有把事物人格化或拟人化的一面，即把人的特点归于非人的物体或状态，也有使物人化的一面，即将事物或事件的特点赋予人的情况。移情主要使人产生新的看问题角度，是从情感、体验上改变习惯看法，突破常规，实现创新的思维过程。抽象类比就是利用语词和概念进行类比。语言是储藏信息和隐喻的巨大仓库，语言的相关潜力可以通过各种各样的方式得到扩展、丰富，如流水账、沟通网络、作业瓶颈，精神崩溃等，都包含着极为丰富的隐喻。

类比推理具有激活想象力、启示性和提高猜想可靠度等特点。适当的类比能使创意主体产生合理的联想，激发创意主体的想象力去打破传统思想的束缚。类比推理具有重大的启示功能，在创意过程中，往往一个问题弄清楚了，就可以为类似的一大批问题的解决提供合理的启示。依靠类比推理，利用已经证了的规律性的知识，推广到与之类似的领域或对象上去，则可以大大提高假说的可靠程度。例如谐音修辞法，就是运用语音相同或相近的类比推理，这是人们常用的思维方式。

在语文学习中使用类比推理要注意：类比与被类比的事物共有的已知属性越多，推出的结论的正确性就越大；类比与被类比的事物不能相互矛盾；类比与被类比事物共有已知属性的内在联系越紧密，其共有的另一属性越可能相同；要注意类比项与类比点对等对应。

五、抽象思维的基本规律

抽象思维的基本规律是同一律、矛盾律、排中律和充足理由律。

（一）同一律

同一律是指在同一思维过程中，思维必须保持同一性、确定性。即运用概念或判断时要保持确定的内容，不能偷换它的意义。同一律是其他三个基本规律的基础，它要求思维必须具有确定性。一个命题如果代表的是某个事件，它就必须始终代表这一事件。如果这一事件是事实，那么该命题就是真的；如果命题代表的事件不是事实，那么命题就是假的。因此，同一律认为，一个命题必须有确定的真值，如果是真的那么它就是真的，如果是假的，那么它就是假的。同一律还要求，一个词项如果指称某个对象，它就必须始终指称这个对象。它具有确定的外延和内涵，并始终保持同一的外延和内涵，即保持自身同一，否则就是违反了同一律的要求，就会产生逻辑错误。这样的逻辑错误主要有以下两个方面。

1. 混淆词项

这是指在同一思维过程中，没有定义、不加说明地用同一个语词表达不同的含义，指称不同的对象所犯的逻辑错误，又称为混淆概念。以同一语词表达不同的词项，或者说赋予同一语词以不同的含义，是这种逻辑错误的典型表现。我国汉语中，同一语词往往可以表达多种不同的含义，指称多种不同的对象，这就是语词的多义性与歧义性，它导致了语词相同但表达的词项不同的现象，使混淆词项（混淆概念）这种逻辑错误的产生成为可能。如有一个笑话：古时有一个人的裤子弄破了一个洞，他就买了新布，回家让妻子为他做一条新的裤子。妻子问他怎么做，他说"照原样"。于是他妻子把裤子照原来的样式做好后，在裤子原样的地方照样剪了一个洞。笑话中这个人的妻子是无意地违反了同一律。"原样"在丈夫那里指的是原来的样式、尺寸，绝不是要有破洞的原样。在使用语词表达词项、指称对象时，如果是无意地违反了同一律的要求，所犯的错误就称为"混淆词项"或"混淆概念"。如果是故意违反同一律要求以达到某种目的，就称为"偷换词项"或者"偷换概念"。两者的区别只在违反同一律的动机上而不在形式上。两个例句中前例显然是有意通过"偷换概念"来制造幽默效果的，后例是"混淆概念"产生的错误。

在语文学习中，学生使用概念违反同一律的情况比较多见，尤其在义务教育阶段的学生。在作文中，他们有时把一个词所表示的两个概念混淆为同一个概念，中途转换其含义，犯了"混淆概念"的逻辑错误；有时把字面相近而实为两个概念的语词拿来互换，如，"盗窃罪是应当判刑的，偷东西是盗窃行为，也应当被判刑"。把"盗窃罪"与"盗窃行为"两个相似概念混为一谈，以致犯了"混淆概念"的逻辑错误。这都是由于学生对概念含义理解上的模糊不清，造成了使用过程中的意义不稳定引起的。要使学生学会保持概念的同一性，就必须重视把词语教学和概念教学结合起来，使学生能够逐步明确每个概念的内涵和外延。学生真正理解了概念的含义，在使用概念时就能够避免发生违反同一律的逻辑错误。

2. 混淆论题

这是指在同一思维过程中用一个似是而非的论题来代替原来的论题的逻辑错误，即把表面相似而实质不同的两个论题当成了相同的论题。例如，英国博物学家、进化论支持者赫胥黎大力宣传达尔文的进化论学说，坚持"人由猿猴进化而来"的观点，遭到当时教会的激烈反对。在一次辩论中，一位主教怒气冲冲地问他："请问，是你的祖父还是祖母是由猴子变来的？"这是把"进化而来"和"变来"表面相似而实质不同的两个论题混为一谈，犯了"混淆论题"的错误。混淆论题也有无意与故意的区别，故意混淆论题也叫偷换论题。学生在作文训练中，经常出现的混淆论题的表现主要是：主题模糊、文不对题；头脑中没有一个明确的中心，信手写来，东拉西扯；主题不集中，或中途转移论题，或偏离中心，或所用材料与主题不一致。要使学生避免混淆论题的逻辑错误，教师就要教学生能够对所确定的主题及所使用的概念保持同一性，要有一个明确的主题，并且能够紧扣主题去记叙、说明或议论，做到同一思想前后一贯，保持思想的确定性。

人们在对客观事物进行思维时，每一思维都有其确定性，都必须保持同一。

也就是说，在同一思维过程中，既不能前后不一致，随意改变、转移论题，也不能在使用概念时，概念的含义和使用范围前后不一致，混淆或偷换概念。只有这样，论证才能紧扣中心论点，不至于出现离题、偏题的现象。例如，把"勤奋是成才的决定因素"论证成"勤奋是成功的决定因素"，把"做热爱集体的模范"论证成"做热爱祖国的模范"，把"祸患常积于忽微"论证成"知识也在于积累"等，都是由偷换概念而转移论题，违反了思维的同一律。

值得注意的是，我们对同一律必须有正确的理解。同一律只是要求在同一时间从同一方面对同一对象的认识是同一的。时间变了，反映事物的概念、命题发生变化并不违反同一律。同一律既不否定客观世界本身的运动性、发展性、丰富多彩性，也不排斥人们在认识客观世界时所持有的辩证唯物主义的观点。

（二）矛盾律

矛盾律是保证思维不矛盾的规律。它是指在同一思维过程中，思想要无矛盾性，必须前后一致，首尾一贯。就命题而言，由于在同一时间同一关系上一个事件不可能既存在又不存在，因此我们不可能对同一命题做出不同的断定，不能既断定它是真，又断定它是假。由此矛盾律要求：在同一思维过程中，两个互相否定的命题不可能都是真的，必有一个是假的。不得同时对两个互相反对或互相矛盾的判断都肯定为真，否则就会导致自相矛盾。矛盾律是从否定方面肯定同一律，它是同一律的反证。违反矛盾律的逻辑错误是"自相矛盾"，即肯定了两个不可同真的思想。

为了培养学生思维的严密性，针对上述情况，一方面应该通过句子的语法讲解和训练，使学生逐步做到用词准确，词语搭配恰当，排除句中的逻辑矛盾；另一方面应该通过篇章的教学和写作训练，使学生逐步做到以观点统率材料，以材料说明观点，整体思想与部分思想及部分思想之间相一致，排除文中的逻辑矛盾。

（三）排中律

排中律是指在同一思维过程中排除第三种可能的思维规律。即在同一思维过程中，对同一事物的两个互相矛盾的判断必须做出明确的选择，肯定其中的一个而否定另一个。因为两个互相矛盾的判断，不能同假，必有一真，必须肯定其中之一，而不能有第三种选择。

在运用排中律时我们要注意对它有正确的理解。一般来说，适用排中律的是具有矛盾关系的命题，但也有一些特殊情况。如两个命题，由于它们具有下反对关系，不可能都假，因此也必须断定其中一个为真。排中律的作用在于保证思维表述的明确性，只有遵守排中律的要求，才能正确地进行思维表述。因此，排中律是正确思维的必要条件。此外，排中律也是间接论证的逻辑依据，当我们难以从正面去证明某个命题时，常常可以通过证明该命题的矛盾命题或具有下反对关系的命题为假，从而由不能是都假的特征推出原命题的真。要正确地运用或理解排中律，就要注意排中律同逻辑形式的其他基本规律一样，都是在一定的条件下才能产生影响的。固然每一条基本规律都有自己特殊的条件，但绝不可以因此忽略它们的同一时间、同一场合、同一关系、同一对象等这些反映同一思维过程的因素。

学生作文中出现违反排中律的情况一般有两种：一种是对问题的是与非、真与假认识不清。这尤其表现在对一些理论问题的认识上，由于学生理论知识和认识水平的限制，因而只好在两种互相矛盾的观点面前含糊其辞或都持否定的态度。这其实就是学生对问题不懂，还不能回答。教师应该注意教育学生在对问题一时吃不透时不要盲目表态，做到既不含糊其辞，所持观点又建立在认真分析和思考的基础之上。另一种是在评论某个人或某件事时，涉及个人的利害或情面。这种情况多表现在对班上的一些人或事的评论上，学生常常会因为碍于情面而采取折中的态度。这就需要教育学生在是非面前要态度鲜明，而不能为了顾及情面而是非不分。

（四）充足理由律

这个逻辑规律是指在同一思维和论证过程中，一个思想被确定为真，总是有充足理由的，即提出的思想要有充足的理由来论证。这里包含两方面的意思：第一，一切事物都有一个成因，这个成因决定了这个事物为什么会存在，为什么它是真实的，为什么它是这个样子而不是另外的样子。人们认识了这个成因，也就认识了这个事物。第二，事物的感性存在、直观存在并不重要，只有事物背后的成因才是最为重要、最真实的。由此可知，充足理由律的作用就是保证思维的论证性，要求对任何一个真实的判断都必须进行必要的论证，提出充足的理由来支持它。但必须指出，充足理由律本身并不能为人们提供真实理由。因为在一个论证中，理由究竟是真是假，这不能由充足理由律来确定，只能由实践和各门具体科学来解答。

充足理由律是前三条规律的必要补充。在前三条规律的基础上，保持了概念和判断的确定性之后，还要求更进一步指出判断与判断之间的联系具有必然性，具有论证性。在指出事物是什么之后，还要进一步解释事物为什么是这样，而不是那样。只有遵守四条逻辑规律，才能做到概念明确，判断恰当，推理有逻辑性和论证有说服力，才能判定一个思想是否合乎逻辑。违反充足理由律的要求，就会犯"理由虚假"或"推不出来"的逻辑错误。"理由虚假"即以主观臆造的根本不存在的虚假判断作为理由依据进行论证。中学生在语文学习中违反充足理由律，造成理由与推断之间没有必然的联系的原因是多方面的，比如，主观臆想、以偏概全、以人为据、违反推理规则等，都能导致"推不出来"的错误。所以，要教学生在作文中对自己的观点必须有充足的理由来证明；要求学生在实际生活中，学会认真分析，辨别真伪，少犯错误。

上述四个基本规律，分别要求人们在思维过程中必须保持思维论断的确定性、前后一贯、无矛盾性和论证性。这四个规律又不是孤立的，任何一个正确的结论都不能单靠一个规律而获得，而是各项规律相互作用的结果。在抽象思维中，只有自觉地遵守这些规律，才能保证思维的正确性，做出科学的结论。

六、语文教学中训练抽象思维的方法

在语文教学中对学生进行抽象思维训练，可以采用以下几种方法。

（一）实验法

实验是为了某一目的，人为地安排现象发生的过程，据此研究自然规律的实践活动。实验的特点是必须可重复，能够在相同条件下重复地做同一实验，并产生相同的结果，这是一个实验成功的标志。不可重复的实验就不是成功的实验，其结果就没有可信度。实验法有纯化研究对象、再现自然现象、改变现象状态、延缓变化速度等功能。它适合于解释而不是描述。因此，特别适用于对范围有限、界定明确的概念与假设的检验，尤其是对现状的研究。

在语文教学中运用实验法时，课堂就是实验室，教师是自变量，学生是因变量。自变量是原因，因变量是结果。课堂教学实验时具有可控制性、精确性、重复性、方便性、可信性、自变量的可操纵性，以及实验者可以随机安排被试，使他们的特点在各种实验条件下相等，从而暴露出自变量和因变量之间的关系等优点，因此成为基础教育阶段教学改革中广泛运用的方法。教师在运用实验法时还必须注意掌握其特点：场所是"实验室"——课堂；时间持续较短——几分钟至一节课；需要细致的观察与测量；要严格控制变量以分离因果因素。尤其是要控制实验中的无关因素，使实验更加准确，可信度更高：

学生在语文学习中运用的"实验法"，是指教师和学生用实物或仪器等对语文教材中出现的物理、化学、生物等科学现象所做的操作演示，以及仿照文本中的社会、自然环境，重现当时的人物及情节的发生、发展过程与结局的操作演示，即演课本剧。这种实验是让学生懂得课文中的某些科学原理，准确领会课文内容和主题，帮助学生扫除理解障碍，快速进入语言学习的情境，促进语言发展。这种实验是语文化的，它能调动学生的学习情趣，使学生借助实验所提供的感性材料，有效地进行语文学习。

（二）比较研究法

比较研究法，就是根据一定的标准，对两个或两个以上有联系的事物进行相似性或相异程度的研究与判断，探求教育的普遍规律与特殊规律的思维方法。它具有鉴定真伪、区分优劣、明察秋毫、解决难题、确定未知、发现新知、取长补短、综合改进、追踪索迹、建立序列等功能。比较法是认识事物的基础，是人类认识、区别和确定事物异同关系的最常用的思维方法，是教育科学研究中的一种重要的研究方法，现已广泛运用于包括教学研究在内的科学研究的各个领域。比较研究法包括纵向比较（前后对比）与横向比较（平行类比）。

（1）纵向比较

纵向比较是对同一事物在不同时间里发展变化的比较，即选择不同时间的指标数值作为对比标准对同一事物进行比较。最常用的是与上年同期比较，即"同比"。还可以与前一时期比较，与达到历史最好水平的时期或历史上一些关键时期进行比较。纵向比较研究法的特点是以时间为坐标，通过测量与比较研究对象在先后不同时间段中的变化，发现问题并找到解决的方法。

（2）横向比较

横向比较也称平行比较，是指对同类的不同对象在统一标准下进行比较的方法。横向比较的作用在于获得对一个问题的正确认识；如果做到纵横兼顾，还可以增强思维的广阔性，得到更全面、更深刻的理解。如本校与某些条件相似的学校比较，本校与先进学校比较，本校教学水平与全市学校平均教学水平比较等。运用横向比较方法，首先要按调研目的确定比较基准和分类属性；其次要注意事物的可比性，要将比较建立在统一的标准之上，否则比较就失去实际意义；最后要善于发现和比较本质的不同，对于表面上相同或相类似的现象要能发现其中隐含的本质差异以"同中求异"，对于表面上差异极大的现象要善于抓住事物本质的东西以"异中求同"。总之，就是要发现不同研究对象中可能存在的共同本质。在进行比较研究时应注意，它们必须是同类的或具

/53/

有相同性质的，而且必须是处于同一时间区间的。从语文课堂教学的实际情况来看，要提升学生的阅读能力，采用横向比较的阅读方法具有重要意义。通过横向比较，既可以开拓学生的视野，也能综合掌握相关的知识。

此外，还有直接比较和间接比较。根据某种现象就能直接显示出两个事物的异同，这种比较的方法就是直接比较。要直接比较三个及以上事物的异同，应该用推理的方法，两两比较，不能遗漏，最后才能得出结果。间接比较即在比较多个事物时，先用统一的标准来测定每一个事物，再用统一的数量进行比较。间接比较要借助第三者，直接比较则不用。直接比较适合于比较少数或少量的事物，而间接比较适合于比较数量较多的事物。

比较研究法在语文教学中运用比较广泛。先看字词的比较。字词的比较教学在中小学阶段常用于对生字的音、形和对词语意义的相同或相近的辨析。中学语文阅读教学逻辑思维训练中的语句教学也常用比较研究法。比如，教师让学生增、删、替换、改动文中的一些词、句与原文比较，在比较中揣摩作者遣词造句上的艺术匠心。

（三）证伪法

证伪法是利用矛盾律和排中律证明一个结论为假的同时，证明另一个结论为真的一种间接证明方法，又称反证法。

七、与抽象思维相关的辩证逻辑

有研究者把抽象思维分为形式逻辑思维与辩证逻辑思维两大方式。所谓形式逻辑思维就是凭借概念和理论知识，并按照形式逻辑的规律进行的思维。这种思维是对相对稳定、不大发展变化的客观事物的反映，它的形式是概念、判断和推理。所谓辩证逻辑思维就是凭借概念和理论知识，按照辩证逻辑的规律进行的思维，是对不断发展变化的事物的反映。辩证逻辑研究概念、判断、推理等思维形式在推演、变化中的规律性、特点及其体现在思维方法上的辩证关系，它通过自身特有的逻辑范畴建立逻辑体系，基本内容包括基本规律、形式、方法以及逻辑范畴等。它的基本特征是把对象看作一个整体，从内在矛盾的运动、变化及其各个方面的相互联结考察对象。这种逻辑既不同于把对象看作静止、孤立的形而上学的思维方式，也有别于以既成的、确定的思维形式从静态角度认识对象的传统逻辑。所以，辩证逻辑是以流动范畴建立起来的科学体系，是从抽象和概括人类认识的发展、变化的连续方面，反映客观对象间的辩证联系，是以概念展开的方式实现其逻辑进程的。无论是客观对象本身还是反映客观对象的思维形式，都具有相对稳定和运动发展的两种状态。这就需要形式逻辑和辩证逻辑互相配合、互相补充，共同作用于人类思维的过程。辩证逻辑并不代替和贬低形式逻辑在科学认识中的地位和作用，人们在辩证思维过程中，同样需要遵循形式逻辑的规则；同样，形式逻辑也不能否定或贬低辩证逻辑。形式逻辑和辩证逻辑都将随着科学的发展和对思维的充分研究而不断取得新的成就，成为科学思维不可缺少的手段。在语文教学中培养学生的思维能力，同样不可缺少辩证逻辑思维的训练。我们在这里着重研究的是抽象思维中的形式逻辑思维，即在语文教学中对学生进行形式逻辑思维的训练。

第二节 在语文教学中进行抽象思维训练的原则

在语文教学中对学生进行抽象思维训练，必须遵循两个原则：一是要根据学生的年龄特点来进行抽象思维训练；二是要结合语言的理解来进行抽象思维训练。

一、根据年龄特点训练抽象思维

在语文教学中对学生进行抽象思维训练，必须以学生的年龄心理发展的阶段性特征为原则。中小学阶段按低中高三个年龄段分为三个学段，要尽可能了解和掌握含各年龄段的心理特征、认识规律，根据三个学段的相应学习内容特征，激发学习的兴趣，及时起步思维训练，凭借直观形象启发引导抽象思维，分段要求，逐步到位。林崇德教授通过实践研究指出：中小学四年级是思维发展的转变期，即从具体形象思维向抽象逻辑思维过渡；初中二年级是中学阶段思维发展的质变期，从经验型向理论型思维过渡，学生的观察能力、记忆能力和想象能力也随之迅速发展；到高二，学生的智力基本趋向定型，达到初步成熟和稳定状态。

中学阶段学生的书本知识、生活知识和社会活动体验的积累比中小学阶段更加丰富，其形象思维越来越丰富、成熟，且其心智也日趋发展、成熟。在课程学习方面，中学生学习的科目也比中小学生多而深。语文、数学、英语、思想品德等与中小学相衔接的课程，内容加深了，知识面也拓宽了，与社会生活贴得更近了。此外，还增加了几何、物理、化学、生物、计算机技术等课程，这些自然学科知识是推理性的，学习起来要接触较多的概念、推理和判断，需要运用更多的抽象思维。随着社会的进步，经济、文化、科技信息的飞跃发展，尤其是互联网技术的发展与生活化，中学生接触电视、网络、QQ、手机、微信、短信等电子影像设备或社交通信软件的机会很多，获取知识的渠道已不限于学校、教师、教科书、阅览室了，而是更多、更广泛。随着年龄、生活阅历的增长，中学生的人际交往面比中小学阶段更广，兴趣更广泛，更乐于参与各种社会活动。同时，由于中学生阶段年龄心智发展的局限，他们对信息概念的理解，以及从情感态度与价值观方面对信息进行推理、判断，从而正确筛选信息、处理信息等方面的能力还很薄弱，很容易被鱼龙混杂的信息误导。重视对中学生的抽象思维训练，有助于提高他们的思维能力，使他们能够在较短的时间内综合分析大量材料、处理众多信息，还有助于提高他们的学习效率。因此，在中学阶段我们应着重培养学生的抽象思维能力。

二、结合语言理解训练抽象思维

语言是思维的工具，是思维的载体。离开语言，思维就无法进行。语文就是口头语言和书面语言的合称，故在语文教学中训练学生的抽象思维，必须遵循结合语言理解的原则。

（一）理解语词的概念意义

事物概念的表达需要借助语言形式，语词就是表达概念的外显形式。在语文学习中训练学生的抽象思维，就要指导学生在理解语词含义的同时，理解其所指称的事物概念的含义，包括其内涵与外延。

如前所述，语词和概念二者还是有区别的。区别之一是语义含量不同：语词除基本语义外，还有引申义、转用义、感情和语气色彩等；概念则只有逻辑含义。区别之二是具有不对应性：有的语词表达概念，有的不表达概念，如虚词类就不表达概念；有的语词可表达多个概念，而有的概念可用多个词语表达。任何概念都是确定性和灵活性的统一。训练学生学习和运用概念进行抽象思维时，要提醒他们注意概念和语词的联系与区别，要把语词教学同概念教学有机地结合起来，既要从语词的角度讲清它的意义，又要从概念的角度讲清它的内涵与外延，并尽量通过具体化的方法让学生逐步达到对概念的本质性理解。

要进行正确的思维，首先要理解语词的概念意义以明确概念。明确概念的方法有定义、划分、限制和概括。

定义就是用简洁的语词来揭示出概念的内涵。比如，"学校"是指专门对学生进行教育的机构。这是对"学校"这个词语的解释，也是"学校"这个概念的含义。划分，是依据一定的标准，把一个属概念分为若干个种概念以揭示概念外延的思维方法。比如，"文学作品"可分为小说、诗歌、散文、剧本；"笔"根据质料的不同，可分为毛笔、钢笔、粉笔、铅笔、金笔、圆珠笔。限制，就是增加概念的内涵以缩小概念的外延，从属概念过渡到种概念的思维方法。比如，"人"，增加其"具有中国国籍"的内涵，就被限制成了"中国人"，外延就小了。这有助于明确和限制思维对象的范围，使语言表达明确、严谨。概括，就是通过减少概念的内涵以扩大概念的外延，从种概念过渡到属概念的思维方法。比如，"人"，减少其"能够制造并且使用工具进行劳动"的内涵，就被概括成了"动物"，外延扩大了。概念的概括有助于掌握事物的共同本质。

（二）理解语句的判断意义

语句是表达判断的主要形式。判断作为一种思维形式，其存在与表达都要依赖语句。如果没有语词和语句，人们就不可能进行思维，也就不可能形成概念、做出判断、进行推理。作为思维形式之一的判断就是由语句表达的。在日常语言表达中，人们既是在使用语句，也是在运用判断。若出现病句，除了有语法上的原因外，还有判断不恰当的问题。因此，弄清语句与判断之间的关系，理解语句的判断意义，准确把握语句表达判断的各种具体情况，对于有效地避免病句的产生、准确恰当地运用语言表达思想，具有重要的意义。

语句是判断的表达形式，判断是语句的思想内容。不依赖和不借助语句的判断是不可能形成、存在和表达的。尽管语句与判断密不可分，但它们之间的区别还是很明显的，如前所述，语句具有民族性，判断则是一种思维形式，不具民族性，或者说它具有全人类性；任何判断都必须用语句表达，同一个判断在不同民族语言中，是用不同语句表达的，但并非所有语句都表达判断；判断总对事物情况有所断定，而且总有真假，而语句却未必，其中陈述句、疑问句中的反问句、以陈述句为基础的感叹句（如"这座楼真高哇！"）等，对事物情况进行了断定，都有真假之分，因而都表达判断，但其他疑问句、祈使句、感叹句等，没有对事物情况进行断定，当然也无真假可言，都不表达判断。再有，不同的语句可以表达同一个判断，同一个语句可以表达不同的判断。

要准确表达思想，必须重视句式的选择。汉语的句子有单句和复句之分；根据判断本身是否包含其他判断，判断有简单判断和复合判断之别。一般说来，单句表达简单判断，复句表达复合判断。就单句与简单判断而言，主语与简单判断的主项（包括它前面的量项）相对应，谓语则与简单判断的谓项（包括它前面的联项）相对应。例如，①所有团员都是青年。②有些党员是教师。③小王和小李是好朋友。

一般来说，简单判断都有质和量两个方面。"质"是指判断的主项和谓项的联系性质，"量"则指被断定事物的数量范围。判断的质表现为肯定和否定。在汉语中，肯定判断通常用肯定陈述句，特别是带有判断动词"是"的判断句来表达，如上例。有时，也可以用不带"是"的陈述句来表达，如"孩子们非常高兴"。否定判断则常用否定陈述句表达，其语言标志有"不是""不""没有""无"等，如"小王不是教师""小李没有教师资格""有些人不自私"等。有时，为了增强表达效果，肯定判断和否定判断也可以采用反问句或多重否定句等特殊句式来表达。

在日常思维中，人们要表达的思想往往是比较复杂的。为了把这些复杂的思想表述得更加准确严密，就常常需要把两个或两个以上的简单判断组合在一起构成一个复杂的判断，这就是复合判断。一般说来，复合判断的语言表达形式就是由两个或两个以上意义上相关、结构上互不包含的单句组成的复句。基于这一点，判断的等值（意思上跟这个判断是一样的判断，亦即全同关系）与句式选择之间有着极为密切的关系，即表达等值判断的语句同时又属不同的句式，供人们表达思想时选择使用。

判断的等值与句式选择之间有着非常密切的关系，根据判断等值的原理选取恰当句式表达，对于我们的工作与交际也有着非常重要的意义。而且通过判断的等值转换可以扩大句式选择的范围，以供我们在不同需要下选用。

（三）理解语篇的推理方法

语篇是通过文本这一载体传达的各种显性和隐性意义的总和。文本是指一篇语言材料在文字上的构成方式，它是以文字为单位的。概念含义、命题含义、语篇含义和语用含义这四种含义同时存在于语篇之中。语篇和文本有区别，又相互补偿。在阅读中，读者会根据语篇中明确表达的信息与自己的先前知识进行整合，发现语篇各部分之间的关联，得出语篇中没有明确表达而作者实际想要表达的信息，这样就产生了推理。推理是文本中没有明确提到却被激活的信息，或从语篇已知的语义信息中产生新语义信息的过程。推理不仅有助于读者在处理信息时提取知识，而且能促使语篇不同成分之间建立关联，进而形成完整而连贯的心理表征。可见，语篇理解在很大程度上取决于推理的产生，缺少必需和恰当的推理，理解就会不完全甚至产生误解。鉴于此，有学者把推理称为"理解过程的核心"。因此，对阅读过程中推理的研究一直是语篇阅读研究的重要组成部分。

阅读中许多因素会影响推理的产生，这些因素主要有两类：语篇因素和读者因素。影响推理的语篇因素主要有语篇体裁、语篇因果制约度；而读者因素有读者的语言水平、背景知识。

从语篇体裁看，不同的语篇体裁（也称文体）会影响推理过程。学生在阅读叙述类文体时比阅读说明类、议论类等其他文体更易于做出推理。这是因为记叙类文体与人们的日常生活情景联系较为密切，在理解日常生活经历时所用的推理机制和知识结构也会用在记叙类文体的理解中使用。而相对来说，说明文、议论文往往是脱离日常生活的具体情景的，通常是为了向读者传递新的概念、普遍真理和技术信息。

语篇因果制约度，是指语篇事件间的因果联系强度。语篇先前事件对将来事件的因果制约度是由先前事件的综合因果性，即语篇因果充分性决定的。语篇因果充分性的高低决定了语篇中某一事件引发某个特定结果的可能性。如果语篇因果充分性高，故事的发展明显指向某一明确结果，读者在阅读过程中就很容易推断出语篇将要发生的事件。语篇因果充分性越高，读者做出的前向推理（预测推理）会越明确。

语言水平是指基本的语言能力，如词汇辨认和句法加工能力。读者的语言水平是影响阅读理解的一个关键因素。语篇的语义等信息的获取依赖读者的语言知识。只有具备一定的词汇和语法等语言知识才能对语篇进行正确解码并建构有意义的文本。对于语言水平较高的读者来说，在词汇和句子层面的加工往往不会耗尽他们的认知资源，这样，他们就有足够的资源被激活以用于更高层次的加工（如推理）。学生进行文言文和古诗词的语篇理解较之现代文会觉得困难，就是因为对古汉语词汇辨认和句法加工能力不强，不能对语篇进行正确解码并建构意义。

背景知识主要指与语篇相关的普遍世界知识。背景知识结构是以经验为基础的，其内容由相互联系的意义构成。推理是读者基于一定的世界知识对语篇中事件的推测。因此，推理的产生依赖长时记忆中的普遍世界知识，尤其是因果知识。读者的背景知识是影响阅读理解和推理生成的重要因素。读者对某一主题了解的背景知识越多，就越容易感知语篇各成分之间的关系，填补理解中的空白，进行恰当的推理。而且，拥有不同背景知识结构的读者有可能在阅读同一语篇时做出不同的推理。因此，读者的背景知识会影响推理的加工。

在阅读中，读者总是主动地进行意义搜索，努力去寻找能解释语篇中事件、行为、目标的信息。建构主义理论强调读者的背景知识在推理中的作用，认为当长时记忆的背景信息被激活、部分信息在语篇的意义表征中形成编码时，以知识为基础的推理才得以建构。

第三节 语文教学中抽象思维与形象思维的有机结合

形象思维是思维主体结合自己的主观认识和情感因素，在感受研究对象的形象信息基础上，借助对与研究对象相关的形象信息进行分析、综合、比较、抽象、概括、想象、联想等认知加工，对研究对象的本质和规律进行审美判断或科学判断的思维。这就表明抽象思维与形象思维的关系是非常密切、只可互相补充不能互相代替的。就文学作品而言，作家主要用形象思维，这是无疑的。但是，作家在创作中怎样去认识生活、表现生活，这就要受他自身的世界观、人生观、价值观、伦理观、道德观、文艺观的影响，受社会风气和社会思潮的影响，这就注定了文学创作中一定会渗透抽象思维活动。在语文教学中，指导学生进行形象思维训练时离不开分析、综合、比较、抽象、概括等抽象思维因素的参与；指导学生进行抽象思维训练时也离不开形象思维因素的参与。语文教学既要发展学生的抽象思维，也要发展学生的形象思维。必须把抽象思维训练与形象思维训练有机结合起来，才有利于提高学生的思维能力，发展学生的智力。

一、理性分析与情感体验结合

语文新课程标准中强调，阅读是学生的个性化行为，应注重学生的体验感悟。阅读教学中的"体验感悟"还需要学生能联系生活，运用想象与联想仔细体味、深入揣摩，与文本对话。这就要求教师能够通过创设情境启发学生调动各种感官来切身体悟。"情境教学"方式讲究调动学生的情感体验，以形成主动发展的动因，不断积累丰富的表象，让学生在实际感受中进行直觉判断、推理分析，逐步去认识世界。这就很有利于在语文教学中，把理性分析与情感体验相结合对学生进行抽象思维训练。

二、归纳概括与形象感知结合

在语文教学中，对人物形象思想性格的归纳概括不是简单的、抽象的，而是具体生动的。通过挖掘、体味作品中形象化的语言，使之留下深刻印象，从而引发学生想象，头脑中浮现出以作品语言描述的艺术形象为基本原型的且带有自己经验色彩的新的形象。学生有了深切的形象感受作为基础，他们对人物思想性格的理解才是准确鲜明的。学生的知识经验有限，就需要教师在教学时能够将抽象的概念具体化、形象化，能够联系典型的事例，进而通过形象感知，帮助学生达到对概念的本质性的理解。

在教学文言文时，教师更要形象地讲清楚文言实词的含义，才便于学生学习、掌握包括古今异义、一词多义、通假字、词性活用等在内的语言现象。

三、逻辑推理与联想想象结合

联想、想象是形象思维的基本方式，也是形象思维的基本特征。文学作品的概括性、典型性，给读者留下了无限广阔的想象空间。教学中应该挖掘出可供学生进行丰富联想、想象的语言因素，并使学生能够对人物形象进行合乎逻辑的想象。

此外，可以让学生重新设计课文结尾，或让学生给课文补充一个结尾的教学环节，通过逻辑推理与联想、想象相结合，使学生得到有效的抽象思维训练。在语文教学中，只有加强逻辑推理与联想、想象有机结合，使学生的身心处在高度亢奋和愉悦的状态之中，才能发挥出人脑的潜力，提高学习效率。

四、整体把握与局部论证结合

语文阅读教学的整体把握既指各阶段教学过程的通盘考虑，又指教学要保持文章的整体性。文章的整体性是文章多种构成要素的辩证统一，包括语言形式和内容思想的统一，总体精神、整体框架和局部意义的统一，表层形象和内层意蕴的统一等。这些方面统一的总和，就是文章的整体性。在阅读活动中，要切实遵循整体性原则，强化整体认识，注重对课文的整体感知。凡是优秀、典范的文章，无不是以其整体和谐之美来感染读者的。有机的整体性是具有艺术感染力和艺术生命力的基础。如果失去有机的整体性，也就失去文章的美；破坏这种有机的整体性，也就毁灭文章的艺术生命。因此，阅读教学应立足于对文章的整体观照。

在阅读教学中还要强调整体和局部的辩证统一。要从文章的有机整体出发，分析文章的各个构成要素，从而发现文章艺术营构的规律和特点。这种分析是着眼于文章的部分与部分之间、部分与整体之间的联系方式和内部营构系统，把文章作为一个血脉灌注的完整的艺术生命来认识。

形成了对文本的整体认识之后，再回过头来品味局部，这也是教学思路的一个重要环节。在进行教学设计时，要考虑到学生的认知规律，应对文章的内容大体上采取整体感知—局部研读—整体评价—课外拓展的教学思路。在局部研读时，各个环节要始终做到疏通文义与理解鉴赏相结合，逐步加深学生对课文的理解，使之具备宏观评价文章的能力。

在语文教学中，恰当地把握形象思维和抽象思维的有机结合，对学生进行合理、有效的训练是十分必要的。它能够综合体现语文课增长知识、培养能力、发展智力、陶冶情操等诸方面的因素，使学生在学习过程中，身心处于和谐与自由的状态，从而达到健全、发展、完善人格的目的。尤其是通过必要的、恰当的逻辑分析，引导学生熟悉、运用逻辑推理的规则，养成在语文学习中进行逻辑分析的习惯，这对于提高学生的逻辑思维能力、发展学生的智力，更具重要意义。

第四章 语文教学中的直觉思维与训练

第一节 直觉思维的基本理论

直觉思维是创造性活动中普遍存在的重要思维方式，是发明的开端、发现的向导和创造的契机。很多心理学家认为，直觉思维是创造性思维活跃的一种表现，它既是发明创造的先导，也是百思不解之后突然获得的硕果，在创造发明的过程中具有重要的地位。

直觉思维是直接领悟的思维或认知。它是人脑对于突然出现在面前的新事物或新问题及其关系的一种迅速的识别、敏锐而深入的洞察、直接的本质理解和综合的整体判断。可以说，直觉思维是分析（抽象）思维的"凝聚"或"简化"，分析（抽象）思维是直觉思维的基础。直觉思维在学习过程中，有时表现为提出怪问题，有时表现为大胆的猜想，有时表现为一种应急性的回答，有时表现为为解决一个问题而设想出多种新奇的方法、方案等。为了培养学生的创造性思维，当这些想象纷至沓来的时候，可千万别怠慢了它们。青年人感觉敏锐，记忆力好，想象极其活跃，在学习和工作中、在发现和解决问题时，可能会出现突如其来的新想法、新观念，要及时捕捉这种创造性思维的产物，要鼓励他们善于发展自己的直觉思维。

一、直觉思维的定义

什么是直觉？直觉是指人们对事物或问题不经过反复思考的一种直接觉察。

直觉思维不同于盲目的猜想和主观的武断，它是以已有的知识经验为依据的。直觉思维在瞬间调动了头脑中所有的潜在性知识，跳过了许多思维过程的中间环节，直接从整体上把握事物或做出结论。例如，我们在读一篇学生的作文时，觉察到某个句子不通，往往并不是通过对这个句子进行语法分析后得到结论，而是一下子就觉察到了它的毛病。这种觉察，不同于感官所提供的一般的"感觉"，而是一种"思维活动"。这种思维活动又不同于一般的运用逻辑推理。直觉觉察到某个句子有毛病的人，可能根本没有学过语法。他不是经过语法分析，而是凭借语言习惯，凭借语言感觉，觉察出句子的毛病。我们在读一篇学生的作文时，觉察到全文的句子几乎都不通，但并不妨碍教师对文意的理解。这种理解并非在修正句子之后的阅读结果，反而是根据符合学生文意的理解指导学生修正句子。这种觉察往往"知其然而不知其所以然"，尽管评价是正确的，却不能说出理由和根据。

　　由此，本书认为，所谓直觉思维是指对一个问题未经逐步分析，仅依据内因的感知迅速地对问题答案做出判断、猜想、设想，或者在对疑难百思不得其解之时，突然对问题得到领悟或理解，甚至对未来事物的结果有"预感""预言"等。或者说，当把直觉作为一种认识过程和思维方式时，便称之为直觉思维。

二、语文教学中直觉思维的特点

　　直觉思维的产生是突然的，然而并非偶然的，其有着复杂的原因与条件。直觉思维的产生是在早已获得的经验知识的基础上凭思维的"感觉"，直观地把握事物的本质及其规律的心理过程。因此，首先要有相关知识的积累，也就是一般所说的"经验认知模块"或"学科专业认知模块"。其次要有其内在的机制，即主体在问题的激发下，经过多方面、多层次、长时间的思索却仍不得其解，思维处于极度困惑的状态。最后必须有一种特定的情境，即思维主体处于特定的场景，或观察到特定的现象，或遇到突发性的压力，或是主体的思维状态得到"缓冲"时出现了突发性的脉动。这就使得直觉思维产生的原因与条件有着复杂的差异性。尽管如此，直觉思维也有其共同的特点。

　　（一）直接性

　　直觉思维的直接性是指思维主体不通过一步步的逻辑推理模式和程序分析过程而直接获得对事物的整体认识，这是直觉思维最基本和最显著的特征。例如，阿基米德在浴盆溢水的一瞬间，产生了解决"王冠之谜"的直觉思维。这是为什么呢？其实这是与他的一系列逻辑思维活动分不开的，只不过其逻辑程序表现为高度的"压缩"和"跳跃"，是一种"内化"的形式。它产生的机制是：直接经验—直觉。也就是说，从直接经验到直觉思维的产生是直接的，它既不需要固定的推演模式，也不需要严密的逻辑分析，径直指向最后的结论。如初读郑振铎的《猫》，学生就能直接感觉到这是写人与小动物的关系，能够直接感受到作者对自家所养小猫的忏悔之情。当然，这种直接性不同于感性认识的直接性，因为感性认识的直接性只能认识事物的现象而不能认识事物的本质。

　　（二）快速性

　　直觉思维的快速性是指思维的结果产生得很迅速，以致思维主体对所进行的过程无法做出逻辑的解释。直觉是人们在认识过程中，头脑中的某些信息在无意识的状态下经过加工而突然沟通时所产生的认识上的飞跃，是人脑对客观事物的本质和规律的直接觉察，这个过程省去了许多中间环节，因而是极其快速的。可以说，直觉是一个人当其思维被大脑所储存的信息激活时对某一事件所做出的快速反应。

　　直觉思维强调整体感知，是对感知对象整体的、全面的、笼统的快速把握，而不是条分缕析、兼顾方方面面各个层次的理解和切分。例如，教学《口技》，这虽然是一篇文言小说，学生在语言理解上有一定的障碍，可学生在整体阅读后却能各自凭思维直觉感受到口技艺人的精湛的技艺，对于口技艺人的"善"和作者对口技者的赞美之情不用一步一步地分析就能有所感悟。

（三）整体性

直觉思维的整体性是指思维主体在直觉思维过程中，并不着眼于细节的逻辑分析，而是从整体上把握对象，对思维对象形成一个整体的"智力图像"，从整体上识别出事物的本质和规律。即思维主体将已有的理性认知模块与当前情境相整合，生成对当前事物或现象的发展趋向和发展规律的有关推断，进而从整体和全局的高度，提出解决当前问题的相应步骤。

（四）自信感

直觉思维的自信感是指思维主体以直觉方式得出结论时，理智清晰，意识明确，这不是冲动性行为，而是主体对直觉结果的正确性或真理性具有本能的信念；而事后验证了思维主体以直觉方式得出的结论具有正确性或真理性时，则又会增强思维主体对自己直觉的自信感。学生只有相信自己的智力和能力，相信自己的正确判断，对问题解决充满信心时，才能执行创作假说的任务。因此，直觉思维要求思维者必须有某种程度的自信，这是直觉思维者必备的心理条件。成功可以培养一个人的自信，直觉的发现伴随很强的自信心。当一个问题不通过逻辑证明的形式而是通过自己的直觉获得，那么成功带给他的震撼是巨大的，内心将会产生一种强大的学习钻研动力。

我们在教学时就要在肯定学生见解的基础上，引导学生产生丰富的想象，而丰富想象的过程可以使学生进一步树立自信，逐渐突破对难点的理解，逐渐接近更深刻的主题。

（五）猜测性

直觉思维的猜测性，是指思维主体运用直觉思维所获得的结论具有或然性与推测性。逻辑思维即分析思维，思维主体要通过一步步的逻辑推理和程序分析过程而得出结论，是必然的。直觉思维与逻辑思维相对，属非逻辑思维，非逻辑思维是非必然的，有可能正确也有可能错误。运用直觉思维做出的判断具有猜测性、试探性。这在很大程度上仍然带有假设的性质，其正确性尚待进一步证实。

学生的质疑、释疑，都带着明显的直觉猜测性。学生从猜测到自信地推出结论，都是以原有的经验、知识为前提的。语言感知的经验越丰富，对语文知识理解得越透彻，就越容易对语文中的现象与问题产生直觉。

（六）潜在性

直觉思维的潜在性，是指直觉是思维主体一种潜意识的思维活动，其思维的过程往往是思维主体不能言表的，而且不能对思维结果做出评论，而不是意识到的、自觉的思维活动。在主体还没有意识到自己思维过程的情况下，就已经得到了结论。直觉思维的智力操作是内隐的，因为它不依赖于分析技巧而掌握问题的意义和结构组成，是一种对问题的无意识的直接把握。主体只是在直觉产生后知道其结果，但并不知道是怎样在自己的头脑中进行的，不知道为什么会产生这样的直觉。因此，直觉思维过程处于潜意识状态，只是在某种偶然新信息的刺激下，才会从潜在状态中突发出来。

三、语文教学中训练直觉思维的方法

（一）经验直觉法

经验直觉法是指人们借助以往的经验信息，对事物做出直接快速的觉察和判断的方法。它是一种未经理性抽象而直接呈现给经验主体的现象或操作过程。因而，经验直觉具有感性确定性。然而，这种确定性所提供的真理只包含该事物的特殊性，不带有普遍性，不包括由此及彼、由表及里的相互关联性。

在人们的认识进程中，有些东西是只可意会，不可言传的，而且意会知识在某种意义上比言传知识更为基本。实际上，我们知道的东西比我们有能力说出来的东西要多得多。没有原有的经验、知识做前提，直觉思维就不可能产生。一个人的感性经验越丰富，产生经验直觉的机会也就越多。因为就认知过程而言，人们所感知过的事物，哪怕是童年时代的经历，都会在大脑中留下痕迹，这种痕迹或深或浅地保留在记忆中，这就是经验信息块。当外界的客体信息通过人的感受器官进入大脑，与主体储存的对应经验信息块产生共鸣时，直觉就产生了。因此，一个人大脑中储存的经验信息块越多，可供调动的思维元素就越多，形成经验直觉的机会也就越多，运用经验直觉方法就越有效。经验直觉法为人的日常生活提供了快速判断的能力，可以帮助人类对刺激做出快速反应。比如，"以貌取人"，用的就是经验直觉法。实际上在很多场景下我们并不可能对每一个人都进行深入了解，这个时候经验直觉法就能够帮助我们对身处的情景进行快速分析，作为行动参考。但是经验直觉法的缺点是仅靠感性确定，没有普遍性，还可能犯错。就"以貌取人"来说，人的外貌、服装穿着，与其思想道德品质、学识才能之间是没有必然联系的，仅靠其外貌打扮来判断一个人的品质才能，就"可能犯错"。再如，文本中词义的感情色彩和修辞手法在阅读中是常见的，读者往往跳过辨析的思维过程便可快速判断、准确把握。这是保留在记忆中的经验信息块与文本的信息产生共鸣，就产生了经验直觉。

（二）理论直觉法

理论直觉方法是指人们基于一定的理论素养和背景知识，通过潜意识的思维直接洞察和把握事物本质的方法。这种直觉可以说是理性与非理性的交融，是逻辑思维之间的非逻辑的思维跳跃、浓缩和简化，只能发生在人们比较熟悉的领域中，是理论认识达到一定深刻程度的产物。

当然，理论直觉的产生和理论直觉方法的运用，都是在已有科学知识和理论的基础上实现的。现代认知心理学认为，某一领域中的专家之所以对某一问题瞬间产生直觉，是因为他能很快从记忆中把他原来所熟悉的组块辨认出来。所以，丰富而渊博的专业理论知识、合理而完善的知识结构是理论直觉产生的重要基础。理论直觉是思维对某一感性事物进行整体的考察之后，主体并非十分明确地运用逻辑分析，但直接把握了事物的本质即某一层面的理性形式；或者对某一对象进行一段时间的逻辑分析之后，并未发现其理性形式，但在某一情境下突然感悟到研究对象的理性形式，这就是灵感或顿悟。理论直觉的特点是主体尽管在顿悟之前可能经过了冥思苦想的逻辑思维过程，但并不清晰地知道具体的思维过程和所运用的思维方法。

（三）灵感方法

灵感方法是指主体在创造性活动中因思想高度集中、情绪高涨而突然出现的一种短暂的最佳思维状态或活动，是因智慧升华产生的思想闪光和思想跃迁。思想闪光是突破传统思维而迸发出新思想的光亮；思想跃迁则是由思想闪光带来的新概念、新观点、新理论、新思路的端倪。灵感方法可以分为外发型灵感方法、内发型灵感方法和梦幻型灵感方法。

1. 外发型灵感方法

外发型灵感方法又称为外部机遇型灵感方法，是指主体在对问题进行持久思考、冥思苦索仍不得其解的情况下，偶然受到外界某种信息的刺激、启迪而产生灵感的方法。具体来说，它又可分为以下四种形式。

（1）观念点燃型灵感方法

即创造主体通过平日阅读或交谈，偶然得到他人思想启示，受到某种观念、思想和原理等因素的启发而产生灵感的方法。例如，相传我国著名书法家郑板桥，未成名时成天琢磨前辈书法大家的体势，总想写得与前辈大家一模一样。一天晚上睡觉，手指先在自己身上练字，蒙眬之中手指写到妻子身上，妻子被惊醒，生气地说："我有我体，你有你体，你为何写我体。"他从妻子的话中马上得到启示：应该写自己的一体，不能一味学人。在这个思想的作用下，他刻苦用功，朝夕揣摩，终于成为一代书法家。

这种灵感诱发的因素可以是各种各样的。它可以是报纸上的一条新闻，也可以是朋友间的一句戏言；它可以因某人某事的刺激，也可以受一草一木的启发，茅盾读到报纸上蚕茧丰收、蚕农破产的消息而有《春蚕》的创作；作家李天济听到朋友说"作家没有星期天"这句戏言而萌发了《今天我休息》的构思；鲁迅因患"迫害狂"的表兄弟的突然造访而产生了创作《狂人日记》的冲动。

（2）原型启示型灵感方法

即创造主体由于受到某种实物或事件、现象原型的启示而引发灵感的方法。当我们千方百计寻找解决问题的方法和途径时，往往会从其他事物中得到启示，我们把这种具有启发作用的事物称作"原型"。原型就是指对解决问题有启发作用的事物。在语文教学中，教师通过阐明学生经验中的实例，就能引发学生的灵感，学生就能够对别人的经验有所领悟。教师在利用原型对学生进行启发时应以学生的经验，即他们原有的认知水平为基础，才能使学生产生灵感从而达到"领"和"悟"，即了解、掌握别人的经验成果并内化为自己的经验。

（3）形象诱发型灵感方法

即创造主体由于受到某种生动、鲜明、富有新意的形象（包括发明、实用新型、外观设计等）的诱导而产生灵感的方法。例如，《荷塘月色》中作者因荷叶、荷花的形象，《春》的作者因春天景物的形象而诱发出灵感，产生出通感和比喻的优美语句。

（4）情境触发型灵感方法

即创造主体由于受到某种环境、气氛的渲染和熏陶触景生情而诱发灵感的方法。这种灵感大多发生在艺术创作过程之中。例如，诗人马致远在日暮途中，看到了由枯藤、老树、昏鸦、小桥、流水、人家、古道、西风、夕阳等一系列事物构成的一种环境、情景，触景生情诱发灵感，迸发出"夕阳西下"之时令人思念的"断肠人"还在骑着疲惫的瘦马浪迹天涯的强烈思乡之情，写出了脍炙人口的《天净沙·秋思》这首小令。在由这些事物构成的特殊情境中，也可以使读者直接地感知到一股浓浓的情愫中夹杂着的伤感与无奈。

2. 内发型灵感方法

它又称意识积淀型灵感方法，是指主体由于思维力量长期积淀达到一定程度而突然爆发灵感的方法。它既可能是创造主体在内心自由和外在自由的条件下，思想意识不由自主地展开想象的翅膀而引发的灵感，也可能是创造主体在长期的冥思苦想中，无意识地把原有知识信息重新组合而使百思不解的问题突然出现破解的思想闪光。具体来说，它主要有以下两种形式。

（1）自发型灵感方法

这是由于潜意识的突然爆发而产生灵感的方法。这种灵感大多发生于显意识的焦点之外，莫名其妙地降生在显意识之内，它使人意不由己、情不自禁，甚至使人成为狂人。郭沫若在创作长诗《凤凰涅槃》时就遇上了这种灵感。他晚上行将就寝时伏在枕头上只是火速地写，全身感到有点发寒作冷，连牙关都在打战，终于一气把长诗写出来了。后来他觉得自己当时有点发狂，表现着一种神经性的发作。这种自发型灵感看似神秘，实际上是思维长期孕育、积淀到一定程度必然要爆发的结果。

（2）闪光型灵感方法

这是指创造主体发自意识中的突然闪光而产生的灵感，或在长期的苦思冥想中，思维达到饱和程度时突然出现"思想闪光"的灵感方法。例如，郭沫若在日本的福冈生活时，一天黄昏到福冈图书馆去看书，突然受到诗兴的诱发而离开了图书馆。他在馆后面散步，光着脚在留着太阳余温的土地上踱来踱去，感受着土地的温暖，觉得还不够，就躺在地上睡觉，尽量亲近土地，突然产生了灵感，创作出他的名作《地球，我的母亲》。郭沫若谈到这种灵感创作的体验时说：当时确实是感到在真切地和母亲亲昵，去感触她的皮肤，感受她的拥抱。

3. 梦幻型灵感方法

梦幻型灵感方法，是指由于做梦或受到梦的启发而产生灵感的方法。我国古代许多诗人、文学家有因梦中得到启发而赋诗、改诗、作文、评句的记载。在国外，梦中获得灵感的例子也是屡见不鲜的，有许多科学家在回忆自己的创造与发明时，都谈到梦对他们灵感的启迪。

（四）顿悟方法

顿悟，顾名思义就是顿时领悟，即思维主体对长期百思不得其解的问题的突然明白，或从不知道如何解决问题的状态"突然转到"知道如何解决问题的状态。人们常用"恍然大悟""豁然开朗""茅塞顿开"等词来形容顿悟。因此，顿悟方法是指思维主体在顿悟思维活动中所体现出来的方式和状态。

顿悟是一种跳跃式的思维，是一种非理性的思维方式，往往具有破旧立新的重要作用。定式思维是创新的思维障碍，要创新首先要突破形形色色的思维定式，而顿悟是破除定式思维的思想武器。从理论上讲，在顿悟或者灵光一现之时，原有的不正确的思维定式被迅速地打破，人们会在一瞬间摆脱不正确的思维方式，找到正确的思路。

顿悟与灵感在创造性思维和创造性活动中的表现形式和作用虽基本相同，但它们也略有区别。顿悟思维和灵感思维都属于飞跃性的、非理性思维形式，二者具有以下几点共同性：第一，从发生的内在条件来看，顿悟思维与灵感思维依赖对认识对象或问题的聚焦思索；第二，从发生作用时的状态和表现出的形式来看，机遇性是顿悟思维和灵感思维最显著的共同点；第三，从作用结果的影响来看，顿悟思维和灵感思维都具有突破性或创造性。但二者也有明显的区别：第一，发生机制不同。顿悟强调的是"悟"，即"体悟""颖悟""觉悟""醒悟"等，它注重思维主体的"向内发掘"，通常不需要外界因素的触发；而灵感的产生大多数依赖一定的诱发因素。第二，存在的形式不同。灵感思维具有模糊性，它提供的可能是一种朦胧的事物的毛坯，捕捉到灵感后，还必须经过严密的逻辑加工和实践检验，才能发展成为完备的理论，成为有价值的科学认识成果。而且，灵感迸发时所持续的时间往往是短暂的、瞬间即逝的。而顿悟是潜意识与显意识的突然沟通而产生的认识的飞跃，是困惑的彻底解决和对真理的豁然领悟。而且，由顿悟获得的问题解决方法具有持续性，不会稍纵即逝，能在记忆中保持较长时间，给思维主体留下非常深刻的印象。第三，发生的方式不同。顿悟思维是一次性整体地把握对象，彻底领悟事物的原理或问题的答案；灵感思维往往不可能一次性地把握事物，而只是为思维主体提供一个重要的线索，为彻底认识该事物打开关键的思路。而且，在一个创造性活动的过程中，灵感思维并不止一次发生作用，有可能是多次，通过几次的思维启发而逐步接近对该事物的准确认识。第四，创造过程的意义不同。从创造过程来看，灵感是思维活动中出现的一种启发的思路，往往预示着一个创造过程的开始，出现"思想闪光"或"思想跃迁"后，还有一个艰苦的思维加工和逻辑论证过程；而顿悟则是对问题或原理的瞬间彻悟，是思维的豁然贯通、问题的突然解决，往往预示着一个创造过程的结束。

第二节　语文教学中培养直觉思维的特殊意义

直觉思维是在早已获得的经验知识积累、体验和感悟的基础上，凭思维的"感觉"，直观地把握事物的本质和规律的心理过程。在语文教学中培养学生直觉思维，不仅能够弥补逻辑思维和形象思维的不足，还能弥补长期以来语文教学中思维训练的缺陷，丰富语文思维训练的内容。

一、敏锐地把握知识创新方向

（一）直觉思维是开发和培养学生创造性思维的基础

语文教学的着重点应该是促使学生思维品质的发展。实施语文创新教育的关键在于培养学生

现代语文教学思维的创新研究

的创造性思维,而创造性思维在一定意义上说,是分析思维和直觉思维的统一。

直觉思维是创造性思维活跃的一种表现,它是发明创造的先导。直觉的产生是人脑储存的全部信息和各种逻辑方法的综合运用,是对某些严格的固定的逻辑推理模式和程序的简缩和省略。创造者感知、获得信息,储存在记忆中。记忆提供与直觉有关的信息,于是产生直觉。无论哪种直觉形式,无论什么内容的直觉,它的心理素材都来源于通过实践活动而获得储存在记忆中的信息。记忆的检索功能在直觉产生的心理机制中占有重要地位。人们对感觉映象的本质属性的辨别、判断,往往只需在感知活动中便能直接做出判别。因此,直觉思维能够敏锐地把握知识创新方向。

直觉思维是直接领悟的思维和认知,是人脑对突然出现在其面前的新事物、新形象、新问题及其关系的一种迅速的识别、敏锐而深入的洞悉、直接的本质理解和综合的整体判断。预测、猜想、超越有限信息是直觉思维的特点。在阅读教学中,学生对作品的理解大多凭借积累的知识和经验,常常靠直觉推测作品的内容和主旨,在教师的启发和引导下,逐渐领悟作品的深层意蕴。

(二)直觉思维能引导学生敏锐地把握知识

如前所述,直觉思维的直接性表明,直觉思维与思维主体的一系列逻辑思维活动是分不开的,从直接经验到直觉思维的产生是直接的,既不需要固定的推演模式,也不需要严密的逻辑分析,便直接指向最后的结论。直觉思维的快速性表明,直觉思维结果的产生是人脑对客观事物的本质和规律的直接觉察,是对感知对象整体的、全面的、敏锐的快速把握。直觉思维的整体性表明,思维主体在直觉思维过程中能将已有的理性认知模块与当前情境相整合,进而从整体上把握对象,识别出事物的本质和规律。直觉思维的猜测性表明,直觉思维属非逻辑思维,其所获结论是非必然的,不是常常可靠的,而带有假设的性质,但思维主体原有经验、知识的积累越丰富,其思维的结果就越可靠。直觉思维的潜在性表明,思维主体在还没有意识到自己思维过程的情况下,就已经得到结论了,它是对问题的无意识的直接把握。直觉思维的自信性表明,直觉的发现伴随很强的自信,思维主体对凭直觉获得的结果的正确性或可靠性具有本能的信念,只有相信自己的智力和能力,相信自己的正确判断,对问题解决充满信心时,才能执行创作假说的任务。直觉思维的心理机制及其特性,决定了在语文教学中培养学生的直觉思维具有特殊的意义。

二、创造性地提出科学的假说

科学假说是指根据已有的科学知识和新的科学事实对所研究的问题做出的一种猜测性陈述。它是将认识从已知推向未知,进而变未知为已知的必不可少的思维方法,是科学发展的一种重要形式。它是思维主体经过一系列的思维过程,预先在自己头脑中做出的假定性解释。这个界定包含两层意思:一是科学的假说是猜测性的、假设的、非必然的,尽管其内容有一定的科学依据,但终究还有待于实践的验证,所以只能称为假说;二是科学的假说不是主观随意的臆断,而是以已知的既定科学知识和新的科学事实为基础,是在这些基础上提炼出的科学问题,并在多种科学知识基础上运用分析和综合、归纳和演绎、类比和想象等方法,形成解答问题的基本观点,这和直觉思维产生的原因也是基本相同的。直觉思维的产生首先也要有相关知识的积累,即"经验认知模块"或"学科专业认知模块"。思维主体还要在问题的激发下,经过多方面、多层次、长时间的思索,在一种特定的情境、场景,或观察到特定的现象的激发下形成解决问题的观点或对问题的认识与判断。这就使直觉思维产生的条件与科学的假说有着相同之处。

科学的假说是形成科学理论的前奏。首先,它能使科学研究成为能动的自觉的活动。它是对未知的自然现象及其规律的一种科学的推测,人们可以根据这种推测确定自己的研究方向,进行有目的、有计划的观测和实验,避免盲目性和被动性。其次,它是逼近客观真理的通路。由于受到种种条件的限制,人们对自然界客观事物的认识不可能一下子达到真理性程度,而往往要借助已知的科学原理和事实去探索未知的客观规律,不断地积累实验材料,增加假说中的科学性,减少假定性,直至逐步建立起正确反映客观规律的理论。再次,它是开拓科学新领域的有效方法。假说不受事实的局限,它先对未知对象提出大胆的设想,继而又积极地去探寻答案,这就能够不断地推动人们去探索、去突破,就可能开拓出一个新的领域,获得惊人的发现。最后,它可以唤起众说,促进科学发展。人们在探寻未知事物的过程中,往往会从不同的侧面、不同的角度去思考,这就可以互相启发,互为补充,有利于更全面、更深刻地揭示事物的本质。多种假说对科学认识的"多向"作用与假说对科学认识的"定向"作用,是辩证统一的。

综上所述可知,直觉思维对科学假说的形成有着推动的作用,或者说直觉思维可以创造性地提出科学的假说。直觉思维的形成,先是思维主体出现了客体或遭遇了思维客体;然后思维主体在已有的相关学科知识和经验知识积累的基础上,通过内在机制的激发,对客体产生一种直觉的判断或认识。这个直觉思维生成的过程也就是科学假说提出的过程。在语文教学中培养学生直觉思维的能力,能使学生成为能动的学习者,使学习成为自主、自觉的活动。由于猜测性是直觉思维固有的特性,因而运用直觉思维方法提出的假说难免会产生错误,但这些错误的假说却包含着或多或少的合理内容,它不仅为以后新假说的形成提供一些有益的思想材料,并且在一定程度上,能对后面新内容的学习和训练提供有益的指导。

第三节 语文教学中培养直觉思维能力的原则

直觉是不可言传的预感,有人称之为第六感,它像人的肌肉那样,可以因锻炼而发达。语文教学中培养学生直觉思维能力可遵循以下几个原则。

一、夯实直觉思维的基础

（一）具备广阔的知识背景

首先,直觉的生成必须有丰富的相关知识积累。所谓"知识的积累",是指经过人们的反复实践和重复认知而积淀并存储于大脑皮层上,生成为深层的下意识并形成相应的经验认知模块或有关学科专业认知模块。这里所说的"相关知识"既包括有关的经验知识,又包括有关的专业理论知识。所谓"有关的经验知识",就是在对语文专业知识应用的训练与运用中内化的知识,或在语文实践活动中获得的知识或技能。所谓"有关的专业理论知识",在语文教学中就包括文学、语言学、文章学、写作学、修辞学,以及政治学、历史学等的专业学科知识。要尽可能扩大学生阅读的库容,使其在阅读中习得能力,在阅读中形成语言直觉。现在的语文教学,有太多的"同步习题""教材全解"和教学参考资料,却没有形成大面积的朗读背诵经典语言材料的风气。初中语文的背诵,仅仅局限在中考要求的那几十首诗词和几篇现代文的节选语段中,朗诵也只是一小部分语文爱好者的"文学沙龙"式的点缀而已。初中阶段,正是十三四岁的学生记忆力最好的阶段,让他们一味地投入各种解题思路的训练中,从而错过了积累语言素材的黄金时期,这不但无益于语文能力的提高,反而扼杀了学生思维能力的发展。

其次,直觉的生成需要积累直觉体验。生活体验是最直接、有效的方法之一。生活的经验越丰富,直觉体验就越可靠。除生活体验的积累,语言应用体验的积累也很重要。语文属于人文学科,其情感性、模糊性、发散性、整合性等非科学性特点,决定了语文教学不能靠分析、推导、证明,应当由教师领着学生在生活实践中对人、事、物、景进行观察、体验、品味,再运用语言恰当表达,充分发展学生的直觉思维能力,培养学生的语言直觉。

(二)形成合理的知识结构

直觉思维是建立在广泛掌握基本理论和基础知识的基础上,依靠人的知识和经验对事物本质进行的迅速把握。直觉的产生其实就是信息瞬间处理的过程,人在极短的时间内,迅速调动大脑中存储的知识,按照一定的程序规则对信息进行快速处理,进而得出貌似偶然的结论。由此可见,高质量的灵感和直觉是靠丰富的知识储备及合理的知识结构来支撑的,含有大量的知识内容和合理的组合规律。中学生好奇心强,求知欲旺盛,处于思维活跃时期,具备直觉思维生成的生理机制,只要有广阔的知识积累,形成合理的知识结构,即"经验认知模块"或"学科专业认知模块",在适当的条件刺激下,他们的大脑便会迅速对知识进行组合,直觉灵感就会产生。合理的知识结构是灵感和直觉的源泉所在。

(三)丰富社会实践的经验

直觉思维离不开实践,实践是科学直觉产生的基础。积累直觉体验是直觉思维产生的实践基础之一。很多科学家认为,高度的科学直觉思维力是在丰富的经验基础上形成的。生活的经验越丰富,直觉体验越可靠。除生活体验的积累之外,语文的社会实践体验的积累也很重要。教师要引导学生多涉猎不同领域的社会实践,在学好语文学科的同时要能够跨学科、跨领域学习,在学习中触类旁通,发现事物的普遍联系。

直觉思维能力的培养需要长期的积累,最终实现在量的基础上达到质的飞跃。同时,直觉思维的生成需要适当的条件刺激,包括需要解决的问题、特定的情境、场景,或观察到特定的现象的激发,离开社会实践活动,没有丰富的社会实践经验,就不能激发直觉思维。在语文教学中,指导学生在积累与掌握字、词、句、篇的基础上,进行反复的实践运用,具有了扎实的语言基础,学生今后在解决具体的问题时,就可以进入自由运用而说不出具体理由的直觉运用阶段了。

直觉具有或然性，它有可能对，也有可能错。无论在日常生活、科学活动中，还是在社会政治领域，都不可能有"洞察一切"的圣人，个人的直觉力可以提高，但不会一贯正确而不受实践检验。从直觉这个特性看，培养学生的直觉思维也需要丰富社会实践的经验，随时检验自己直觉认识的正确性，不断修正错误的直觉。

二、注意思维的张弛结合

直觉思维的产生极为突然却又绝非偶然，其生成过程有着复杂的原因与条件。首先，一定直觉的生成必须经过思维主体反复实践、重复认知而积淀并存储于大脑皮层上，生成深层的经验认知模块或有关学科专业认知模块。其次，思维主体在问题的激发下，思维处于愤悱状态，进而对这一问题进行多方面、多层次，甚至是长时间的思索或考察，然而却百思不得其解，处于极度的困惑状态。最后，直觉的生成须有一种特定的情境：思维主体或者处于特定的场景之中，或者观察到特定的现象，或者在突发性的压力下，或者是主体思维愤悱状态的暂时"缓冲"，进而使思维出现了突发性的脉动，出现了直觉，随之思如泉涌。

也就是说，当思维主体受到问题的激发后，从逻辑思维中得不到满意答案，以致陷入困境时，立即停止对问题的自觉思考，转换心理环境，使主体思维的愤悱状态得以暂时缓解，有利于创造一切可能的条件，诱导下意识的活动，激发直觉的生成。从科学史上大量直觉创造的成功事例来看，灵感的火花、丰富的想象大都出现在神经松弛而不是头脑紧张的时候。心理学认为，在没有精神压力、心情舒畅的环境下，大脑皮层容易形成兴奋中心，激活神经系统，使感知、注意、记忆、想象等心理活动处于亢奋状态，直觉思维在自由、宽松的空间中才能孕育、诞生。没有宽松的环境，学生就没有自主性，而没有自主性就不可能有创新悟感。因此，指导学生学会合理安排学习与休息时间，使紧张的学习与休闲的放松活动结合起来，做到张弛有序、科学用脑，才能引发直觉的闪光。例如，在紧张的学习或工作后进行多种形式的休息，诸如散步、睡觉、听音乐，解除身心疲劳，陶冶情趣，丰富想象力；或在遇到困惑而长时间百思不得其解时，则干脆停止与所探讨问题相关的种种思考，摆脱疑难问题的烦恼，去做与此不相关的活动；或转换思维兴趣，阅读别的书刊报纸，同别人聊天谈心等。这都可能使思维主体从中受到启发，使百思不解的问题恍然大悟。

三、训练产生直觉思维的能力

（一）概括能力训练

从心理学角度看，概括是指人们感知事物获得相关信息，通过分析、抽象、综合，将其本质、非本质属性归结为概念的逻辑思维过程。从思维形式角度看，概括是指把抽象出来的若干事物的共同属性归结出来进行考察的一种思维方法。一切思维活动的最基本特征是概括，要培养学生的思维能力，就先要从培养学生概括能力着手。概括力强，理解、接受、感悟、鉴赏和自学能力才会强。

概括要从感受开始，培养学生的概括能力就先要培养学生的感受能力。感受，就是"直觉"，

现代语文教学思维的创新研究

我国古典传统阅读理论称为"观"或"直观",是读者在阅读时对文章的"第一印象"。这些感知的文字信息与心灵相互作用、融合,就会激起情感波澜,形成各种各样的感受。体验感知各种事物及现象的美感对学习语文的学生来说是一种必要。而表达感受、抓住艺术的灵感、表现个人的才华就需要概括能力了。具有相应的感受(直觉)能力,才能更好地理解文章的思想内涵,从而对文章的观点、主旨做出概括,所以,直觉感受是形成概括能力的前提。学生对课文中心思想的理解概括水平,与学生已有的知识经验有关。凡课文内容与学生已有的知识经验接近的,学生就容易产生直觉感受,就较易对其中心思想进行理解与概括。如果学生缺乏与课文内容相应的知识,则他们的直觉感受就难以产生,对其中心思想的理解与概括的难度就越大。概括能力的训练与形成能够促进直觉感受能力的提高,两者关系极为密切,互为促进。

从教学实践角度看,学习和运用知识的过程就是概括的过程,没有概括,学生就难以形成概念。在课堂教学中,培养概括能力,一般从感受文章的外在形式入手,通过解析、理解、品味,进而由浅入深地领悟、概括文章的内在意蕴。概括主体的心理过程是一个层次递进的结构模式,它包括感受、理解、综合三个基本阶段。这三个基本阶段相互联系、相互诱发、相互渗透,构成了一个动态的、有序的、完整的概括心理运行轨迹。感受文本时应注意抓住对文本内容的"第一印象",也就是"直觉"或"初感"。人们对于各类文章和艺术形式的概括,都是从感性直觉开始的。

概括是语文能力形成的基础。语文概括包括以下四个过程:一是对语言规律的概括;二是对接受与表达规律的概括,即听说读写规律的概括;三是把概括了的规律具体化;四是在概括基础上系统化。语文阅读教学的目的就是以教材文本为范例,让学生能读懂更多的文章,并用概括的方法记住这些文章的精髓,然后在综合性的语文实践中为我所用,灵活地运用概括的方法进行口头表达和书面表达,使学生在阅读课文时能准确全面地整体感知,能把握文章的核心内容和主旨。

概括能力是学生阅读理解必须具备的基本能力,应该成为阅读教学的重要训练目标。语文教学中的概括能力,主要指的是能分析归纳文章的内容要点和中心思想,分析文章的结构,分析概括作者在文中的观点态度,最后用简明扼要的语言把所读的内容准确表达出来的能力。

概括能力活动的心理轨迹由直觉感受(捕捉对文章的第一印象)、理解(通过分解文章整体分层领会)、综合(在感受、理解的基础上对文章分解的各部分的有机联合并表述)三部分构成。指导学生概括能力训练的基本方法有:

1. 保留主干

概括就是剔除芜杂,保留精华。具体来说就是两个方面:一是保留内容要素。概括记叙文的主要内容要保留六要素:主要事件发生的时间、地点、主要人物、起因、经过、结果;概括说明文内容要保留三要素:事物形状、结构特点和功能;概括议论文的内容要保留两要素:主要论据、主要论点。二是保留关键词句。概括内容时可以借助中心句、过渡句、总起句、总结句等关键语句,对其进行归类、转换和综合。

2.适当舍弃

首先要舍弃非概括性语言。概括性语言的特征是综合、抽象、直白、正面。非概括性语言的特征是具体、形象、含蓄、从侧面或反面角度表达,此类表达要舍弃,或者化形象为抽象。其次要舍弃次要性因素,包括要舍弃表现中心主旨较弱的部分,舍弃为主要材料服务的材料,舍弃句段关系中的次要部分。

3.按序联结

概括时,对不存在主次之分的内容,先归并重复、相似或相近的内容,再按照一定条理累加联结不同的内容;对存在主次之分的内容,先舍次保主,再合并累加。联结内容时,要基本遵循写作顺序,厘清文脉,用适当的关联词或表现先后顺序的词进行过渡衔接,组织好语言,使其有序、连贯、通畅而准确。

4.合理转化

转化包括句式转化,即感叹句、反问句、被动句、否定句等都要转换成陈述句;人称转换,即概括要用第三人称陈述内容,并以主人公作为主语。

在语文教学中,培养学生概括能力的基本途径有以下几种。

(1)捕捉眼睛,统领全文

首先是抓题眼。文章的题目,有的概括了文章的主要内容,有的提示了主要人物,有的提示了主要事件,有的提示了全文主旨……不管哪一种课题,都从某个角度透露了课文的主要内容。学会了分析课题,也就理解了课题所概括的内容。其次是抓文眼。文章中常有精练的词语,在教学中精心抓住这样一个精练的词语——它言简意赅,贯穿全篇,浓缩了课文主旨,可以借助它概括出全文的精华,或借助它突破难点。最后是抓关键句。文章关键句,多指中心句、过渡句、总起句、总结句。可以引导学生找出现成的句子,说明理由;或联系上下文,将某处关键的语句补充完整。

(2)厘清思路,分清结构

在阅读教学中指导学生学习课文的语言表达方式,应包括对文字的组合美、段落篇章的结构美的感知,在培养语感的基础上培养"段感""篇感"。阅读段落,应该学会概括构段方式,厘清结构条理,体会句子之间的前后联系和逻辑顺序。阅读全文,应引导学生厘清文章思路,学习作者谋篇布局的方法,带领学生一起经历布局构思的思维过程,从而转化为自己的语文能力,取得学习的主动权。

(3)体悟感情,明了中心

如果文段中有情感变化很鲜明的表现,可以引导学生在阅读时,了解主要人物在事情发展过程中的情感历程,画出情感发展曲线;可以通过选择或判断的形式,分析概括作者在文中的观点和态度,领会作者写作意图。

（4）倾听重点，概括转述

每节课前，老师可以组织学生进行"听辨"游戏，学生准备一句话新闻、一分钟故事，轮流讲演。其他学生按照"细心倾听—说清梗概—捕捉重点—谈谈看法"的步骤，练习口语交际，进行概括性转述和评价。

（5）揣摩写法，读写迁移

阅读文段时，除了概括内容之外，还要感悟和概括表达的方法，实现读写迁移。

（6）抒发感受，点评批注

我们可以指导学生改变学习方式，使用批注式学习，即边阅读，边尝试在句段旁用一个成语概括人物的特点；或针对课文结构、写法以及写作效果，写下自己的评述；或创作一句诗来概括表达读后的感受。课外阅读中引导学生做好内容摘抄和阅读评价；或写下概括性评价，即先摘抄一段原文，再写一段自己的感受或评价；或写读后感，谈谈阅读收获。

（7）思维导图，提纲挈领

思维导图式的教学就是以图形、线条、关键词的连接，使繁杂的文字变成简洁清晰的形象图形，或形同大树、或类似根系……使文段的结构脉络有可视化效果，形象直观，便于记忆。画图前，先让学生找出课文中具有概括性的句子，并以此勾勒本课思维导图的基本间架结构；再细读文本，深入品读，展开分支，提炼语言，感悟写法；接着结合思维导图，积累背诵重点句；然后运用同样的方法自学其他内容，展示交流自己画的思维树。

总而言之，概括是有规律可循、有方法可依的，只要我们在教学时，善于挖掘资源，找准训练点，适时地辅以方法的指导，帮助学生总结规律、归纳方法，学生的概括能力就会得到提高。

（二）猜测能力训练

直觉思维的特征之一就是直觉的猜测性。从直觉的思维机制来看，直觉虽然领悟到事物的一般原理，但这种直接领悟仍然是假说性质的，因而直觉的结果具有猜测性，是猜测性的假说，有待于接受实践验证。在语文教学中训练学生的猜测能力，有利于促进其直觉思维的产生。

1. 因果猜测训练

因果猜测是根据事物之间的因果关系来猜测事物的发展和变化，通过对与需求猜测的目标有直接或间接影响的因素的分析找出其变化的规律，并根据这种变化规律来确定猜测的结果。在因果关系中，可以有一因一果、一因多果，也可以有多因一果。通过因果猜测思维训练，能够训练学生思维的广阔性和灵活性。

在语文教学中，有很多有利的条件和机会对学生进行因果猜测训练。例如，《从百草园到三味书屋》中，"我"对家里要他离开百草园，到全城最严厉的三味书屋去读书时，百思不得其解，用了三个"也许"进行因果猜测。果是已经明确了的，而因却是不明的，可以让学生也做一下由果及因的因果猜测，根据已知的"我"在百草园中的自由而丰富的生活，猜测各种可能的原因，写一个简短的插叙。这是多因一果的猜测。

《皇帝的新装》这个童话故事也充满了因果关系。例如，从故事的起因找因果关系、从故事的发展找因果关系、从故事的高潮找因果关系、从故事的结局找因果关系。最后，让学生对故事的结局做因果猜测，进行续写。例如，从全城百姓都在传递小孩子的话去猜测后果，从跟随皇帝游行的大臣听到小孩的话去猜测后果，从皇帝听到或者看到的两旁百姓交头接耳、窃窃私语去猜测后果，从骗子的角度去猜测后果等，从不同的角度猜测就会有不同的结局。这是一因多果的猜测。通过因果猜测和续写，学生得以深刻领悟这个童话的主题，也学到在表达主题时应该注意安排好事件的逻辑顺序。引导学生找出故事中的各种因果关系，也能使学生得到很好的思维训练。

除寓言、童话、小说课文外，记叙文、议论文、说明文课文，甚至一些诗词、散文，都可以引导学生进行因果猜测思维训练。

2. 条件猜测训练

条件猜测思维，就是指思维主体根据已有或已知的关于某事物发展的相关条件，对该事物发展的趋势及结果做出猜想的思维活动。

在语文教学中应该重视对学生进行条件猜测思维的训练，语文教学也有利于对学生进行这种思维训练。上述因果猜测思维训练中，如果把"因"当作一个特殊的"条件"的话，那么它就是条件猜测思维中的一种特殊形式。条件猜测中的"条件"可以是真实条件，也可以是假设条件；可以是充分条件，也可以是必要条件。在记叙性文体和说明性文体教学中，可以引导学生以课文题目为条件，猜测课文内容；可以以事件开端为条件猜测事件的发展；可根据事件的发展猜测高潮与结局；可根据事件的过程猜测作者的情感态度，进而猜测、概括出主题。

在散文教学中，可以以作者描写的景物特征、描写景物的语言色彩为猜测的条件，猜测作者的态度情感偏向和描写景物的意图。例如，郁达夫的《故都的秋》。作者先写北国秋天"来得特别的清，特别的静，特别的悲凉"，接下来按照"清""静""悲凉"的三个层次，逐一描绘故都的清秋景色。如写"租人家一椽破屋来住着"，"在破壁腰中，静对着"蓝色的牵牛花；写"北国的槐树"的落蕊，"脚踏上去声音也没有，气味也没有，只能感出一点点极微细极柔软的触觉"；写"灰土上留下来的一条条扫帚的丝纹，看起来既觉得细腻，又觉得清闲，潜意识下并且还觉得有点儿落寞"；写都市闲人的对话"一层秋雨一层凉了"，把"了"字拖很长的音，带出了悲凉的意味。文中的"秋花""秋雨""秋光""秋声"等这些景物都具有清闲、幽远、幽静、落寞、衰弱、萧条的情感色彩，使读者直觉感受到一种忧伤、悲凉的心情。以此猜测作者的心境，再联系作者身处的时代在作者内心投下的深远的忧虑和孤独冷落之感的阴影这个条件进行猜测，就有助于整体地认识文章，整体地感知文章的主旨。

在阅读中，学生往往会遇到一些生词或不熟悉的专用术语，为了不耽误阅读，提高阅读速度，也可以采取条件猜测思维方法来猜测生词、术语的含义。例如，以定义为线索猜测词义、术语；以上下文常理为推断条件猜测词义；以因果关系为线索猜测词义。有时作者在阐述某个概念时，担心读者不能理解，往往采用另一种方式来复述前面的内容，用读者易懂的另一个事物或概念做比较或举个例子。那么，就可在这些复述、比较和例子的帮助下，完成对生词词义或陌生术语的猜测。另外，在语篇的阅读理解中，文中的标点符号（括号、冒号、破折号和分号）有时起到解释前文的作用，所以也有助于猜测词义。指导学生用条件猜测法猜测词义、术语，如果猜测对了，可增强学生的自信心，积累猜测词义的经验。如此下去，对练习阅读必会大有收获。

需要注意的是，在语境条件下猜测词义、术语对阅读虽有很大帮助，但也不能过分地夸大这种猜测在阅读中的作用。在条件不足的情况下不能猜，在猜不出的情况下也不能猜，否则会导致猜测错误，曲解文意。因此，我们对生词和不解的术语做出猜测后，应将其放回语境中进行正误检验。如发现猜测结果有疑或错误，则需重新猜测或查找工具书确证。

3. 类比猜测训练

类比猜测法是思维主体根据两个思维对象之间在某些方面的类似或同一，推测它们在其他方面也可能类似或同一的逻辑思维方法。

类比猜测法是根据事物间的相似性进行推测判断的，它是从特殊推向特殊的推理，这种推理具有或然性，其结论必须由实验来检验，类比对象间共有的属性越多，则类比结论的可靠性越大。在类比猜测中，关键的环节是要找到或找准一个可以类比的对象。而这个类比对象往往是由认识主体根据对认识对象在形态、属性、结构、功能方面，或在理论原则、形式、方法、内容方面的观察和分析确定的。所以，成功运用类比猜测方法往往需要利用直觉的启示，即当思维主体在某个问题方面产生了思维障碍、陷入困境的时候，外围事物的某些现象和结果，如数学公式、模型等与思维主体研究的问题的现象非常相似的信息一旦出现，这种信息就会刺激思维主体，启发他把两类不同的客体甚至是不同学科间的两类事件进行比较，产生类比的对象。因而，运用类比猜测法也需要利用直觉的判断。直觉判断是能使思维主体突破思维定式和逻辑规则的束缚，绕过繁杂的中间环节，从对已知事物的判断过渡到对未知事物的判断，使认识过程从感性认识到理性认识发生质的突变的过程。这种过程正是类比推测的过程。类比猜测还需要直觉的想象。在许多情况下，思维主体并不能仅仅根据所面临的实物、符号或情势做出上述直觉的判别，或者类比的对象未能提供充分的信息，这时直觉的想象或联想就显得非常重要了。

类比是介于逻辑思维与直觉思维之间的中介思维，能有效地沟通逻辑思维与直觉思维，帮助人们在运用归类和比较方法解决问题的过程中做有益的取舍。人们在解决问题的过程中，由于类似问题多次出现，解决类似问题的思想、知识、方法和手段也反复应用，从而形成以解决该问题为中心的思维模板，利用适当的模板能迅速地进行类比猜测，做出正确的推断从而迅速地解决问题。这样的思维模板即上述所及的可以类比的对象。专家之所以常常能凭直觉高水平地解决问题，就是因为他们在自己的大脑中储存了大量的研究领域内的相关知识、样例和经验，成为一个个可作为类比对象的思维模板，在需要时能迅速检索到与当前问题相似的思维模板，从而解决新问题。

直觉依赖思维模板，人们能否产生直觉，取决于头脑中是否储存了相应的模板。人脑中储存的模板越多，模板的集成度越高，模板的表征越灵活，储存模板的系统性越强，模板与问题的联结度越高，提取模板的速度越快，解决问题就越迅速。因此，在语文教学中，应引导学生巧建思维模板（类比对象）。如上所述的概括猜测法、因果猜测法、条件猜测法等，都可以建立成为可作为类比对象的思维模板。就语文学习的内容来说，各种文学常识、文章知识、写作知识、语法修辞知识等及其范例都可作为类比对象的思维模板；每个单元的文体、主题、范文、作文练习等，积累起来就可作为思维模板。如学习郁达夫的《故都的秋》时，朱自清的《春》就是反比的类比对象。从语文学习的方法来说，也可建立以问题为中心的模板、以概括段意和主题思想为中心的模板，以及以阅读、写作、口语交际、语文综合性学习等学习方法为中心的模板等。还有值得一提的是"语感"。学生通过反复的语感实践，形成语感的"格"——习得的语言知识、感受语言的经验积淀、对语言直觉的前结构和种种表象材料等，这种"格"成为一种良好的语文习惯，当接触到新的语言信号刺激时，就能凭着语感的"格"识别出来，在刹那间做出直觉判断，从而直觉地解决问题。这种"格"也就是类比的思维模板。

4. 归纳猜测训练

归纳猜测也叫归纳推测、归纳推理，是从个别性知识引出一般性知识的推理，是由已知真的前提，引出可能真的结论，即通过许多个别的事例归纳出它们所共有的特性，从而得出一个一般性的结论。归纳推理要求前提必须真实，前提和结论间的联系是或然的。也就是说，前提真实，推理形式也正确，却不能必然推出真实的结论。归纳推理可分为完全归纳推理、科学归纳推理和简单枚举归纳推理。后两者都属于不完全归纳推理，前提中都只是考察了一类事物的部分对象，结论则都是对一类事物全体的断定，断定的知识范围超出了前提。故只有完全归纳推理的前提与结论间的联系是必然的。

在应用上，就是通过样本信息来推断总体信息的技术方法。要做出正确的归纳，就要从总体中选出样本，这个样本必须足够大而且具有代表性。比如，我们买葡萄的时候就用了简单枚举归纳推理，就是先尝一尝，如果都很甜，就归纳出所有的葡萄都是很甜的，就放心地买上一大串。有一则故事说，从前有一位富翁想吃杧果，叫仆人到果园去买，并告诉他："要甜的、好吃的，你才买。"仆人拿好钱就去了。到了果园，园主说："我这里树上的杧果个个都是甜的，你尝一个看。"仆人说："尝一个怎能知道全体呢？我应当个个都尝过，尝一个买一个，这样最可靠。"仆人于是自己动手摘杧果，摘一个尝一口，甜的就都买回去。带回家去，富翁见了，全都扔了。这则故事讽刺地说明了，完全归纳推理在有些情况下是又笨又懒的办法。当我们观察到一些 S 具有属性 P 后，应当开始思考，为什么这些 S 会有属性 P 呢？也就是，去弄清楚 S 和 P 究竟有没有因果联系。通过把握对象与属性之间的因果联系，我们就可以尝数个杧果而知一棵树上全部杧果甜还是不甜。比如，我们可以想到，杧果的甜与不甜和园中土壤、日照等有因果联系，因而同一座果园中，起码同一棵树上的杧果甜度是差不多的。

在语文教学中训练学生的归纳猜测思维，三种归纳推理方式都要结合运用，它们各有利弊：完全归纳推理的前提与结论间的联系是必然的，结论可靠；简单枚举归纳推理简单、快速易行；

现代语文教学思维的创新研究

科学归纳推理前提的数量虽不多，甚至只有一两个典型事例，但其不是停留在对事物的经验的重复上，而是深入进行科学分析，充分认识对象与属性之间的因果联系，在把握对象与属性之间因果联系的基础上做出结论，因此也能得到可靠的结论。完全归纳推理是知识与经验的积累，是基础；科学归纳推理是探究，是探寻个别与一般的内在联系；简单枚举推理能够迅速处理关系，快速解决问题。三种归纳推理方式应该是互补的关系。例如，在阅读练习中辨别文体时，就先要掌握好文体构成的要素，如实用文体中记叙文的时间、地点、人物、事件的开头、发展、结局六要素，说明文的说明对象、说明顺序、说明方法三要素，议论文的论点、论据、论证三要素，以及文学文体的特征，作者常用的各种表达方式，还有各种句式、修辞方法等。这些在初学时都以完全归纳推理思维为主，必须学得规范、扎实，其推理思维过程必须是正确的，前提和结论间的联系必须是必然的、真实可靠的。这样，学生在进行自主学习时才可以通过各个具有相关文体要素特征的个别文本事例，推测出这类文本具有的共性特征性结论，才能在这些真实可靠的一般性结论指导下完成其个别性知识的学习。

语文教学在一定程度上说，也是教师指导学生通过许多个别的事例（课文阅读、写作练习）归纳出它们所共有的特性，从而使学生得出一个一般性的结论（掌握规律性知识）的指导过程。关键就在于"个别的事例"的指导设计，也就是我们通常说的教学设计篇课文、一次作文的教学设计，使学生通过对一篇课文的学习、一次作文的练习，推测到对这一类文章的学习、写作上，从而获得对这一类文章的"一般性结论"——读法与写法。为此，我们提倡精练与泛练相结合。精练就是教师有目的地针对学生实际，选择一些具有代表性、拓展性的学习内容或典型题目，让学生做规范性练习，反复练，变式练，使各类学习内容及典型题目成为"具体的共象"，升华成思维模板。所谓泛练就是让学生的练习达到一定的频度，能够通过各种归纳猜测法迅速识别各种认知对象的类型，准确推测其属于什么典型、何种模式。精练就是取象，就是通过许多个别的事例（课文阅读、写作练习）归纳出它们所共有的特性。泛练就是此类，就是对认知对象进行归纳猜测，迅速识别。精练与泛练结合起来就是取象比类，也就是进行归纳猜测直觉思维培养的过程。

（三）多路思维能力训练

多路思维是指对一个有多种答案的问题，朝着各种可能的方向，去扩散性思考该问题各种正确答案的思维。也就是在同一时间内，几种思维并进齐发，既不互相干扰，又常互相反馈。人的意识并不是在同一时间内仅仅允许一个思维在那里活动、发展，而是多路并发的。从不同角度、不同逻辑起点、不同思维程序考察客观事物，可对该事物形成多方面、多层次、多因素、多变量的整体认识。发明大王爱迪生拥有2500多项发明，这也说明他往往是同时研究好几个项目，进行多路思维的。现代心理学认为，人的大脑不仅具有同时学习和思考几个问题的功能，而且由于内容的更换或交替，还往往能促进创造性思维的迸发，即灵感的产生。科学家或文学艺术家是完全可以同时思考相互有关的几个命题的。在艺术创作中，创作者在丰富实践的基础上进入酝酿思考的紧张阶段，出于有关事物的启发，促使创作活动中所探索的重要环节迎刃而解。而有些似乎毫无关联的问题，也常常能相互启示，触类旁通，获得新的突破，一般称为获得灵感。这实际上就是"多路思维"。不少事实证明，多路思维比单路思维容易取得成功。

进行多路思维，就是要求思考者要善于一路又一路地想问题，而不要在"一条道上走到黑"。思考者能否在思维前后和整个思维过程中认真、多方面、多角度地谋划一番，并找出可取得最佳思维效率的可行方案并加以实施，是有无思维策略意识的主要表现。举一个大家熟悉的例子：一个方桌的桌面有四个角，用刀砍掉一个，还剩几个角？有中小学生可能会不假思索地脱口而出："还有三个角。"做出这种回答的学生在思考问题时就是"一根筋"的。问题中所说的"角"是一个日常生活概念（桌子的角），不是数学意义上的"角"。由此可见，思维策略是思考者进行思维活动时所采取的计策或谋略，而思维策略水平的高低与一个人是否主动地进行多路思维，从多角度、多方面考虑问题并寻求解决问题的最佳途径有关。

在语文教学中进行多路思维训练的方式方法是多种多样的，变式训练、提供错误反例、反证法、倒推法（逆向思维），以及常用的一题多问、一题多解、一题多用、类比、联想等方法都属多路思维训练的方法。学生由于受知识水平、生活阅历的限制，与文本内容、人物存在一定的心理和情感上的差异。因此，教师要引导他们进行思维角色的转换，缩短他们与文本之间的距离，消除他们认识上的障碍。教学中，可通过设计多维实践环节确定课文内涵的感悟支点，通过语言、语境、语感三个维度去建构一种感悟的学习氛围，创造一种使学生如临其境、如见其人、如闻其声的环境，便于展开多方向、多形式的思维活动，引导学生自主进行角色体验。如做听记答题训练，也能训练学生的多路思维。教师一次口述两道以上题目（渐次增多），不报题序，学生不记录不看书，听完题目后独立依序答题，要求做到速度快，答案简要正确。这种训练方式，学生要注意听题，还得依题意回忆已有材料，不断分析整理并快速答题（口头、书面），在同一时间内，多种活动并进齐发，发挥了耳、口、脑、眼、手的功能，由此养成多路思维的习惯。

四、加强语感实践

语感就是语言感受能力，是长期规范的语言感受和语言运用中养成的一种带有浓厚经验色彩的比较直接迅速地感悟和领会语言文字的能力。语感具有直觉性特点。它不必预先经过一番理智思考和判断，而是凭借言语活动和经验直觉地对语言做出敏锐的感受，瞬间感知和领悟语言。因此通过培养语感，可以有效地提高直觉思维能力。从这个意义上说，在语文教学中培养学生的语感就是培养学生的直觉思维。

（一）培养语感要从积累开始

语感是对语言的一种迅速直接的领悟能力，而这种迅速直接的领悟能力，离不开对语言材料的大量积累。教师一定要创造条件让学生广泛地接触各种优秀的语言材料，进行大量的阅读积累。教师要注意寻找多种有效途径促使学生进行课外阅读，如列书目、开设阅读课、欣赏课，要求学生做读书笔记、摘抄美文美句等，讲一些有关的精彩片段激发学生的阅读欲望。

（二）培养语感要重视背诵

语言材料，可以看作思维材料、情感材料，加强对这些材料的背诵，使之储存于大脑中，将成为学生的终身营养，也就是语文素养的重要构成，它们一旦被激活，就会产生综合效应，极有利于接受和表达能力的提高。

（三）培养语感要注重语言的强化训练

1. 注重诵读

诵读是指把书面语言转化为口头语言——把无声语言转化为有声语言的一种再创造的言语活动。其中的诵读语言体现着读者对作品的深刻体味，独特感受。经常诵读可以使思维更精密，逻辑性更强，情感更丰富，文字表述和口头表达更准确。加强诵读，进行语感的训练，有利于直觉思维的形成。心理学认为熟读成诵能使人的大脑皮层产生多次的条件反射。这种条件反射能使语言的要素词语、句式、情味、气势在人们的脑海里留下深刻的印迹，进而产生强烈的语感。

诵读是我国传统语文教学的基本方法。文章是作者情趣意旨的表现，只有通过反复诵读，才能使学生对文章的内容和形式获得真切的、敏锐的感受，激起读者的情感潜流，产生情感的共鸣，从中学得为文之道。在语文阅读教学中教师应重视诵读，首先教师要善于朗读，带领学生进入文学作品的佳境，领略文学作品的意味，追求语言表达的完美。此外，还要注重指导学生诵读。

2. 注重品味

培养学生丰富而细腻的语感必须注重指导学生品味语言，揣摩品味是培养学生语感的关键，咬文嚼字、体味语言是语感训练的关键环节。

3. 体味语境

语言离开了语言环境就失去了它的意义，仅是文字符号而已。在阅读中指导学生体味语境，首先是抓关键词。抓关键词这种方法在古诗词鉴赏中显得尤为突出。

不独诗歌如此，任何体裁的文章都有它特有的优美、凝练、准确、严谨的语言，我们都需要引导学生抓住关键词仔细揣摩，自然会于无形中提高学生的语音感、语义感和语法感。

结合语境，通过换词或换句比较，体会"应该怎么写"的奥妙。在不断的揣摩比较中，我们结合语境理解，就能感受到文章的唯美之处，获得了语言的色彩感、动静感、美感的感性经验，从而提升自己的语感素养。

诵读本身就是对言语表达的再创造，这种再创造如果长期进行下去，必然会增强语感，使直觉思维得以锻炼，从而养成良好的直觉思维习惯。

（四）培养语感要注重语言的实践训练

朗读要把读到的语言文字和自己的生活经验联系起来，借助想象和联想，唤起鲜明的"内心视象"，才能深得文章旨趣，使语感训练取得成效。在语言学习中，必须使学生通过科学规范的练习将语言知识、规律内化以形成语言直觉，才能形成较强的语感。

第四节 语文教学中直觉思维与抽象思维的结合

直觉思维具有非逻辑性、潜意识性、突发性、不确定性等特点，但它并不违反唯物辩证法，恰恰相反，它具有辩证思维的创造性特征，因而充满丰富的辩证法。

一、直觉思维站在抽象思维的肩膀之上

直觉有广义和狭义之分。广义上的直觉，是指包括直接的认知、情感和意志活动在内的一种心理现象。也就是说，它不仅是一个认知过程、认知方式，还是一种情感和意志的活动。而狭义上的直觉，是指人类的一种基本的思维方式，它包括直觉的判别、想象和启发，是非逻辑或超逻辑的、借助模式化"智力图像"的思维，是感性和理性、具体和抽象的辩证统一，是认识过程的飞跃和渐进性中断。直觉过程是思维的逻辑性和非逻辑性的辩证统一。非逻辑性是直觉思维本身的突出特点，它不采取概念、判断、推理的逻辑形式，不是那种归纳式的概括、演绎式的推理，但并不是说它与抽象思维无关。直觉思维的产生常常是对逻辑规则固定僵化的一种反动，思维的逻辑闭塞迫使人从非逻辑方面另辟蹊径。无论从这种反面意义上，还是从逻辑分析对直觉创造的准备意义上，抽象思维都是对非逻辑性的直觉思维的一种激励和诱导；而直觉思维的闪光又需要通过逻辑方法加以捕捉和表达。它们相互补充、相得益彰，共同推进科学认识的深化和飞跃。从这个意义上说，直觉思维是站在抽象思维的肩膀之上的。

直觉思维在扩展科学认识空间上更为可贵的作用在于它在思维过程中的跃迁，能够使人的大脑直接反映事物的本质，使人还没有意识到思维的过程就已经得出了结论。然而，直觉思维对于扩展认识空间的作用不仅仅局限于思维形式的转换或思维过程的跃迁，更重要的在于直觉思维能够补充抽象思维的缺陷，认识到逻辑思维所不能及的领域。科学发展越延伸至微观领域，抽象思维模式越不能适应时代和科学发展的需要，就需要具有非逻辑思维形式的直觉思维来发挥作用。

直觉的重要性是毋庸置疑的，但直觉思维的产生需要广阔的知识背景和丰富的思维材料，具备抽象思维的基础。我们在教学过程中应该强调培养学生的抽象思维能力和直觉思维能力的和谐统一。应该说过于强调抽象思维或过于强调直觉思维都是有弊端的。用直觉思维引导抽象思维，通过抽象思维检验直觉思维的正确性，从而克服直觉思维可能产生的种种缺陷应该是合理的、值得尝试的教学手段。如果能这样的话，实际上就很好地培养了学生的思维能力，提高学生的语文成绩及语文素养。

二、抽象思维渗透于直觉思维的形成过程

直觉思维的产生常常是因抽象思维的逻辑闭塞逼迫而跳出其思维框架得出的另一种思维方式。可以说，直觉思维产生于抽象思维的基础上，抽象思维渗透于直觉思维形成的过程中。

逻辑思维是一种分析性的、程序性的、论证性的思维。直觉思维是知识组块。人们在认识实

现代语文教学思维的创新研究

践中,总是不断地获得知识,积累经验,并不断地运用已有的知识、经验进行新的认识活动,使得自己头脑中的知识、经验逐步地围绕着一定的问题而形成一个个的知识组块。随着知识组块的不断增多,人们的知识和经验就越来越丰富。这些知识模块中就包含了抽象思维。我们生活中的一些言行反应,就体现了抽象思维渗透于直觉思维的形成过程中。例如,人们初次见面,往往凭借少量的信息,一下子就能判断出对方或者忠诚坦白,或者老谋深算。有经验的医生,一看病人的气色,就大致地判断出病人的病情。因为他们平时反复的实践,积累了这些方面丰富的知识和经验,在他们的头脑中,对各种问题进行了系统的归类,形成了一个个的知识组块或问题模式。当遇到问题时,他们就迅速地从大脑中检索出相应的"模块"来,直接地判别自己所面对的问题属于何种类型,应当采取什么样的方法去解决。这是一种对问题的再认,是匹配、再认基础上的直觉。又如,初学象棋者,只是学会了走棋的规则,而当其成为经验丰富的棋手时,就会在头脑中形成一个个的"棋局"。这些"棋局"就是知识组块。走棋的规则只是告诉人们如何运用棋子,而"棋局"则告诉人们如何应付一种局势,如何摆脱一种困境,出奇制胜。如"我战胜了他"和"我战败了他",尽管其中有看似矛盾的词语,但人们都能理解,这两句话都是表明"我"胜利了。人们在接受语言时,实际上也就不自觉地接受了整套的语言逻辑规律和规则。因为人们平时反复的语言实践,积累了这方面丰富的知识和经验,在头脑中形成了一个个的知识组块或问题模式。当遇到问题时,就能迅速地检索出相应的"模块",直接地判别自己所面对的问题属于何种类型,应当采取什么样的方法去解决。因此,直觉思维的过程常常是一系列抽象的逻辑推理程序的简化和压缩。抽象思维是渗透于直觉思维形成过程中的。

一方面,抽象思维和直觉思维在科学发展过程中的互为主次、不断更替,构成了它们互补关系的一个方面;另一方面,它们之间在任何认识阶段中又是互相依赖、互相渗透、互相交织的。以写诗为例。一个不了解诗歌理论知识的人也能创作出成功的作品。他先是通过大量的诗歌阅读,感知到了诗歌的外在属性,如分行排列、节奏、韵律等,并以表象形式保存在大脑之中。然后他再造性地呈现和复制这种表象,于是他写出的文字便在形式上切合了诗歌模式,成功地写出了诗歌作品。要写好诗还要对诗歌更内在的本质的属性加以了解。于是在进一步的认识中,在较大量的阅读和练习中,他可能有更深的感悟。这种感悟只是意会而未经言传,也难以言传,它以只有自己能懂的内心言语为载体,并依附于表象而存在于记忆之中。这种在创作实践中得到的直觉思维的认识成果,表现为可以在创作实践中直接应用的某种形态的写作规律。这种规律虽只是意会而难以言传,但它也符合抽象思维的规律。这说明在其直觉感受的思维发展过程中,也渗透了抽象思维。

对知识进行分类并掌握其知识结构,可简化学生的思维过程。直觉思维总是以熟悉有关知识及其结构为根据的。我们要培养学生的直觉思维,就要教育学生掌握好所学各门课程的基本理论(包括概念和原理、定律等)和知识结构,并能对知识进行分类。这是发展学生直觉思维的根本。学生在学习中注重了对知识进行分类,那么各种文本的体裁、结构形式就会在头脑中有较深刻的印象。当他再遇到有关的文本形式时，常常稍加思考，立即会把有关问题解答出来。这种解题方法恰恰体现了直觉思维的直接性、迅速性和跳跃性。学生之所以快速地、直觉地进行思维，正是由于对知识进行分类以及形成相应的知识组块的结果。

三、凭抽象思维论证直觉思维的创造成果

直觉思维由于其种种直觉特点，使其结论带有很大程度上的或然性、模糊性、不确定性和不可靠性。这是直觉思维的局限性所在。但是，我们提倡的直觉，是在把握全部直接的和间接的、历史的和现实的经验总和基础上去领悟事物的本质和内在联系的，因而又有确定性、可靠性的一面。直觉结论是思维的不确定性和确定性的辩证统一。思维掌握的经验材料越丰富越集中，驾驭的理论知识越广泛越深刻，其结论可靠性就越大，不确定性就越小。也就是说，一个直觉认识，只有通过抽象思维的确认才能成立，缺乏逻辑论证的直觉认识是不可靠的，甚至会是错误的，所以许多科学家告诫说，直觉常会把人引到错误的路上去，直觉在未论证之前绝不要公布它。但是逻辑论证与实践检验并不矛盾，人类的抽象思维是实践的、能动的产物，逻辑的规律和规则是以实践为基础、从实践中提炼出来的，逻辑论证是实践检验的一种体现。

直觉从其产生、捕捉、加工整理以及对其真理性的验证都离不开逻辑思维。直觉产生之前，主体所进行的长期艰苦的探索过程主要是逻辑分析、推导。这大体表现为两个方面：一是理解、消化已有理论和经验事实，针对问题进行观察、实验，取得足够的经验材料；二是综合运用各种可能的方法，对已有材料进行分析、综合、比较、概括、演绎、归纳、类化等逻辑推导活动，对问题进行尝试性求解，不断积累经验，调整思维指向。

前面说到，直觉思维是靠着一个个的知识组块进行类比、对比来解决所面临的问题的。而这些知识组块是在平时反复的实践中积累的。也就是说，直觉思维在思维的过程中，就同时在接受抽象思维的检验，再用于解决遇到的问题，在发现不对时就自然会用抽象思维来分析、调整，重新理解事物，认识事物，增加知识，丰富积累。但是直觉思维总是以熟悉的知识领域及其结构为依据，使思维者可能实行跃进、越级和采取捷径，以后也或多或少地用比较分析的方法，不论演绎法还是归纳法，重新检验得出的结论。

在实际教学中，学生往往是凭"直接的感觉"这种直觉思维的，它是一种没有完整的分析过程与逻辑程序的思维，那么检验就是我们培养学生抽象思维能力的有效途径之一。学生在实践活动中运用概念、判断、推理等思维形式，对客观现实进行概括与分析，就能对研究对象进行整体把握。我们要强调的是，直觉思维并非直观的观察，它与抽象思维并没有必然的鸿沟，二者的关系是辩证统一的。直觉思维在更大程度上依赖于想象，能动地、生动地把外表不同的事物给出直观的结合，而抽象思维则更大程度上依赖把之后运用的逻辑方式进行推理。二者最特殊的关系是：直觉思维给所考虑的问题提供思路，而抽象思维则综合地对这些思路进行严格的推导。

第五章 语文教学过程的设计与实施

第一节 教学过程概述

教学过程是教与学的双边活动过程,是教师指导学生进行学习的过程。既包括教师教的一面,又包括学生学的一面,是有机结合辩证统一的过程。在教学的双边活动中,教师的教和学生的学相互依存、相互支持、相互渗透、相互转化,教师发挥主导作用,学生居于主体地位,教师不能代替学生学习,学生也不能离开教师的指导。然而,在教学过程理论的发展过程中,教学常常会走向极端,片面强调教师在教中的权威,而忽视学生的主体地位,所以,对教学过程理论的研究既要注重体现教师的权威,又要注重强调学生的主体地位。

一、教学过程

(一)教学过程的概念

教学过程从本质上来说是一种有组织的认识过程。在这个过程中主要是通过知识的传递和掌握来促进学生的身心发展。由教师代表社会所提出的教学要求和学生原有的知识、能力和发展水平之间的矛盾是推动教学过程发展的动力。教学过程中的各种矛盾都是在这样一个基本矛盾中派生出来的。因此,支配教学过程的基本规律有以下三条:一是以揭示教学过程中认识主体和客体的特点为主的教学过程简约性的规律;二是以揭示教学过程中知识和发展关系为主的学生发展、以认知教材为基础的规律;三是以揭示教与学之间矛盾运动为主的教和学相互依存的规律。

教学过程是教学的实施轨迹,揭示教学活动的展开及其发展,其实质是学生在教师的指导下,通过课本去掌握人类认识成果的特殊认识过程。其特殊性就在于:认识的对象主要是书本知识,这对于学生来说均属间接经验;认识的方式是由教师指导;在认识过程中,学生不仅掌握了知识,身心也随之发展。

(二)教学过程的要素

关于教学过程的构成要素是哪些,理论界没有定论,但比较有影响的大致有二因素说、三因素说、四因素说、五因素说、六因素说、七因素说。

本书倾向于七因素说。七因素说认为教学过程是由学生、教师、课程、教学方法、教学目的、教学环境、教学反馈七个因素所组成的一个复杂的、动态的系统。其中，教师在该系统中起主导作用，由于整个教学过程都是为了使学生能顺利完成学习任务，达到学习目的，也就是说，一切都是为了学生，而且必须通过学生才能完成任务，故学生是学习的主体。

二、中小学语文教学过程

（一）中小学语文教学过程的微观层面界定

从微观教学设计要素的角度看，本书认为，中小学语文教学过程是中小学语文教学活动的展开过程，该过程要遵循学生认知规律和学习心理，体现一定的教学顺序。换言之，中小学语文教学过程是指一节语文课要安排哪些环节，按何种节奏、方式或模式组织这些环节的流程。中小学语文教学过程是在教材分析、学情分析、重难点分析、教学方法设计等基础上，将这些教学设计的要素组合融入的一个过程。教学设计的其他要素都要通过教学过程才可以实现各项设计的目的。离开教学过程，中小学语文教学设计的所有内容均只能停留在思想层面。

新课程理念下的中小学语文课堂教学过程应该是师生互动、生生互动的过程，是教师调动学生发挥学习主动性去主动探究和学习的过程。教学过程应该是一个动态生成过程，在教学中让学生有新的发现和新的观点。所以教学过程不能一成不变，而应该保持一定的弹性和灵活性。

（二）中小学语文教学过程的基本环节

本书所谈的中小学语文教学过程一般指中小学语文课堂教学过程。

教学过程的基本环节与教学过程的要素不同。要素是从组成教学过程的因素进行考察的，包括参与教学过程的主体、教学的内容、教学的目的、使用的方法、技术与手段、教学环境以及教学反馈等；而环节则仅是从教学过程的"过程"本身考察的，一般指教学过程在程序上按顺序由哪些流程或部分组成。

通常而言，中小学语文教学过程都有如下四个基本环节。

1. 新课导入环节

这个环节通常包括复习和导入两个子环节，一般可以通过创设环境而导入，该环节可以适时板书，揭示课题。

2. 新课讲授环节

新课讲授环节是整个教学过程的重心和中心。"讲授"并非指教师的"灌输"，而是"教"与"学"结合的环节。从教师的角度看是新课讲授环节，从学生的角度看则是新课学习环节。这个环节是所有环节中最为灵活、最能展示能力与创意的环节。师生互动、生生互动、提问交流、表演体悟等都会在这个环节登场。这个环节的设计与实施最能反映教师的教育教学能力。教学过程设计是否科学，教学过程是否完美，学生学习效果如何等，基本都可以依据这个环节进行判断。

3. 巩固总结环节

巩固总结是强化课堂所教与所学的必要措施，这个环节也是不能缺位的。

4.作业布置环节

作业布置环节是教学过程的最后一个环节。无论如何，这个环节都是必不可少的，即便目前给中小学生实质减负的呼声日渐高涨，但必要的作业还是要有的。

当然，上述四个基本环节是所有中小学语文课堂教学过程都不可缺少的环节，但不代表中小学语文课堂教学过程只有这四个环节。教师完全可以根据不同的课型增设其他环节，比如，很多课都可以增加"拓展延伸环节"。基本环节中"新课讲授环节"是核心，其他环节可以说是该环节的预备或收尾部分，因此，中小学语文教学过程设计的重点还是"新课讲授环节"。

第二节 语文教学过程的设计

一、中小学语文教学过程设计的现状

课堂教学过程的设计安排，是教学过程的核心环节。但长期以来许多教师缺乏对教学过程的精心设计和教学过程的优化。

（一）教学过程设计死板，缺乏弹性

以学案为导学的教学设计在课堂教学中得到了不少学生和教师的肯定。有些学生表示，许多在现实学习中的困惑、疑问，都能通过教学设计在课堂上得以解决。而很多教师也在使用导学学案教学，但设计的内容和过程都很死板，缺乏弹性，没有留有余地，并没有达到很好的教学效果。许多教师喜欢按教学参考资料和所谓的名师的教案上课，对集体备课设计的教案和学案，在教学中不敢也不愿意再去修改和修正，结果导致按统一的教案上课、按统一的学案练习。教学过程和教学安排是千人一案，千课一样，使教学失去了个性。实际上课堂教学应该是一个动态生成的过程，教师面对的学生也有很大的差异，同一个年级的教学需要有一个共同的教学目标，但对完成教学目标的教学方案又应该是因人、因班级而不同的。所以在教学中使用"弹性设计"，可以因势利导，及时鼓励，启发引导学生一题多解、一问多答、一题多证，去粗取精、去伪存真，勇于探索、不断创新，给学生更大的思维空间，这样才能调动学生的学习主动性。

（二）对教学过程的设计缺乏师生、生生之间的学习互动过程

在教学过程中还要特别注意与学生互动，多微笑俯首听其讲述，一起分享阅读的快乐，一起进步。

教师在课堂上使用"弹性设计"，这将会使课堂充满情趣、充满勃发的生命活力，也会使学生带着自己的经验、知识、思考、灵感、兴致参与课堂教学，并成为课堂教学不可分割的一部分。有人对语文教师在课堂上使用"弹性设计"内容进行了调查。调查发现，其实有些语文教师已在课堂上有意无意地进行"弹性设计"。因为他们知道这样能够突破课堂的重难点，使课堂教学从单一走向整合，从"呆板"走向"灵活"，从"接受"走向"建构"。

二、语文教学过程设计的优化

（一）个体差异是教学设计的出发点

学生是有差异的学习个体，尽管他们有许多相同的地方，但在学习兴趣、学习能力和学习方法上还是有差异的，而教学设计是从总体上对教学过程的安排，在教学过程中必须充分考虑学生差异，真正做到面向全体学生。单一、死板的教学设计导致一堂课结束之后，学生根本不清楚这堂课的学习目标和学习任务，更不要说将个体差异扬长避短，使每个个体得到最优发展。

（二）要注重调动学生的主观能动性

语文课程标准指出学生是学习和发展的主体。语文课程必须充分激发学生的主动意识和进取精神，倡导自主、合作、探究的学习方式。但是在通常的课堂教学中，由于教学进度紧张，课堂上没有足够的时间为学生提供独立活动的舞台，让每一个学生都有参与活动的机会，因此就很难充分发挥学生的主观能动性，使之更好地汲取知识、信息并运用知识进行创造。在教学设计中，必须体现学生学习主动性的发挥，对教学问题的理解和学习，要留有余地，让学生有主动探究与学习的空间。

（三）教学过程要与学生的社会生活相联系

新课程要求教学加强与生活、社会的联系，关注语言运用所带来的社会问题，培养学生社会参与意识和对社会负责任的态度。因此，教师在上课时，应充分考虑学生所熟悉的社会实际情况及风俗习惯等，敏锐把握"社会热点"，"抛砖引玉"创设"问题"框架，引导学生进行自主探究。这样才可以使学生认识到文本的现实意义，使学生学有所得、学有所用，触发学生的情感和求知欲，提升学生课堂内外的学习兴趣。

三、语文教学过程情感渗透的设计

语文教学目标是多维的，有知识目标和能力目标，也有情感教育目标。在教学过程中要重视情感目标的设计和完成过程。要利用现代化教学技术，营造情感氛围，消除情感障碍。利用教学情景对学生进行情感渗透。在教学中，让学生感受到教师对他的爱，激发健康情感，对自身能力充满自信，从而产生积极学习的动机。让学生在学习语文知识的同时，根据教学内容体会和感悟教学情感，引导学生树立正确的人生观和价值观。

中小学语文教材具有很强的生活性和教育性，在教学中应引导学生联系社会实际学习课文，利用学生身边的生活资源理解教学内容和深化认识。中小学语文课堂教学过程应该是丰富多彩的互动课堂，精心设计课堂教学准备，设计好课堂教学过程，设计好课堂教学作业和辅导，提高教学效果。

四、中小学语文教学过程设计

中小学语文教学过程设计可以从两个方面理解，分别对应不同意义上的教学过程。

一种是从教学过程要素意义上进行的设计。从要素上考察，中小学语文教学过程是由学生、教师、课程、教学方法、教学目的、教学环境、教学反馈组成的一个复杂的、动态的系统，中小

现代语文教学思维的创新研究

学语文教学过程的设计就是对这些要素进行设计。教学过程要素的设计其实在教学设计的各要素设计中均有涉及，如教学方法设计、教学目标设计等都是在本书其他章节中已经或将要讨论的内容。

另一种是从程序（流程）意义上进行的设计。从程序（流程）上考察，中小学语文教学过程由新课导入、新课讲授、巩固总结和作业布置环节组成。环节的设计是我们本章学习的重点。中小学语文教学过程中各环节的设计其实也蕴含了教学过程中各要素的设计，比如在不同的教学环节我们设计使用不同的教学方法。因此，中小学语文教学过程环节的设计其实是一个将教学过程各要素的设计通过一定的顺序、步骤和方法融入各环节的设计的活动。程序（流程）意义上中小学语文教学过程设计不仅仅是一种简单的流程安排或预设，更重要的是，通过环节的组合，创造性地、科学地融入教学过程的各要素的设计。

中小学语文教学过程设计要设计什么，虽然不同的人有不同的建议，我们还是认为以教学过程中各环节的设计为主线，融入教学过程各要素的设计是目前较为适当的做法。所以，本节以中小学语文教学过程的四个基本环节为基础，探讨如何进行中小学语文教学过程的设计。

（一）新课导入环节设计

新课导入是教师课堂授课的起始阶段，巧妙科学的新课导入可以快速激发学生学习的兴趣，帮助学生明确学习的目标和任务，是中小学语文教学中的一个重要程序。中小学语文课堂新课导入要紧扣教学目标，以激发学生学习兴趣为目的，形式上要活泼新颖，体量上要短小精悍。新课导入环节没有固定的模式，教师可以根据教学内容、学生的实际情况以及自己的风格，选用合适的导入方法。常见的可供选择的导入方法有很多，下面略做介绍。

1.联系已学内容的方法

这种方法用得最多，践行的是"温故而知新"的理念。平常教师在课堂上的"复习与导入"环节用的就是联系已学内容的方法，"复习与导入"本身就是新课导入环节，其中的"复习"就是联系已学内容。但是这种方法要求所用的已学内容应当是与将要学习的内容有关联的，并且关联程度越高越好。

2.直接导入新课的方法

即直接导入新课，通常结合问题导入，这种方法最为直接，省时提效，但艺术性略显不足。

3.创设情境导入的方法

中小学语文教学过程中，教师充分利用音乐、图片、动画、语言、灯光等加上语言的描述，进行情境导入，创设与文章感情相联系的情境，促使学生很快地进入学习情境。创设情境，确立的是新课导入的感情基调，让学生身临其境，感同身受，促进学生对课文思想感情的掌握，奠定对课文学习的基础。

4.讲故事导入的方法

讲故事导入的方法抓住了中小学生好奇心强的天性，他们喜欢听故事，无论是历史故事、趣味故事，还是名人逸事。教师可通过讲故事这种方法，变学生的好奇心为学习兴趣，促进学生的学习。

5. 设置悬念导入的方法

设置悬念导入抓住了中小学生单纯天真、好奇心强的天性，在新课教学之初设置疑问，让他们心中充满疑问，极大地诱发了他们这种与生俱来的好奇心，从而吸引他们产生强烈的参与欲，指引他们积极自主地去探究，在阅读课文时，他们自然就会对故事的发展或人物的命运十分关注，从而兴味盎然地去学习新知。

6. 借助音乐导入的方法

在中小学语文教学过程中，借助音乐导入的方法进行教学，是提升学生学习兴趣的不错的方法。音乐是抒发情感的最直接表示，也是心灵和艺术的窗口，借助音乐导入的方法进行教学，利用音乐的特殊效果，可以迅速活跃课堂气氛，激起学生的学习热情，让学生更快地进入新课学习状态。

7. 师生同猜谜语的方法

谜语导入的方法有利于开发学生的智力和活跃课堂气氛，但要求学生喜爱谜语且具备一定的内在知识。

中小学语文课堂上除了上述常见的新课导入方法外，其他学科课堂教学中一些新课导入的常用方法也有可能用在中小学语文课堂上。例如实验演示导入的方法，就是通过做实验让学生发现问题来导入新课的方法，这种方法也有可能在某些科技类文体的教学过程中使用。

（二）新课讲授环节设计

新课讲授环节设计要以语文课程标准为依据，充分发挥师生双方在教学中的主动性和创造性，教学中努力体现语文的实践性和综合性，重视情感、态度、价值观的正确导向，更要重视培养学生的创新精神和实践能力。

学生生理、心理以及语言能力的发展具有阶段性特征，不同内容的教学也有各自的规律，应该根据不同学段学生的特点和不同的教学内容，采取合适的新课讲授环节。

1. 识字、写字与汉语拼音教学

低年级阶段学生"会认"与"会写"的字量要求有所不同。在教学中要"多认少写"，要求学生会认的字不一定同时要求会写。识字教学要注意儿童特点，将学生熟识的语言因素作为主要材料，结合学生的生活经验，引导他们利用各种机会主动识字，力求识用结合。要运用多种识字教学方法和形象直观的教学手段，创设丰富多彩的教学情境，提高识字教学效率。

按照规范要求认真写好汉字是教学的基本要求，练字的过程也是学生性情、态度、审美趣味养成的过程。每个学段都要指导学生写好汉字。要求学生写字姿势正确，指导学生掌握基本的书写技能，养成良好的书写习惯，提高书写质量。第一、第二、第三学段，要在每天的语文课中安排10分钟，在教师指导下随堂练习，做到天天练。要在日常书写中增强练字意识，讲究练字效果。

汉语拼音教学要尽可能有趣味性，宜多采用活动和游戏的形式，应与学说普通话、识字教学相结合，注意汉语拼音在现实生活中的运用。

2. 阅读教学

阅读教学应引导学生钻研文本，在主动积极的思维和情感活动中，加深理解和体验，有所感悟和思考，受到情感熏陶，获得思想启迪，享受审美乐趣。要珍视学生独特的感受、体验和理解。教师应加强对学生阅读的指导、引领和点拨，但不应以教师的分析来代替学生的阅读实践，不应以模式化的解读来代替学生的体验和思考；要善于通过合作学习解决阅读中的问题，但也要防止用集体讨论来代替个人阅读。

阅读教学应注重培养学生感受、理解、欣赏和评价的能力。这种综合能力的培养，各学段可以有所侧重，但不应把它们机械地割裂开来。

在理解课文的基础上，提倡多角度、有创意的阅读，利用阅读期待、阅读反思和批判等环节，拓展思维空间，提高阅读质量。但要防止逐字逐句的过深分析和远离文本的过度发挥。

各个学段的阅读教学都要重视朗读和默读。各学段关于朗读的目标中都要求"有感情地朗读"，这是指要让学生在朗读中通过品味语言，体会作者及作品中的情感态度，学习用恰当的语气语调朗读，表现自己对作者及其作品情感态度的理解。提倡朗读要自然，要摒弃矫揉造作的腔调。

应加强对阅读方法的指导，让学生逐步学会精读、略读和浏览。有些诗文应要求学生诵读，以利于丰富积累、增强体验，培养语感。

在阅读教学中，为了帮助理解课文，可以引导学生随文学习必要的语文知识，但不能脱离语文运用的实际去进行"系统"的讲授和操练，更不应要求学生死记硬背概念、定义。

要重视培养学生广泛的阅读兴趣，扩大阅读面，增加阅读量，提高阅读品位。提倡少做题，多读书，好读书，读好书，读整本的书。关注学生通过多种媒介的阅读，鼓励学生自主选择优秀的阅读材料。加强对课外阅读的指导，开展各种课外阅读活动，创造展示与交流的机会，营造人人爱读书的良好氛围。

3. 写作教学

写作教学应贴近学生实际，让学生易于动笔，乐于表达，应引导学生关注现实，热爱生活，积极向上，表达真情实感。

在写作教学中，应注重培养学生观察、思考、表达和创造的能力。要求学生说真话、实话、心里话，不说假话、空话、套话，并且抵制抄袭行为。

为学生的自主写作提供有利条件和广阔空间，减少对学生写作的束缚，鼓励自由表达和有创意的表达。鼓励写想象中的事物，加强平时练笔指导，改进作文命题方式，提倡学生自主选题。

写作教学应抓住取材、构思、起草、加工环节，指导学生在写作实践中学会写作。重视引导学生在自我修改和相互修改的过程中提高写作能力。

要重视写作教学与阅读教学、口语交际教学之间的联系，善于将读与写、说与写有机结合，相互促进。要关注作文的书写质量，要使学生把作文的书写也当作练字的过程。

积极合理利用信息技术与网络的优势，丰富写作形式，激发写作兴趣，增加学生创造性表达、展示交流与互相改的机会。

4. 口语交际教学

口语交际教学活动主要应在具体的交际情境中进行，不宜采用大量讲授口语交际原则、要领的方式。应努力选择贴近生活的话题，采用灵活的形式组织教学。

重视在语文课堂教学中培养口语交际的能力，鼓励学生在各科教学活动以及日常生活中锻炼口语交际能力。

5. 综合性学习

综合性学习应贴近现实生活。联系生活中的实际问题开展学习活动，在实现语文学习目标的同时，提高对自然、社会现象与问题的认识，追求积极、健康、和谐的生活方式，增强抵御风险和侵害的意识，增强在与自然、社会和他人互动中的应对能力。

综合性学习应突出学生的自主性，重视学生主动积极的参与精神，主要由学生自行设计和组织活动，特别注重探索和研究的过程，要加强教师在各环节中的指导作用。

综合性学习应强调合作精神，注意培养学生策划、组织、协调和实施的能力。

（三）巩固总结环节设计

巩固总结环节设计的依据是反思理论，运用的是归纳逻辑的思维方法。设计中小学语文课堂教学巩固总结环节，有以下四个问题需要注意。

1. 推测课堂教学对教学目标的实现程度

通过其他环节的设计与分析，教师可以预估该节课可能达到的教学效果，可以推测本节课目标的实现程度，进而设计合适的巩固总结环节。

2. 预估课堂教学对教学重难点的突破程度

教学最终都要落实到"学"上，教学重难点的突破不仅取决于教学内容，也取决于学生课堂上的学习行为和过程。预估教学重难点的突破程度，可以方便教师确认在设计巩固总结环节时采用何种方式，是需要侧重于巩固部分，还是侧重于总结部分。

3. 使用精简语言拟写巩固总结的文本

中小学语文课堂教学巩固总结不必也不能长篇大论，巩固总结材料必须精练，对应的巩固总结环节的时间也以 2~3 分钟为宜，因此教师要设计好关键词，提炼好巩固总结用语，以达到画龙点睛之效果。

4. 设计要过渡自然且预留相应的拓展延伸空间

巩固总结环节是中小学语文课堂教学的有机组成部分，设计该环节时，要注意该环节与其他环节的承接，过渡要自然，形式上使教学整个流程自然流畅，不突兀，内容上使知识更具有系统性和条理性，承上启下。巩固总结环节还要有利于课堂教学的拓展与延伸。设计巩固总结环节时，要及时利用发散思维帮助学生将已经学习过的相关知识进行关联或者比较，这样可以带来意想不到的效果。

（四）作业布置环节设计

作业就是教师布置的学习任务，教学过程中的作业既有课堂作业，也有课外作业。在教学环节上最后安排的作业通常是指课外作业。但不管是课堂作业还是课外作业，布置作业是作业设计之后的工作，作业布置环节的设计其实主要还是指作业的设计，只有设计好了作业，才谈得上布置作业，因此作业设计既是作业布置的前置环节，也是作业布置环节的关键。

不少教师对作业的教学价值认识不足，在作业的设计与布置上比较随意，往往形式大于内容，对作业量的要求大于对质的追求，缺少有效设计作业的意识是不利于教学的。作业设计需要注意以下五点。

1. 作业内容需要指向教学目标

无论是课堂作业还是课外作业，它首要的作用就是促进学习内容的保持与迁移，所以，教师设计作业时，第一个关注点就是作业内容与教学内容是否一致。教师的教与学生的学是否一致，学生的学与对学生的评价是否一致，这是考评教学是否有效的关键标准之一。

2. 适合不同层次的学生

为了学生的全面发展，为了全体的学生，这是新课程的基本指导思想。作业设计也应该考虑到全体学生的不同层次需求。作业的难易度、作业量，乃至作业的形式，教师都应该精心设计。对家庭作业的个别化应当予以特别的重视。如果教师不给某些学生布置一些个别性的作业，那就说明他没有研究过每一个学生的力量、可能性和能力。一堂课要留有三种不同类型的作业题，让学生按照自己的学习情况选择完成。

3. 作业形式最好能丰富一些

学生的情况是不一样的，这种种的差异对教学提出了更高的要求。不同认知风格的学生对学习内容、学习材料、学习活动形式等都有不同的偏好。不同形式的作业可以更好地满足不同认知风格学生的学习需求。

4. 要求具体，表述明确

作业是布置给学生做的，很容易因为理解障碍而影响学生对作业的感情色彩与投入。在内容上，应向学生提出指向明确、要求具体的任务，不要出现笼统、空泛的要求。具体说来，大概有以下几点：

明确作业涉及的范围，如读一段、读一篇、读一册，还是做其他事情；

规定或建议采用的方法，如上网查阅资料、向父母做调查、小组讨论、做批注等；

作业过程具有可操作性，如布置小组讨论，应要求几人一组，是否选出讨论主持人、记录人、汇报人等；作业质与量的要求，如完成时间、作业的字数，应尽量有明确要求；

发布、交流的方式，如网上发布，还是口头交流等；

评价的依据，大体给出评价标准，以便学生按要求做得更好；

激励的办法，告诉学生可能获得何种奖励，会激发学生写作业的积极性；

在语言表述上，作业要尽量做到句式简短，表意明确，不能出现含糊不清甚至有歧义的词句，否则，会让学生无所适从。

5.适合教师检查批阅

中小学语文教师除了基本的语文课堂教学工作外，还可能要承担班主任或其他课程的教学任务，加上备课、改作业、与学生谈心、家访等日常事务，工作量都不小，如果作业很难批改，势必会影响教师的工作状态，甚至会影响教师的日常生活。实际教学中，也有教师面对没有设计好的难改的作业敷衍了事的现象。例如，不少教师会布置"名著阅读"的作业，可学生一旦写好读后感交上来之后，教师往往只给了一个"阅"字，或者含糊其词地给出"优""良""中"一类的等级评价，缺少细致的批改。几次之后，学生得不到有效反馈，做起这样的作业来往往敷衍了事。反思这一现象的出现，很大原因是教师对作业批改的工作量、批改方式等没有进行设计，教师布置的作业很难批改，这样的作业是起不到训练作用的。

五、设计合乎逻辑的教学过程

"怎样教"涉及教学过程的设计、学习活动的选择、教学技巧的运用等诸多问题。这里重点谈谈"教学过程"的设计。教学过程就是一堂课的逻辑结构，由一系列教学活动组成，将与课堂教学有关的教法与学法、教学内容和教学形式、教学目的与教学手段等组成要素整合为一个以时间为维度的呈现顺序，使得一节课中一连串的行为具有课程意义。教学过程设计涉及哪些要素呢？在一节课的有限时间内，应该达到什么目标？主要通过什么途径？以怎样的步骤达成这些目标？这是教学过程设计要回答的核心问题，从不同角度分析，教学过程可以有不同的区分。

从时间流程的角度，教学过程设计要考虑导入、学习准备、学习主活动、总结巩固等阶段；

从活动主体的角度，教学过程设计要考虑教师活动、学生个体活动、学生互动、师生互动等；

从教学行为的角度，教学过程设计要考虑教师讲授、读书、问答、小组讨论、评价等；

从课堂节奏的角度，教学过程设计要考虑节奏的快、慢、铺垫、高潮、调整、结束等；

从达成的目标来分，教学过程要考虑知识与技能目标、过程与方法目标、情感态度与价值观三维目标的匹配；

从教学质量和效益的角度，教学过程设计还要考虑"哪些学生在哪些问题上应做多少事情、可能做成多少事情"等不同的可能与相应的活动流程。

教学过程设计，就是将上述各要素整合为一个有机的、以一节课时间为单位的教学流程图。这个教学流程，应具有一定的结构，体现一定的节奏，符合学生语文学习的基本规律。"结构"就是把一堂课分成几个不同的板块或环节，主要板块的学习目标相对集中，板块之间有清晰的内在逻辑；"节奏"主要是指板块或活动之间应体现轻重缓急、高低起伏的变化，以适应学生注意力和情绪上的变化。按照这个规律，设计一堂课，也应该把它分成前后几个部分或板块，这是教

/93/

学设计的第一步。一般来说，划分教学板块应考虑如下几方面：活动板块不宜太多；每个板块的功能明确、指向集中；不同板块之间逻辑关系清晰，指向这节课总的教学目标；设计贯穿全课的主问题，使教学活动形成一条主线。

一节课的时间一般在 40～45 分钟，从上课伊始到下课铃响起，整节课上，学生难以一直保持高参与度，学习的内容之间也有一些区别。这些特点都要求我们一定要把一节课划分成许多段落；但一节课的总时间又有限，不能切割太碎，否则也没有相对独立的时间完成某些教学任务。一般来说，将一堂课分为 2～4 个板块为宜。

从许多教师的教学设计中可以看出，有两种倾向是比较普遍的：一是教学过程不分板块、一口气到底，学生没有喘息的机会；二是时间分割太碎，活动太多，学习任务太杂，没有停下来集中学习的时间。尤其以后一类为多。许多教师总认为，教学若不涵盖该课文里的所有内容、不涉及有关知识，心里就不踏实。实际上，教学活动彼此之间的关联性很低，很难形成清晰有效的学习脉络，而游离状态的破碎信息稳定性比较差，很容易被遗忘。

每个活动板块都有明确的教学目标，这是教学设计的第二步，但仅仅如此还不够，为了增加教学活动的关联性，还应做到环环相扣，即前一个活动是后一个活动的基础或前提，后一个活动是前一个活动的深入与发展，这是教学设计的第三步。

设计主要活动板块是教学设计的核心，也是完成一堂课学习任务的主要保证，如何保证这个教学活动的有效性？可以设计一组相关联的问题，形成活动主线。这是教学设计的第四步。

在此基础上，教师可再根据各种因素判断各个环节可能遇到的具体情况，去丰富教学设计的细节，使一堂课的教学过程由宏观框架到具体细节、由模糊到清晰，一步步趋于成熟。

第三节 语文教学过程的实施

中小学语文教学过程设计之初并不能将所有的可能都悉数考虑进去，教师在实施教学过程时，要在教学过程设计的基础上，有必要也有可能根据实际情况及时调整教学过程设计。小学语文教学过程在实施过程中各环节都有很多需要注意的问题，也有很多基本的要求。

一、新课导入

（一）新课导入环节常见的问题

1. 导入过度

基于吸引学生注意和激发学生学习兴趣的考虑，很多教师在新课导入环节上耗费大量的心血，大量采用音乐、绘画、表演、游戏、情境设置等手法，好像要尽量将能用的方法都用上。尽管这样做，手法是多样化了，学生的兴趣也激发了，但时间耗费就多了，既耗费了教师准备的时间，也影响了学生后续的学习。过于激动的场景一过，学生很难静下心来进入后续环节的学习，这恰恰违背了导入环节设置的初衷。

2. 冗长拖沓

新课导入环节做好了，新课教学也就成功了一半。新课导入虽是"虎头"，但还是要严格分清教学构成的主次，尤其是导入环节的时间要把握得当，一般以3分钟左右为宜，否则影响整节课的时间与节奏，影响后续核心环节的实施。冗长拖沓还表现在导入语言表达不简练，拖泥带水。

（二）新课导入的要求

1. 新课导入要求适度、规范

新课导入从时间和节奏上要适度，不能混淆了教学过程环节的主次，方法与手段适量，能达到目的即可。新课导入要严格注意遵守基本规范，即不能偏离教学目标和教学内容。新课导入环节本来就是为完成教学目标而服务的，必须与课堂教学内容紧密关联。

2. 新课导入要求灵活、机动

导入方式再好，若没变化地运用，其教育效果可想而知。依教材特征、学生已学知识及其心理特性，运用各种导入法方可令学生抱有好奇心，时刻保持着乐于学习的状态。

3. 新课导入要求精简、概括

导语作为教学开头，无法取代课文内容。设计时所用语言及方式需精准，从现实出发，以教学内容为主，尽量精简设计，还需将时间控制在两三分钟内。

4. 新课导入要求巧妙、有趣

兴趣能调动人们对某事物或活动认识的积极性，促进学生内在学习，激发其渴求知识的欲望。所以设计导语需高度提炼，虽仅有几句也需做到言之有趣，并将趣味性同知识相融合。由此能激发学生浓厚的学习欲，全面理解所学内容。

二、新课讲授

（一）新课讲授环节常见的问题

1. 不能紧扣教学目标

不能紧扣教学目标的典型表现是三维目标虚化。中小学语文教学的三维目标（知识与能力目标、过程与方法目标、情感态度与价值观目标）应当相互渗透，融为一体。但在实际新课教学过程中，很多教师表现出对人文精神培养的偏爱，不重视文本的解读和基本知识的理解、掌握，不注重语文基本能力的培养，对课文内容匆匆带过，字词难点都没理解清楚，就跨过课文做了许多迁移和发挥，做些思想教育与精神培养的工作，仅把目光聚焦于"情感态度与价值观"的光环上，将"知识与能力"束之高阁。这种做法不仅是没有紧扣教学目标，也没有关注中小学语文课程工具性与人文性统一的基本特点。

阅读课变成写字识字课，写作课变成阅读课，这些情况在实际的中小学语文新课教学过程中比较常见。有的教师片面追求跨学科的学习，偏执地追求愉快教学，一根筋地追求活跃的教学气氛，从而导致新课教学中出现了非语文活动过多的现象。例如，有的教师在语文课堂上热衷于游戏、表演，有的教师在语文课堂上热衷于诵读，有的教师热衷于让学生分组比赛夺红花、唱歌

PK竞"霸主"等。这些活动使中小学语文教学表面上看起来热热闹闹，但由于很多活动游离于理解和运用语文知识之外，加之耗时多，实际上使中小学语文教学陷入了一种新的"少、慢、差、费"的境地，语文学科基本特点丧失，语文课成了大杂烩，整个新课教学环节已经偏离教学目标。

2. 重难点突破不到位

重难点突破不到位有两种表现：一种是课前认真分析并正确地设计了课堂教学重难点，但在新课教学中没有落实突破。新课教学中教师总想实现教学信息最大化，总想教更多的内容，因而面面俱到，涉及面过广，随意性也强，没有明确实施重难点突破。另一种表现是课前设计教学重难点时本身就出现了偏差，没有正确分析该课的教学重难点，导致新课教学中不能突破实质的重难点。例如，高年级语文新课教学过程中，生字和新词的教学一般不再都是重难点，但如果课堂上仍花大量的时间讲授字形、字义，组词与造句，这种"低端"活动耗时较多，导致该掌握的课文思想内容、写作手法分析等重难点无法轻松突破。

3. 过度行为明显

（1）过度依赖单一方法

过度依赖单一方法的例子很多，偏执地运用字理识字教学法恐怕就是一个典型。

字理识字教学法就是充分利用汉字的构字规律和用字规律进行教学，既继承了传统的字源字义考证识字教学法，又吸收了当代汉字科学研究的新成果。它符合人的认知心理，遵循从感性到理性的认知规律，在识字教学过程中，追本溯源解析字理，把由点点画画组成的方块汉字变成形象生动的图画，激发学习者的学习兴趣，加深对汉字构形的理解，减轻记忆负担。

字理识字教学法意义价值着实非凡，而一味提倡字理识字教学，在我们看来，目前只是一种激进的口号。因为字理识字教学法和其他教学法一样也有无法克服的局限。原中国语文现代化学会会长、北京大学教授苏培成先生曾在《中国教育报》上撰文，警示我们识字教学不要勉强谈字理。字理识字教学法的局限主要是来自汉字的本身。字理识字教学对字源有较强的依赖，先人造字的时候，他们的智识水平与今人不同，使用的又多为繁体字，现今通用的简体字很多难再觅得其前身的形象。到目前为止，很多汉字的造字理据我们并不清楚。现在能看到的最古的成批汉字是殷商时期的甲骨文，甲骨文有一半字到现在还不认识，已经认识的字也有许多说不出理据来。"六书"里的不少假借字，字形和字义没有联系，说不出字形和字义的关系。另外，从甲骨文到现代汉字，汉字的形音义都发生了种种变化，有些本来是有字理的，在变化中失去了字理，成为无理据的记号。

曲解乃至胡解字理，过于功利，表面或者小范围内可能有效果，但从长远来看适得其反。学生由于早期接受的教育在头脑中最容易扎根，扎根的误识则贻害无穷。

过度依赖单一方法不仅反映了教师教学水平与能力存在问题，自然也会导致新课教学无法取得应有的实效。例如，从头到尾都是提问和回答，且很多时候问与答都是教师与学生个体之间的问答，缺少必要的讨论与争鸣，教学方法单一且单调，课堂气氛难以持续活跃。

（2）过度依赖多媒体手段

与过度依赖单一方法相似，有的教师过度依赖多媒体教学手段。

随着教学手段的日益丰富，教师的教学技能在很大程度上得到提高，尤以多媒体教学手段发展最明显。多媒体教学是一种新的教学模式，能充分发挥教师的主导作用，调动学生的学习积极性，让学生多动脑、动手、动口，培养分析和解决问题的能力。但对多媒体的过于依赖或者过分看重则容易走进误区。

课堂教学的效果自然让听课的教师赞叹不已，一致认为该课是利用现代教学手段的典范。但这里有一个我们本该注意的问题——语言文字的功能问题。语文以文字为载体，传载思想和表达情感，语文课的教学要遵循这个原则。对过程的想象和理解、对情感的体验，应该是通过对文字的感悟而达到效果的。如果都采用音画的方式，固然可以减轻学生的思考负担，但却是不明智的做法，说严重点，教师剥夺了学生深入思考的权利，在培养懒惰的学生，在培养不会思考的学生。

语文课堂应当简单化，但课堂教学简单化并不反对多媒体，相反，课堂教学需要多媒体，只是多媒体的运用有一个底线：不能过度，不能剥夺学生思考的权利和机会！

除了过度依赖单一方法和过度依赖多媒体手段外，教师在课堂上过度提问、过度发掘文本等也都是中小学语文课堂新课教学过程中较为常见的过度行为。

（二）新课讲授的要求

在认真分析教学目标、教材内容、重难点以及学情的基础上设计好新课讲授环节后，新课讲授环节就应当按照预先的设计逐步实施教学，根据课堂教学进程和实际情况，适时调整教学方法、教学流程和时间安排等。

1.识字、写字与汉语拼音教学

（1）识字教学

识字教学一是要重点注意语文课程标准中 300 个基本字的教学，以此为基础逐步发展学生的识字写字能力。二是要努力避免高段识字教学低段化。高段学生经过低中学段的学习，已经掌握了多种识字方法，拥有一定的识字能力，并且高段学生能够通过预习分析生词字形，用查字典或联系上下文的方法理解字义，所以，课堂上的工作就变成了重难点生字学习的合作探究与交流。三是识字方法要体现综合性。识字课堂教学中，教师要紧扣汉字的特点，依据汉字学知识，分别选择合适的教学方法和教学内容，这对学生识记字形和理解字义有切实的帮助。同时巧妙地对学生进行汉字文化的熏陶，让他们感受到汉字文化的博大精深。四是要杜绝生字教学零起点。识字教学中，教师要找准学生的起点，充分利用学生已有的知识和经验（学生已经认识的汉字和已经掌握的汉语拼音），将有限的教学时间和精力用在"刀刃"上，"专教那些学生不会或相对薄弱"的内容，这样方可从根本上杜绝"零起点"教学。五是要防止曲解汉字。防止曲解汉字其实就是要求教师在课堂识字教学中慎用字理识字教学法。任何一种教学方法都不是万能的。在字理识字教学中，凡是能说清楚字理，而且字理易于被中小学生接受的，就要利用字理。可用就用，能用则用,刻意追求并非明智之举。过于牵强地运用字理识字教学方法,教师耗费时力,学生莫名其妙,更麻烦的是可能留下难以根治的后遗症。

(2)写字教学

写字课堂教学要体现三点要求。一是要保证学生有充足的写字时间。每节语文课都要拿出几分钟,让学生踏踏实实地写字。语文课程标准要求第一、第二、第三学段,要在每天的语文课中安排10分钟,在教师指导下随堂练习,做到天天练。要在日常书写中增强练字意识,讲究练字效果。这是写字课堂教学最基本、最外显的合格指标。二是要保证写字的数量。完成一定的写字数量是写好字的保障。中小学二年级开始每课要求写的字达到了8个,甚至12个。教师指导学生写字,应该将几个字放到一起指导,让学生同时练习,提高课堂识字与写字的效率。三是要抓住写的契机。一般情况下课堂教学写字环节都安排在认完字和读完课文之后,另外,如果写字环节的时间不够,教师可以灵活地将该环节挪移到下节课或者课外去。不过也可以尝试根据生字出现的不同情况,指导学生分散写字,这样学生在整节课都对写字有新鲜感。认读写活动交替进行,可以避免某项活动时间过长导致学生失去兴趣,同时也可以巧妙地分散写字教学的难点。

(3)汉语拼音教学

汉语拼音课堂教学中,要切实把握汉语拼音的功能。汉语拼音主要是通过给汉字注音帮助识字,也就是说拼音只是识字的工具,拼音学习是为识字服务的。拼音课堂教学中要避免赋予拼音过多的附加功能。例如,要求学生在写短句时"不会写的字用拼音替代"的做法就值得商榷。此外,要重视一年级学生的心理特点,降低拼音学习的难度,增加学习的趣味性。注意拼音单元的生字、词只需会读、会认即可,不需要书写。拼音教学与识字教学有效整合是课堂拼音教学经常运用的有效方法。在拼音与识字教学整合的过程中,教师要善于引导学生做日常生活的有心人,尽早利用拼音学更多的字。

2.阅读教学

(1)阅读教学新课讲授中教师要注意角色转换

要使阅读教学取得好的效果,学生阅读水平得到提高,语文教师的阅读教学能力得到提升,语文教师必须转变自身角色,成为阅读意义的建构者。教师同样是文本的载体,是一个"活物",他们有着自己的情感,可以通过将自己形成的对阅读意义的独特感受传递给学生,加深学生对文章的理解,提升学生的精神境界。

中小学语文教师阅读课堂教学中,必须认识到教育对象是中小学生,他们虽然是身心发展未完善、不成熟的个体,但具有强烈的民主意识和主体意识,他们渴望平等,追求发展。教师要尊重中小学生的人格,进行心与心的沟通,使他们体会到平等、真诚、理解、包容的氛围,进而乐于接触新鲜事物,富于阅读热情。

阅读课堂教学中要引导学生进行广泛的课外阅读。语文教师要清楚地认识到课外阅读的重要性,及时转换自身角色,自觉地充当"桥梁",将学生课内阅读与课外阅读进行有效的沟通与交流。另外,教师还应树立"课内学方法,课外求发展"的阅读教学理念,将课堂教学作为主要方式,同时善于开展大量的课外阅读活动。让学生在课堂中积累阅读理论知识,通过参与课外活动获得实践经验,使理论与实践相结合,深化学生的情感体验,提高学生的自学能力、创新能力。

(2)探索阅读课堂教学从技能训练转向策略教学

从"阅读是掌握一系列技能"的观点看,学习阅读就是学习一套分层级顺序的分技能,进而形成阅读能力,一旦掌握这些技能,学生就能熟练阅读课文。技能训练是学生被动接受文章信息,课文意思存于课文本身,学习的目的是再造这个意思。在阅读教学的技能训练观指导下,学生的阅读能力并没有质的飞跃。策略教学观则认为,阅读能力是整体性的,阅读是学生的原有知识和课文的信息相互作用而构建课文的意义模式。学生运用他们的原有知识和灵活的策略去建构课文的意义模式,他们监控正在进行的理解,并在理解出现困难时改变策略。他们根据自己的知识水平选择、调整策略,因此,阅读是积极的过程,阅读能力的发展,是学生形成阅读策略来理解课文的过程。学生学习不好是因为不能根据学习任务选择恰当的策略和灵活运用策略,教学的目标是教给学生有效的阅读策略和怎样恰当地运用策略。技能训练与阅读策略教学在目的、复杂程度、灵活性以及读者观等方面存在明显区别,阅读策略教学观已为更多的教育工作者所接受,有逐渐取代阅读技能训练的趋势。

(3)针对不同类型的课文采取不同的课堂教学策略

对于寓言、童话类课文,要结合字词学习,加强朗读、复述等语言实践活动,组织学生进行讨论对感兴趣的任务和事件的认识和想法交流。该类课文总体上要注重引导学生想象,进行多样化的训练。例如,在低年级可以运用图文对读、突出识字与写字;在中年级引导学生欣赏人物形象、精读并仔细品味语言,训练学生复述故事;在高年级则指导学生概括主要内容,学习揭示课文主题并引导学生分析象征意义。

对于诗歌与散文,主要要求是引导学生从课文的字里行间理解作者的情感。诗歌和散文的生命就是情感。教学中可以引导学生通过关键词句的品读体验情感,可以通过重点段落的诵读体验情感,也可以通过相同段落结构的比较体验情感。引导学生反复朗读、反复体验,是诗歌和散文课堂教学的基本策略。

对于小说与神话,课堂教学中要引导学生整体感知主要内容,厘清故事的来龙去脉、前因后果,体会情节对人物性格塑造及对课文主题揭示的作用。引导学生仔细品味课文中描写人物的文字,把握人物的性格、思想和情感,体会小说的主题,感悟神话的神奇。小说、神话教学还要注重引导学生分析环境描写,分析人物生活的环境,从中了解环境与人物、主题的密切关系,学习作者描写环境的方法与技巧。

对于古诗文中的教学,要关注几点。一是理解古诗,重在抓住学生感到生疏、古今词义不同的关键词语,帮助学生理解。二是运用情境教学,让学生感受意境美,引学生"入境"。三是引导学生产生共鸣与移情,关注古诗教学重想象、重朗诵的要求,指导学生通过吟诵与想象,深入体会古诗的意蕴。对于文言文,首先要指导学生读通全文,让学生结合注释,理解每句话的意思,进而整体把握课文内容。引导学生品味语言,展开想象,同时要求学生熟读成诵。

对于说明文,教师首先要指导学生初步感知文体,把握课文的主要内容;其次要指导学生了解说明的方法;最后还要引导学生体会课文用词的准确,感悟说明文遣词造句的特点。

3. 写作教学

(1)引导学生观察,帮助学生丰富习作素材

引导学生观察必须把握几点:一是善于引导学生观察生活中的小题材;二是坚持将定向观察与随机观察有机地结合起来;三是引导学生将平时观察到的生活素材定期进行集中归类整理,将"素材源"建成"素材库";四是引导学生定期交流,相互补充,强化对生活原型的再认识。

(2)引导学生广泛阅读,帮助学生积累语言材料,开拓写作思路

首先为学生的阅读提供丰富的源泉,倡导在学生中推行绿色海量阅读,依据绿色海量阅读的群体行为特点,带动整个班级阅读。教师及时、随机检测阅读成效,通过设置特定的教学环节,比如,课前3分钟等方式,将课外的阅读与课堂教学,包括阅读教学和写作教学无缝结合起来,充分发挥阅读积累这一写作基础的功能,帮助学生拓宽视野,积累写作材料。

(3)抓"小练笔"积累,减缓写作训练的坡度

围绕某一个重点或中心,进行范围小、篇幅短的写作训练就是"小练笔"。"小练笔"是减缓写作训练坡度的阶梯。指导学生"小练笔",可先要求学生写摘录式练笔,摘录美文美段、名言警句等,接着进行记叙式练笔,再逐步拓展篇幅,并引申拓展到其他文体的"小练笔"。

(4)拓宽训练的空间,适当增加习作训练量

从训练时间上看,教师要引导学生从课上走向课下,克服为文而文的倾向;从训练的空间上看,教师要开展形式多样的活动,提供实践机会,让学生在实践活动中提高语言表达能力和创新能力,充分挖掘课文中的习作资源,拓宽写作教学和训练的渠道。

(5)强化创新思维训练,培养学生的创新能力

写作教学中教师要突破思维定式,通过同一题目多角度选材、同一中心多种选材、同一材料多种立意以及同一材料多种体裁等方式训练学生思维的发散性。引导学生进行相关联想,训练学生思维的变通性;充分展示个性,训练学生思维的独特性。

(6)构建新的写作教学模式,提高习作教学的效率

传统的教师讲、学生做的写作教学与训练模式严重妨碍了学生创新能力的发展。要解决这个问题,教师必须努力构建一个开放的、充满生命活力的写作教学新模式。这种模式的基本结构是:营造氛围,诱发创新热情——放胆表达、拓展创新思维的空间——交流合作,激活创新思维的火花——评优激励,激发新的创新动机。当然,教师完全可以根据自己的教学能力和实践经验对新模式进行个性化的调整与完善。写作教学模式没有最好,只有更好,只要是有利于提高学生写作水平、有利于培养学生创新思维和能力的写作教学模式,都是好模式。

4. 口语交际教学

口语交际教学中，教师要合理把握口语交际的特点，突出训练的主体与目标，有效运用口语交际教学的策略。通过创设情境，注重结合中小学语文教学的特点，在各个环节有意识地培养学生的口语交际能力。教师要注意评价的导向和激励作用，充分利用随堂性评价和激励性评价，根据教学主题，因地制宜地采取富有个性的评价策略。充分考虑提高学生口语交际能力的情景与策略，积极引导学生在日常家庭生活、社会活动以及学校活动中锻炼口语交际能力。注重指导学生在口语交际中文明表达、个性表达以及合理运用肢体语言，准确表达自己的思想，指导学生做一个会表达且具有较高口语表达水平的人。

5. 综合性学习

（1）注重综合

中小学语文综合性学习与识字写字、阅读、写作、口语交际不在同一个层面上，综合性学习指导既不同于"课外活动"或"语文实践活动"的指导，也不同于综合实践活动课程的指导。综合性学习指导要体现语文知识的综合运用、听说读写的整体发展、语文课程与其他课程的沟通。

（2）注重实践

综合性学习指导应注重书本知识与实践活动的结合，强调语文实践活动中指导培养学生的语文实践能力，引导学生在生活实践和社会实践中学语文、用语文。

（3）注重探究

教师指导综合性学习，应该引导学生充分发挥自主性，并提供必要的帮助，督促学生坚持学习。中小学生毕竟年龄小，要避免放任自流的情况。根据学校、班级和学生的实际条件，教师应对适合开展哪些活动、活动过程中应该怎样探究、如何运用语言知识与技能推动活动，提出具体的指导建议。

（4）注重过程

综合性学习指导的目的主要不在于指导学生掌握多少知识，而在于指导学生主动获取知识，运用知识解决实际问题。因此综合性学习指导的任务主要是激励全体学生最大限度地参与学习。教师指导不仅要高度重视活动策划与准备、成果展示等过程，也要关注活动的反思总结环节。这些环节一般在语文课堂之外由学生分散开展，教师介入较少，学生自由度高，因此综合性学习指导中，教师要高度关注这类薄弱环节。

三、巩固总结

（一）巩固总结环节常见的问题

1. 巩固总结背离教学目标

巩固总结内容背离教学目标、远离核心问题是中小学语文教学过程中较为常见的现象。巩固总结环节必须紧锣密鼓地跟进，中小学生无论记忆保持方面还是注意力集中方面都有一定的不足，精准及时的巩固总结是不可缺位的。虽有巩固总结环节，但巩固总结的内容却与前置环节关系松散，甚至相去甚远，这种巩固总结背离了教学目标，不但不能起到巩固或总结的作用，反而会分散学生的注意力，弱化教学效果。

2. 巩固总结的形式单一

中小学语文课堂教学巩固总结环节大多时候没有引起教师的重视，因而该环节的作用与意义也被弱化，由此教师在该环节投入的精力远少于在其他环节投入的精力，采取的形式较为单一，利用板书或者PPT进行巩固与总结几乎是常态。板书与PPT已经在课堂上出示或展示过，再次看到同样的板书或PPT，已经不能再引起学生浓厚的兴趣，学生有时甚至可能会表现出对巩固总结环节的反感或抵触心态。

3. 巩固与总结脱节

巩固与总结本身紧密关联，共同组成巩固总结环节。但很多教师在新课讲授环节之后，要么简单地重复一下前面环节的内容，完成所谓的"巩固"任务；要么仅仅简单地对前环节的内容做个小结，却不采用任何巩固的措施。巩固与总结两相脱节的现象很常见。

（二）巩固总结的要求

1. 紧扣教学目标，抓住核心问题

整堂课就紧紧围绕着几个问题，做课堂总结时，全方位解答这几个词语和问题，前后呼应。

2. 采用多样化的方式进行巩固总结

根据不同的文体与教学内容，教师可采取不同的巩固总结方式，以此激发学生的学习兴趣。例如，可以运用图表、口诀的方式巩固总结，这种方式条理清晰，简单明了，便于学生记忆，复习。也可以创设情境进行巩固总结。创设情境在中小学语文教学过程中的任何环节都可以使用。还可以联系实际巩固总结，通过抒发情感，深化课堂教学效果。

3. 巩固与总结紧密结合

在巩固中总结，在总结中巩固，是中小学语文教学过程中必须牢牢把握的一个基本点。单纯地巩固等于简单的重复，单纯的总结实际上是突然的转折，巩固与总结必须紧密结合，这也是本书将巩固与总结合并在一起作为一个统一环节的原因所在。

4. 可与回顾整体结合

新课结束以后，教师可以通过小结与学生一起回顾所学知识，加强学生的记忆，巩固新知识。小结时，也可以利用板书，让学生归纳有哪些知识点，哪些是重点、难点，可以提高学生的口语表达能力以及概括归纳能力，并使有关的教学内容系统连贯，相对完整。学生对于相对完整的知识容易理解，也就容易掌握。

5. 与情感提升相结合

在课堂总结时，可以再次让学生有感情地朗读全文，边读边注意学生的感情变化。让学生质疑问难，结合板书，回归整体，以悟促读，品味语言美的意境，抓住情感主线，深化主题思想。学生不仅掌握了书本上的知识，而且拓展了知识面，使学生学中用，用中学。这也是我们每一位语文教师对教学有效性的终极追问和思考。

6. 巩固总结的时机

巩固总结环节并非只固定在某个时段，如固定在新课讲授之后或作业布置之前，而是需要根据课堂进展情况灵活地予以安排。新课讲授过程中，部分内容学习之后，及时予以巩固或总结是有必要的，不必等到所有内容学完后一次性地进行巩固总结。至于巩固总结到底要出现多少次以及出现在什么时机，是分开进行还是结合进行，则需要授课教师根据学习的内容和学生学习的情况灵活把握。

四、作业布置

（一）作业布置环节常见的问题

1. 重知识积累，轻能力培养

在中小学语文教学中，教师布置的作业多数是巩固已经学过的知识，比如机械重复抄写生字和词语，进行形近字、音近字的组词与造句，课文背诵等。这些作业大多以识记为主，功能一般只是积累知识。布置这种作业有很强的针对性，也有利于打好语文基础，但却忽略了学生的个性发展，对培养学生的创新意识和能力无疑是不利的。

2. 形式较单一，内容不丰富

中小学语文作业中课文的生字新词、重点段落、课后的练习作业及作业本上的题目构成中小学语文作业的主体。这些内容很少根据学生的实际情况编拟，不能很好地适应不同层次学生的不同需求。形式单一、内容单调的作业往往容易让学生对作业产生厌烦情绪，甚至严重挫伤学生学习语文的积极性。

3. 统一任务多，自主合作少

为便于批改与评阅，教师习惯于向所有的学生统一布置相同的作业，基本不提供学生可以自主选择的作业。这种将众多学生的思路统一到一条道上的作业，不利于拓展学生的思维，也不利于增强学生合作探究的意识。

（二）作业布置的要求

1. 要重质减量

对语文作业要归类分析，按功能划分。例如，把注音本、田字本、大横格三项作业合成一项，这三项作业基本上都是对字词句的认知训练，大都集中在大横格上，字词每个两遍，要求背诵的课文抄一遍。很多人问：那么少的量，学生能记住吗？其实，学生能记住与否，跟他写多少遍的关系不大，有的学生记忆力好，或记忆的方法好，在上课时就已经记住了。而到了考试的时候学生还得再记，大量布置作业就导致了资源的重复浪费。教师与其逼迫学生学会投机取巧，还不如"化敌为友"，少留作业。

2. 要多布置自主性作业

布置自主性作业就是把课后作业的布置权下放给学生。首先教师向学生提出一次作业需要达成的学习目标，它是学生自我布置作业的方向。接下来是学生根据教师提出的作业要求自主地设计作业的内容、形式和完成方式。根据不同课文的要求，教师可以寻找一个最佳切入点，既让学生自编作业题，又注重激发他们的创造性，把作业的"老面孔"演化为多种多样富有创意的作业活动。教师可向学生展示一些四字成语和一种新的写作方法——总分段式。由此，教师布置了这样的作业：自己设计作业题，检验自己对课文中四字成语和总分段式写作方法的掌握情况，设计好的作业题要自己独立完成。学生根据这两方面要求分别设计了自己的个性化作业。设计作业本身具有一定的挑战性，这就要求设计者对这两部分知识掌握好，不然就没有办法完成作业。因此，也就使学生学习的自主性和积极性在这样的作业活动中得到了充分的体现，又因为有共同要求的约束，最终达到殊途同归的效果。

3. 作业视角和广度要生活化

社会即学校，生活即教育。丰富多彩的生活就是语文的活水，生活有多广阔，语文的世界就有多宽广，若使语文离开生活，就犹如鱼儿离开了池水，不能存活。如果语文教师仅把语文作业局限在书本的范围里，那么其培养出来的学生的视野也不会开阔，思维也是单一的。

在教学中，可以利用生活中的很多资源与信息去引导学生观察思考，培养其形成"大语文观"。例如，中国的节日很多，每个节日都蕴含着一定的文化背景，利用节日资源对学生进行熏陶教育，这也是一种精神上的习得教育。

"两耳不闻窗外事，一心只读圣贤书"的读书匠已经不能适应社会的发展了。应该引导和鼓励学生多读书、多看报、关心国家大事，平时利用班会晨会时间还可以组织学生讨论热点话题，比如，你认为中小学生应该怎样正确对待网络；面对亚运会奥运会，我能做什么；谈谈我们身边的不文明现象等，讨论结束后让大家写心得体会。在这样一个和谐的学习讨论氛围中，不仅培养了学生的思辨能力、语言表达能力和创新能力，还让学生获得了更多对社会的认识和自我的塑造，无形中让他们在思想上成长了许多。

其实，如何让布置的作业发挥它的效果，是教师在教学中一直困惑的问题。作业能不能发挥它的作用，除了恰到好处地结合课文内容设计一些练习以外，还取决于学生是否认真地完成教师布置的作业。学生课堂上完成的作业很显然比家里完成的作业效果要好，原因是学生在家，很多时候是应付地去完成，而在课堂上往往能比较认真地去完成。如果时间允许，教师可多将一些课外的作业放到课内来完成，以此来提高作业的效果。

五、挖掘语文教学过程的生长价值

随着教学改革的深入，课堂教学逐步由知识本位走向人的综合、主动发展为本。这一新型价值参照系的建立，会促进课堂教学在思维、方式、内容、过程、路径、功能等维度实现实践转型，从而实现课堂教学"育人价值"的深度挖掘与转化，创造课堂中新型的师生教学方式。以促进入的发展为核心的课堂，需要每一位教师实现教学过程设计和展开的转型。

第五章 语文教学过程的设计与实施

（一）灵动教学背后有结构

在传统教学活动中，教学程序往往表现为以教师活动为主线的环节编制。教师的主要任务就是设计教学程序，即教学环节。然而，教师对一堂课教学环节本身的过程价值尚没有充分的认识，更没有在实践层面得到具体突破。

面对具体学生的课堂教学是灵动的，但却内蕴逻辑结构功能和过程价值，我们要帮助教师更新观念，认识课堂教学的逻辑结构意义，认识课堂教学环节关系把握中的育人内涵。

1. 教材结构非教学结构

传统的教学程序大多受"五环节"影响，就中小学语文课堂而言，其中新授环节的流程主要从文本结构展开。受语文教学内容的影响，多少年来，按照教材内容的逻辑结构组织推进教学，是一线语文课堂的基本常态。教师在教学过程中并没有关注教学过程内在逻辑的育人价值，没有意识到教学环节之间逻辑结构的育人功能。

2. 教学结构有向心力

以语文知识、语文能力、语文学习方法为核心。凡是一流的教学方案，都应该是一个严谨的向心结构。向心结构中的这个"心"很重要，"心"就是我们语文课堂要达成的目标。它好比诗人写诗、画家绘画、音乐家谱曲的一种灵感，由此引发创作的冲动，衍生出万千气象。

（二）意义结构过程有生长

由于教师在价值观念上一直是以自己如何教为核心，忽视了对语文课堂推进的研究变革，教学过程往往是有活动无推进，有教学无生长。

1. 教学结构非活动叠加

拿到一篇教材，一般的语文教师首先思考的是这里可以设计什么活动，那里可以设计什么活动，这里有什么点可以挖掘，那里有什么点可以挖掘。把亮点活动设计作为自己备课的核心和实施的核心。有的教师把一堂课自己想要完成的几个教学任务，都认真地组织实施。但是，教师往往没有考虑到教学过程中环节之间的关联问题和内在逻辑关系。这样的教学因为不讲求环节之间的内在逻辑，学生无法根据前一任务推知下一任务而无法主动参与教学的建构，只好被教师牵着鼻子，东一下、西一下，弄得稀里糊涂。

事实上，这样一种随意堆砌式的教学结构形态，在中小学语文课堂中普遍存在。一堂课的实施是在一种整体关系下的具体环节之一。中小学语文教师需要明确中小学阶段学生语文素养培养的成长性目标和本年段的具体目标，通过具体的文本，去组织实践的转化。课堂教学的结构不是活动的叠加，而是围绕核心素养提升的环节推进。

2. 教学结构有层次性

教学环节是有内在逻辑的，它既需要符合由易到难的认知逻辑，又要符合学习内容的内在逻辑和学生学习建构的经验逻辑。

围绕核心素养的提升，设计向心结构，并且让这向心结构呈现出一定的内在层次性，这样的学习活动，不但有利于学生掌握语文能力，有利于学生主动参与并建构自己的有意义的学习。这样的教学结构是从环节推进的时间意义上来讲的，是指先推进什么，再推进什么的纵向结构意义。

（三）预设结构推进有弹性

有了教学结构的纵向层次设计，并不意味着教学结构的生长价值。传统课堂的形态基本以环节1、环节2、环节3、环节4这样的线性表现为主。这样的教学结构也称"阶梯式"。由于单一线性的结构机械推进，课堂常常会出现环节复现、割裂的毛病。

1. 教学结构非机械线性

大多数教师执教时，更多的是只期望流畅地完整地呈现精致的教学设计，尽可能地展示出自己的能力，而不关注每一个学生真实的生命成长。

2. 教学结构有弹性美

在以前的课堂推进过程中，教学基本就是按照教学设计的内在逻辑进行环节转换。如果按传统的规定的路径走，是不会出岔子的，教师是有"安全感"的。所以教学过程就只有纯粹的线性串联。任何活动，不管具体学情，教师依然单一地执行原有的教学环节设计。事实上，促进学生生命成长的课堂呼唤动态灵动的融合性环节，所以我们提倡并联式的链接设计。在具体教学环节设计时，教师可以根据自己对学生的了解，设想学生可能会有哪些情形出现，如果出现，应如何应对。在课堂推进中灵动展开教学活动。

教师要把课堂教学过程的不确定性和可变化因素引入过程设计，在多元互动的教学推进中，教师要即时捕捉和判断学情，灵活调整教学结构。

在很多教师的课堂中，教师往往不尊重学情，利用自己的"权利"硬生生地终止学生的交流，直接推进预设的教学环节。一方面可能认为与其让学生争论，不如自己直接点拨省时省事；另一方面担心学生的发言时间超过自己的预设时间后无从应对。这使得教学呈线性发展，细而直，无法向深度和弹性方面寻求突破。而在促进学生综合成长为核心的新型课堂中，教师应该丰富每一个教学环节，变单薄的"直线"为"立体"，不断生成课堂教学新的发展节点，整个教学过程灵动而富有生命力，追求教学结构的有机融合性、灵动创造性。

只有环节而忽视结构生长性的课堂教学，是假性成长的课堂教学；只有多样的教学活动，没有层次递进性的课堂也是假性成长的课堂。课堂教学中的真实开放性、灵动结构性、综合生长性是相互联系、相互渗透、逐步递进的。我们的课堂应关注每一个学生真实的生命成长，"学生立场"的建立，帮助我们获得新的学科教学价值观，教学研究中"人"与"事"的关系在学科教学中的具体转化，直接呼唤学科教师对目标制定、教学设计、教学过程展开等教学环节的重建。

六、语文教学重难点设计与突破

（一）教学重难点概述

教师讲课，贵在少而精。讲课面面俱到，不抓重点，不突破难点，就无法保证学生真正理解教学内容，教学目标也难以实现。对于教学重难点，几乎每一本教育学教材都会涉及，且都强调教师在教学中要抓住重点、突破难点。但是，对于何为教学重难点，教学重难点有哪些表现形态，需要运用哪些讲授方法等问题，大都是语焉不详。中小学课堂教学重难点是一个有必要做进一步探究的问题。

1. 教学重点

理论界对教学重点的一种解释是：教学重点是指教材中一些最重要最基本的知识。这种解释实际上是一种同义语反复。其实，教学重点是对知识性质的一种评价，是基于一定的标准而言的，这个标准就是知识在整个知识体系中的地位和作用。中小学多数学科是由具有严密逻辑结构和系统性的知识所构成的知识体系。在知识体系中，不同的知识所处的地位和发挥的作用是存在着区别的。有些知识在整个知识体系中处于重要的地位，对它们的理解和掌握程度，影响、决定着对后续知识的理解和掌握，这些知识点就是教学重点。因此，教学重点是指在所教学科知识体系中处于重要地位，对后续知识的学习和理解会产生重要影响的那些知识点。这就意味着教学重点是一个绝对概念，它不会因教育者或教育对象的变化而发生变化。因为知识体系是确定的，不同知识在知识体系中的地位和作用也是确定的。

2. 教学难点

对于教学难点的定义，理论界基本取得了共识。教学难点是指"教材中学生较难理解和掌握的部分"。不过，对于教学难点的性质，则很少有人探究。由于教学难点是相对于学生的理解力而言的，不同学生的理解能力有高有低，这就决定了教学难点是一个相对概念，因人而异。对某些学生而言是难点的知识，对其他学生来说则未必是难点。在班级教学条件下，教师确立教学难点的标准大多是基于中等水平的学生。因为在班级教学条件下，对所授知识的可接受性的定位只能是占班上大多数的中等水平的学生。揭示教学难点的这种特性对教师至少存在着下列启示：一是确定教学难点并不是一件简单容易的事情，它要求教师对学生的接受能力有准确的把握；二是教师在解决教学难点的过程中，不仅要考虑到大多数中等水平学生的接受能力，还要考虑到差生的接受能力。

（二）教学重点和难点的关系

教学重点和教学难点两者并不完全等同，教学重点未必是教学难点。原因在于两者所确立的依据不同：前者是依据知识在知识体系中的地位和作用；后者是依据学生的理解力。不过，两者有可能交叉重合，有些知识在知识体系中既有着重要的地位，对其理解与否会对后续知识的学习和理解产生重大的影响，同时它们也是大多数学生理解之困难所在。这些知识点既是教学重点，也是教学难点。

（三）教学重点、难点的差异性与统一性

1. 教学重点与教学难点的差异性

对于教学重点来说，它主要取决于整个教材内容的结构体系，换句话说，教材所要求达到的目的和任务，是确定教学重点的主要依据；它既是教师设计教学计划与课时计划的重要依据和指

现代语文教学思维的创新研究

导方向，又是学生完成学习目标所必需的教学内容。由于教材知识与技能的结构体系是客观存在的，这就决定了学科或教材的教学重点同样具有相对的客观性和稳定性，只有抓住了教学重点的这个特性，才会使教师克服和避免在确定教学重点过程中出现盲目性和随意性，有助于在实际的教学活动中做到重点突出，进而使学生的学习目标更加明确。

对于教学难点，虽然在一定程度上也取决于作为客观存在的教材内容，但它主要还是取决于作为认识主体的学生与指导主体认识客体而在教学中起主导作用的教师，即主要取决于教师和学生各自的素质与实际操作能力，这也充分体现了教学难点具有相对的主观性和不稳定性。影响课程教学的因素不仅与教材内容本身的难易程度有关，更与教师自身业务素养以及作为教学服务对象的学生的身体与心理素质息息相关。比如，对于相同的教材内容，如果教师较容易讲解、示范和组织教学，则不成为难点，反之则成为难点；同样，对于同一项教材内容，若绝大多数学生容易接受或完成，则不成为难点，反之则成为难点。只有了解教学难点这一特性，才会有助于教师克服教学难点确定过程中出现的盲目性和固定性，使教师能在实际教学过程中灵活运用各类方法去突破教学难点，使整个教学流程更加顺畅，促进与提高学生学习的兴趣，从而进一步提高教学质量。

2. 教学重点与教学难点的统一性

通过前面的阐述可以了解到，就教学重点与教学难点的决定因素而言，它们之间有着本质的区别，但就完成教学任务和目标而言，它们之间又存在着相互促进、互为统一的一面。从某种意义上来讲，教学重点与教学难点是两个具有特定内涵的不同的概念，在教学实践中，有时教学重点不一定是教学难点，而教学难点也不一定成为教学重点，二者相互区别，各尽其职，但在特殊的条件下却又存在一定的相似性，有时甚至互为一体。同时对于这部分内容，教师比较难以讲解、难以示范与组织教学，或者学生因学习过程中阻力大、难度高而难以学习和掌握的情况，那么这时，它既属于教学重点，也属于教学难点。

另外，就整个教学体系而言，它们的相似性还体现在以下几个方面：首先，它们都要求在教学中起主导作用的教师必须熟悉新课标，深研教材教参，还要实际了解作为认识主体的学生的知识面和相关技能的实际操作能力等情况，这样才能合理地确定教学重点与难点；其次，在常规的教学过程中都必须花费大量的时间与精力来合理选择和灵活应用各种方式方法以突出重点和难点，进而进行有效的教学，提高教学的效果和质量；最后，教学重点和教学难点都属于整个教材体系中的主要内容，也是实际教学过程中做到合理组织教学所要考虑的重要环节，两者相辅相成，其最终的目的都是更顺利、更好地达到和完成教学目标。

（四）中小学语文教学重难点的设计

教师在进行教学设计时一定要注意设计好教学的重点和难点，教学重难点的设计有助于教师在教学过程设计、教学方法设计、教学评价设计以及实施教学设计过程中更好地突出重点和难点。中小学语文教学重难点要依据一定的标准或在一定的前置性分析基础上进行设计。

1. 依据语文课程标准进行设计

语文课程致力于培养学生的语言文字运用能力，提升学生的综合素养，为学好其他课程打下基础；为学生形成正确的世界观、人生观、价值观，形成良好个性和健全人格打下基础，为学生的全面发展和终身发展打下基础。全面提高学生的语文素养，正确把握语文教育的特点，积极倡导自主、合作、探究的学习方式，努力建设开放而有活力的语文课程。课程目标从知识与能力、过程与方法、情感态度与价值观三个方面设计。三者相互渗透，融为一体。目标的设计着眼于语文素养的整体提高。课程目标部分具体讲了教学中应该达到的最基本的目标，这些具体目标就是我们教学的重难点。这部分分为"总体目标"和"学段目标"。学段目标就更具体地告诉我们教学中应该达到的目标。把握好这些"目标"，就能从宏观和中观上把握住中小学语文教学的重点和难点。

2. 依据教材分析进行设计

义务教学课程标准只是我们分析中小学语文教学重点和难点的宏观和中观依据，只是指引我们分析教学重点和难点的大致方向，针对具体教材而言，教学的重点和难点又各有具体性，需要依据前置的教材分析设计教学的重点和难点。

3. 依据学情分析进行设计

在中小学语文教学过程中，教师除了依据前面提到的课程标准、教材确定教学重点和难点外，学情也是确定教学重点和难点的另一重要依据。教师要根据班级的具体情况确定相应的教学重难点，要考虑学生的知识、能力和素质基础，综合考虑学生的已知、未知、应知和能知的情况，科学确定教学重难点。如低学段的教学重难点和高学段的不同，语文整体水平高的班级和水平较差的班级的教学重难点有区别，不同区域学生教学的重难点也有差异。

4. 依据教学目标进行设计

此处所言"教学目标"指微观层次上的教学目标，即具体教学内容（章节、课文）的教学目标。一节课的教学目标其实就体现了该节课的重点和难点，但不是所有的教学目标都是重点和难点。

5. 依据教学内容进行设计

一节课可以教的内容很多，不同的教师对教学内容的设计不尽相同。比如，一篇课文可教的内容就包括作者生平、写作背景、识字写字、课文主要内容、人物思想、写作表达方法等，但在有限的教学时间内不可能面面俱到，因此教学内容的设计是教师在分析教材的基础上必须做好的基本工作。根据教师设计的教学内容，自然就会体现不同的教学重点和难点。比如，有的课文以学习写作表达手法为主要内容，相对应地，这种写作表达手法就可能是本节课的重点或难点，而作者的生平或写作背景就不大可能是重点或难点。

（五）中小学语文教学重难点的突破

在分析教材、教学内容和学情的基础上，确定了教学重难点之后，还需要在教学中突破重难点。中小学语文教学重难点的突破一般有两种途径：一是方法上的突破，二是工具或手段上突破。

现代语文教学思维的创新研究

1. 方法上的突破

突破中小学语文教学重难点的方法是广义上的方法，并不单指语文教学方法，还包括一切教学方法之外不违背科学或生活常识的其他方法。

运用教学方法突破教学重难点最常见的例子是情境教学法的运用。除了情境教学法常用来突破教学重难点之外，其他各种教学法也都有可能运用在不同的场合突破不同的教学重难点。教学方法的功能本来就包括用来突破教学重难点，因此研究不同教学方法的特点和功能，有利于教师运用教学方法实现突破教学重难点的目的。

2. 工具或手段上的突破

（1）利用传统直观的工具或手段突破教学重难点

中小学生，尤其是低年级学生，正处于从具体的形象思维向抽象的逻辑思维过渡的发挥发展时期，他们容易接受具体形象的事物。传统的教学工具或手段基本属于直观的工具或手段，运用这些直观的工具或手段，能较好地将学生的具体形象的思维与抽象思维关联起来，较好地达到突破教学重难点的目的。低年级的孩子抽象思维能力差，直观醒目的教具不仅能刺激学生的视觉，而且能满足孩子的好奇心与求知欲，激发孩子的学习兴趣，使他们较快掌握文章内容，进而起到突破重难点的作用。

（2）利用多媒体教学工具或手段突破教学重难点

信息技术发展到今天，多媒体辅助教学已经越来越普遍，多媒体工具和手段的运用日益显示出其提高课堂教学效果的优势。多媒体工具和手段在提高中小学语文课堂教学效果方面的一个突出表现就是它能在很多方面轻松突破教学重难点。

当传统的挂图、表格等机械型工具在突破教学重难点方面表现得无能为力或效果不明显时，多媒体教学工具和手段的技术优势就充分显示出来了。

充分发挥多媒体手段的优势，是现今中小学语文教师突破课堂教学重难点的必然选择，这也要求中小学语文教师要认真学习并掌握一定的多媒体辅助教学技术。

当然，任何一种方法或任何一种工具（手段）都只能在一定的范围或领域中对突破某项教学重难点有明显的效果，但却没有任何一种方法或手段在突破中小学语文课堂教学重难点时是通用且都高效的。教师必须根据实际情况，尤其是依据学情和技术条件，有针对性地选择可用的、能用的、合适的方法或手段去突破教学重难点。

第六章 语文教学方法的设计与运用

第一节 教学方法概述

教学方法是指教师和学生为达到教学目的而开展的教学活动的方式方法的总和；教学手段则是指在教学活动中师生间进行教和学，以及相互传递教学信息的工具或设备等。现在，传统教学手段单调、落后的弊端正被广为认识，并适当地被现代教学手段替代，如计算机辅助教学软件、多媒体电子教室（实验室）远程网络教育等。

对于传统手段，应重视在现代教学方法指导下更好地发挥其作用；而对现代化教学手段，则既要重视充分发挥其优势，又要研究其对教学方法改革的促进作用。如现在学生中普遍反映"多媒体教室上课就像看电影"的意见就很说明问题。教学方法的改革既要注意发挥现有各种手段的长处和优势，又要注意新科学理论和技术手段给教育带来的潜在影响。

改革教学方法与改革教学手段，既有联系又有区别。近年来，许多学校重视教学手段改革，在设备投入上加大力度，应给予肯定。但也存在忽视教学方法改革，认为手段改革就是方法改革的错误认识。比如流行"一投（投钱、投影屏幕）就灵"的误解。在某种意义上说，教学手段改革是硬件、易见、易做，教学方法是软件、难见、难做，需要深层次和广泛的参与面。不同的教学方法和教学手段，各有所长，有利有弊，应在教学改革中有机结合，相补相长。

教学方法的理论是教学论中一个重要组成部分，对教学方法的实践起着重要的指导作用。然而，教学方法的理论研究中还有一些问题，像教学方法的概念、特点及分类等，亟待深化认识。

一、教学方法的概念与特点

（一）教学方法的概念

迄今为止，尽管中外学者对教学方法的界定不尽相同，但在以下几点上却是取得了共识的：①教学方法与教学目的相联系，是实现教学目的的不可或缺的工具；②教学方法是师生共同完成教学活动所采用的手段，而并非单指教师的工作方法；③教学方法的功能是多方面的，既可凭借教学方法使学生掌握知识、技能和技巧，也可凭借教学方法使学生形成思想品德和审美观点，发展他们的能力和创造素质。这些共识的取得，为进一步深入探讨教学方法奠定了基础。当然，也还存在着一些问题，如教学方法与方式的关系、教与学及其方法的相互联系、教学方法最邻近的属概念究竟是什么，没有得到很好的解决，仍需通过研讨加以明确。

1. 教学方法与教学方式的关系

对这一问题，有的学者认为教学方法与教学方式是对等概念，二者可以相互指称和诠释，甚至可以相互取代和替换；有的学者认为教学方式是教学方法的上位概念，教学方式包含教学方法；有的则认为教学方式是教学方法的下位概念，教学方法是具体教学方式的总称和组合。本书认为教学方式是构成教学方法的细节，是教师和学生的具体的基本动作和所进行的个别操作活动。也就是说，教学方法是由若干教学方式构成的，同一种教学方法可以由不同的教学方式构成；而同一种教学方式也可以运用于不同的教学方法之中。

2. 教与学及其方法的相互联系

对这一问题，有的学者将联系说成"师生共同活动"，有的学者说成"师生相互联系活动"，也有的学者说成"教与学相互作用"，或干脆说成"教与学的辩证统一"。应该说这种强调是必要的，但未免笼统和模糊，尚欠具体和明确。本书认为教与学的相互联系应确切地表述为"教师指导学生学习"，因此教学方法就不应简单地分成教师教的方法和学生学的方法，然后再将它们简单相加而称教学方法，而应是"教师指导学生学习的方法"。

3. 教学方法最邻近的属概念究竟是什么

对这一问题，有的学者认为是"手段"，有的学者认为是"方式"，有的学者认为是"活动"，有的学者认为是"动作体系"，有的学者认为是"途径"，有的学者认为是"程序"。本书认为教学方法最邻近的属概念应该是"操作策略"。基于以上认识，我们把教学方法定义为：教学方法是在教学过程中教师指导学生学习以达到教学目的的、由一整套教学方式组成的操作策略。

（二）教学方法的特点

教学方法的特点是由其本质所决定，并在实践中表现出来的教学方法的外部特征，一般认为教学方法具有如下六个方面的基本特点。

1. 实践性

教学方法与教学实践紧密相连，其工具性质显而易见。教学方法的基本精神、影响媒介、作用方式、具体步骤、详细要求等，都是可以操作的。同时，教学方法的实践效果，又是检验其优劣的重要指标。但是必须指出的是，教学方法绝不是单纯的技巧问题，它实质上反映着教师的教学思想和能力水平。对待学生缺乏同情、漠不关心的态度，会导致采取错误的教学方法，给学生的发展造成不良的影响。

2. 耦合性

亦称双边性，是指任何一种教学方法都是教师指导学生学习这一双边活动的方法，由教师教和学生学耦合而成的操作策略。教学方法的本质实际上取决于学生的学习认识活动（学）和教师相应的活动（教）的逻辑程序方面和心理方面。教学方法决定了学的方式和教的方式行动上协调一致的效果。每一种教学方法都是互相联系着的教师与学生一定的活动方式的构成体，而不是教师教的方法与学生学的方法的简单相加。

3. 多样性

教学方法是多种多样的，组成丰富博大的"方法库"，以供教师教学时优选使用。因为每种方法都有其独特功能，适用于所有教学条件的万能方法是不存在的。只有多样化的教学方法才能帮助教师顺利达成教学目的。教学方法是师生为达到教育和培养人的目的而进行的相互联系活动的方式。由于活动的方式和性质是多方面的，因此，教学方法也是多种多样的。因而，企图制定经常使用的、数目有限的几种教学方法是错误的。

4. 整体性

不同的教学方法共同构成一个完整的方法体系，各种具体方法彼此联系、密切配合、互相补充、不可分割，综合地发挥着整体效能。一般地说，任何方法，不管哪一种方法，如果我们离开其他的方法、离开整个体系、离开整个综合影响来单独分析，那就既不能认为是好的方法，也不能认为是坏的方法。个别方法的影响，可能有正面的结果，也可能有反面的结果，而互相配合的各种方法的总和乃是决定性的方法。

5. 继承性

教学方法也和其他教育现象一样，具有历史继承性。古今中外教育家在长期的教学实践中，为了提高教学实效，非常重视教学方法的探讨，并且积累了相当丰富而宝贵的实践经验。其中有些在一定程度上反映了教学的客观规律，至今仍具有生命力，值得我们认真总结、整理，并借鉴其合理的部分。任何新的教学方法也不可能从零开始，它都必然要从多方面吸收和利用以往的传统的教学方法中一切有价值的成分。

6. 发展性

任何教学方法体系都不是固定不变的。在具体教学实践中，教师必须根据变化了的时代精神、内容性质和对象特点等客观条件，勇于开拓，推陈出新，使教学方法更能适应教学的实际要求。目前教学实践的困惑在强烈呼唤着新的更有效的教学方法的出现。教学方法的发展，还包含着对传统教学方法的挖潜、改造、互相补充和综合利用，因而它同教学方法的继承性并不矛盾。

二、教学方法的分类

目前我国中小学常用的教学方法种类繁多，包括讲授法、讨论法、谈话法、读书指导法、演示法、实验法、练习法、实习法、参观法、观察法、欣赏法等。教学方法如此之多，进行科学的分类非常必要。

（一）教学方法分类的意义

首先，教学方法的分类有助于教学方法科学体系的建立。分类，就是根据各种方法所具有的共同特点划分归属，建立次序和系统。教学方法的分类，是以对每种具体教学方法进行详细分析为前提的，在明确某种方法的实质、作用和特点的基础上，根据某一标准，将若干相同或相近的教学方法归为一类。由于分类有一个依据的标准，各种教学方法不仅可以彼此区别，而且在这个标准上，各种教学方法之间有关联和层次。由此，可以把原来繁杂、散乱的教学方法置于一个参照系中，使其井然有序，形成一个教学方法的有机体系。各种教学方法都可按不同的分类标准使之从属于不同的逻辑联系和序列，每一个序列都各自构成一种教学方法体系。这个体系是否科学，体系中的教学方法是否能够真正彼此区别开来，很大程度上取决于分类标准的科学与否。因此，科学地确立教学方法的分类标准十分重要。

其次，教学方法的科学分类有助于教师准确有效地选择和运用教学方法，从而提高教学效率。理论研究的最终目的是为实践服务，关于分类教学方法的研究自然也不例外。教学方法一经恰当分类，建立起一定的体系，各种具体教学方法的特点、功用及其在整个教学方法体系中的地位便会一目了然。这样，有利于我们分清一般与特殊、本质与非本质的东西，加深对教学方法基本原理的理解，提高运用教学方法的针对性与自觉性。

（二）教学方法的几种分类

教学方法应怎样分类？有哪些分类？对于这些问题，很难用几句话就说清楚。由于各家所持的分类标准不同，因而对教学方法的类别划分也就千姿百态，异彩纷呈。在此简介几种类型的分类，以资参考。

桑代克把教学方法分为读书教学法、讨论教学法、讲演教学法、练习教学法、实物教学法、实验教学法、设计教学法、表演教学法、自动教学法。

对于上述分类，桑代克未指明分类标准，看起来有的是依据各种教学方法所使用的手段（工具）和动作，如读书、讨论、表演等，又似乎想体现出从被动到主动、从简单到复杂、不断提高活动水平的性质。

有的学者做了这样的分类：思想（考）教学、练习教学、欣赏教学、发表教学。这种分类也未说明分类的标准，看起来主要是从心理活动，以及学习知识、陶冶情感、形成技能等角度去划分的。

凯洛夫任总主编的《教育学》将教学方法分为：①教师的讲述和讲演；②教师跟学生的谈话；③教师演示所研究的对象及所演示的各种实验；④演示画片和图表；⑤参观旅行；⑥学生通过阅读教科书和其他书籍来掌握知识；⑦学生的独立观察及实验室作业和完成各种实习作业；⑧练习；⑨检查学生知识的方法——口头检查、书面检查和实习检查。一般认为，上述分类主要是依教学方法的常用性进行的。长期以来，我国许多教育学教科书中都沿用这种分类法。

达尼洛夫、叶希波夫编著的《教学论》可以说是苏联传统教学论的典范。他们将教学方法分为：①保证学生积极地感知和理解新教材的教学方法；②巩固和提高知识、技能、技巧的方法；③学生知识、技能和技巧的检查。这是根据学生掌握知识的基本阶段（感知、理解、巩固、运用）和任务来划分的，而这种划分教学阶段的理论基础就是马克思主义认识论所揭示的认识的基本路线：从生动的直观到抽象的思维，并从抽象的思维到实践。苏联教育界关于教学方法的理论研究十分活跃，有的突破了传统的分类方法。

斯卡特金在其主编的《中学教学论》中，将教学方法分为图例讲解法、复现法、问题叙述法、局部探讨法、启发法、研究法。斯卡特金的分类主要是从学生认识活动的特点入手的，在一定程度上反映出了层次性，即教学方法所涉及的学生活动的水平呈递增趋势。

帕拉马尔丘克对教学方法的分类为：知识的来源（实习、直观、讲述）、认识的独立程度（指导、启发、研究）、逻辑或智力活动（分析、比较、抽象、概括）。这种分类法称为"多度性"（多测度）或"多维法"。

巴班斯基对教学方法的分类为：①组织学生认识活动的方法，其中有口述法、直观法、实践法，这是根据教材的逻辑保证学生一定的思维活动的方法，根据学生如何掌握教材保证学生获得教材知识的方法；②刺激学生认识活动的方法，其中包括刺激学习兴趣及引起学习动机的方法、刺激学生学习义务以引起学生学习动机的方法；③检查学生认识活动效果的方法，其中包括口头检查法、直观检查法、实习检查法。巴班斯基关于教学方法的分类是一种综合分类的尝试，所分出的三类方法均有其理论依据。具体言之，第一类方法是根据列宁关于认识论的原理，第二类方法是根据唯物辩证法关于内因与外因的关系的原理，第三类方法是根据控制论的原理提出来的。

日本筑波大学教育学研究会编写的《现代教育学基础》将教学方式分成教授方式、学习方式、教授和学习相互作用方式、社会组织方式四类。该书认为，教学方式是"在教学情境中，教师和学生为了教与学而展开的活动方式"。这里的教学方式与我们所讲的教学方法内涵十分相近。

王策三教授的《教学论稿》一书认为，教学方法的分类最好是多角度分析或进行综合分析，包括信息媒体是什么？师生怎样相互作用的？认识的性质和水平如何？它有何种性能或功能？它适应的范围怎样？它的运用需要哪些条件？但作者没有进一步明确提出自己的分类。

《中国社会主义教育学》一书认为，对于目前我国中小学常用的教学方法，可以根据在教学过程中学生智力活动的水平及所要求的思维品质的差异和学生活动的独立性程度，分为逐渐升高的三大类：第一类包括讲授法、谈话法、演示法；第二类包括读书指导法、观察法、参观法；第三类包括讨论法、实验法、练习法、实习法。

目前，我国不少教育学著作根据学生获取知识的主要来源和教学活动的方式，把教学方法分成四类，即①语言的方法：讲授法、谈话法、读书指导法；②直观的方法：演示法、参观法；③实习的方法：练习法、实验法、实习法、作业法；④研究的方法：讨论法、发现法。

教学方法的分类形式还有很多，各种分类均有其优点和不足。不过有一点值得申明，即教学方法的分类是相对的，它不可能把各种教学方法的特性都反映出来，包容于所分类的框架之中。所有的分类，只是相对于各种教学方法的主要特征而言，而非全部特征。

（三）以教学目标为标准的教学方法分类

分类教学方法，一方面是教学方法理论科学化的需要，另一方面是为教学实践服务，方便教师对于教学方法的选择和运用。从理论探讨的角度看，教学方法的分类以多维法（按多个标准进

现代语文教学思维的创新研究

行的综合分类）为宜，因为多维分类有利于人们从多个侧面去了解和认识教学方法，弄清教学方法的本质。而从实践的角度看，教学方法的分类则以单维法（按一个标准或维度进行的分类）为好，因为这种分类使人一目了然，易于教学方法的正确选取和使用，实用性较强，避免了不必要的程序，较为贴近中小学教师的实际水平。

在教学过程中，教学目标既是整个教学活动的出发点，又是归宿，是教学工作的灵魂。教学工作的其他变量，如教学设计、教学程序、教学评估等均以教学目标为依据。因此，从便利教师有效地认识和选用教学方法的角度看，教学目标可以说是分类教学方法较为理想的尺度和标准。

近年来，国际教育界非常注重对教育目标的科学研究，提出了许多关于教育目标的分类体系。其中，影响最大的当推美国学者布鲁姆等人所创设的教育目标分类体系。该体系是关于教育目标的一种详细分类。教育目标分类体系的总体设计是这样的：首先将教育目标分为三个主要领域：认知领域——关于智慧的结果和能力的；情意领域——关于态度、兴趣、欣赏和适应方式的；技能活动领域——与运动技能、技巧有关。随后，又将三个领域分别进一步分类和具体化。具体而言，认知领域的内容由低到高又分为六个层次：知识、理解、应用、分析、综合和评价。每个层次，既可代表教育的目标，指导教学方向，又可表示知识的层次以及每一层次所涉及的能力。情意领域的目标着重于兴趣、态度、欣赏、信念和价值意义等，分作五个层次，即接受、反应、评定、组织和定型。与认知领域的分类一样，情意领域的目标也是按从简单到复杂的规则排列。最初是简单的、实在的、普遍性较小的行为，逐步演进到复杂的、抽象的、普遍性较大的行为。从心理学的角度讲，这是一种价值意义内在化的连续过程。也就是说，这是把他人的、社会的对事物的看法、行为准则和价值观念等，转化为受教育者自身的看法、准则和价值观念的过程。技能活动领域的分类与上述两个领域的分类相类似，是按动作技能的复杂程度分类的，呈现出由简单到复杂的六个层次：领悟、心向、模仿、操作、熟练和创造。

综上所述，教育的目标主要有认知、情意和技能三类。其中，认知领域的目标侧重于增进学生的知识、充实学生的经验和启迪学生的思维；情意领域的目标旨在培养学生的理想，陶冶学生的情感，培育学生的品德和人格；技能领域的目标着眼于训练学生的技能，培养学生的习惯，提高学生的操作能力。值得注意的是，这三类教育目标，与我国培养德、智、体、美、劳全面发展的人才的教育目的，在内涵上是基本吻合的。如认知领域相当于智育的范畴，情意领域相当于德育、美育的范畴，而动作技能领域则相当于体育、劳动教育的范畴。从这一方面看，我们有理由借分类框架来研究教学方法的分类。据此，我们试将中小学常用的教学方法分别归并于认知、情意和技能三个类别，具体分类如下。

1. 认知教学法

以获取知识、丰富经验、发展智力和启迪思维为教学目标，包括讲授法、谈话法、讨论法、读书指导法、发现法、自学辅导法、设计教学法等。

2. 情意教学法

以树立理想、涵养情操、形成品德和健全人格为教学目标，包括情境教学法、欣赏教学法、暗示教学法等。

3. 技能教学法

以获得技能、生成技巧、养成习惯和熟练操作为教学目标，包括练习法、实习作业法、实验法、演示法、参观法等。

任何分类都是相对的，教学方法的分类也不例外。各种教学方法无论在其运用的具体要求上，还是在其功能和所涉及的活动上，都是相互联系的，只是各有侧重而已。

三、教学方法的分类及各类方法的特征

教学方法可以被看作教师与学生交流的媒介或手段。它至少可以分为四种类型：教师中心的方法、相互作用的方法、个体化的学习方法、实践的学习方法。

（一）教师中心的方法

在采用教师中心的方法进行教学时，教师最基本的责任是向全体学生传授知识。师生的语言交流是单向的、即从教师到学生。在这类方法中，人们最熟悉的方法就是讲授，也就是一个教师直接给一个学生团体讲课，在认识领域的低水平（知识和领会）的教学中，讲授是一种恰当的和有效的方法，尤其是对大班教学。但在教学过程中，学生的学习是被动的，而不是主动的。

第二种教师中心的教学方法是提问。即教师向个别学生或全班学生提出一系列问题，请学生自愿回答。在提问的同时通常还辅以讲授或其他方法。提问对于多数认知和情感领域的教学都是有用的。

还有一种教师中心的方法就是论证。论证可用于各种不同的内容。教师通过论证可以说明一个概念及这种概念的应用，还可以说明一种心智技能的运用。此法最适应认知领域的高水平学习。在认知领域高水平的学习中，教师可以用粉笔在黑板上解决数学的问题或者写计算机程序，学生则通过观察掌握论证过程。

（二）相互作用的方法

相互作用的方法充分利用了学生之间及学生与教师之间的信息交流。一般来说，学习过程是在学生的积极参与下进行的，相互交流或讨论是保证学生参与学习过程的有效方法。

最常用的相互作用方法就是班级讨论。其过程是：给学生一个论题或提出一个问题，让他们根据自己的看法相互讨论或者进行适当的辩论。这种方法对于认知领域较高水平的学习（分析、综合和评价）和所有情感领域的学习特别有效。但使用讨论法也有明显的条件限制，比如，班级的大小就是其中之一。在一个关于班级讨论的早期研究总结中，研究者就对讲授法提出了批评。而且威尔伯特·麦基奇的报告认为，所有关于高水平认知学习与态度和动机的比较研究却一致认为班级讨论是较好的一种方法。

在班级较大、学生兴趣不一，或者学生们认为与少数人相互交流更为舒畅时，教师就可以用

现代语文教学思维的创新研究

小组讨论代替全班讨论。其做法是：选择好特殊的问题、论点或有意义的主题，将全班分成几个小组，每组3~7人，然后进行讨论。在认知领域的高水平学习和情感领域的所有学习中，小组讨论的确能提高学生的学习积极性。对于情感领域学生常常有疑问的地方，采用此法更为有效，因为通过讨论可使大家的意见趋于一致。

当学生的兴趣相同，且证明学生通过与同伴的相互作用对于他们完成一个设计有利时，可采用小组设计法。无论是由教师指定，还是学生自己选择，学生通过研究一个专门的课题和问题，总会产生一定的结果。教师只是作为学习过程的管理者或咨询者。这种方法在高水平的学习领域同样有效，且有鼓励学生参与学习过程的优点。

同伴教学是一种更有组织的相互作用的方法。在能力水平或与目前课堂内容有关的经验呈两极分布时，运用此法更为有效。在同伴教学中，已经达到了目标的学生可以作为教师去教一个、两个甚至三个还没有达到教学目标的学生。运用同伴教学，所有学生都能积极地投入学习过程中。如果计划得好，此法可用于多种类型的学习。

（三）个体化的学习方法

个体化的学习方法的依据是：学生学习的速度是不同的，有规则地、及时地提供反馈能促进学习过程。在个体化的教学中，学生根据自己的速度学习先前已准备好的材料，信息呈现的快慢和多少根据学生的进步情况而定。在程序教学中，教育者将一个目标或一系列目标的内容分成小的、连续的步子，先呈现给学生信息，然后学生按照所给信息回答一个问题，根据回答，学生翻开特定的一页（进行衍支过程），在这一页上要么告诉学生回答是正确的，要么进一步呈现信息。教学通常是由一本书和一个书面材料来表现的，且覆盖几个目标。这种方法的整体构架限制了它，使它只适用于认知领域的较低水平学习（知识、理解、应用）。

单元教学包括各种各样的授课计划。通常情况下，教学的中心是围绕一个书面材料，这个书面材料可能包括阅读（也可能指学生的课外阅读）和提供"活动"或有关阅读的练习，也包括视听材料。在单元教学中，反馈信息可由教师提供，也可由标准答案提供。单元教学适用于多种类型的学习，尤其是对于某一领域的早期学习更适宜。然而，需要说明的是，单元教学的编制不但是费时间的，而且需要教学设计专家的参与。

计算机教学也有多种形式。早期的计算机辅助教学（CAI）类似程序教学。研究和实践证明这种方法的确能激发学生的学习动机，但对于改进学习来说并不是非常有利的。然而，随着微型计算机的出现，以及它的造价的不断降低和功能的逐渐增加，计算机在许多教师设计的教学方案中日益显示出它的有效性。原来在程序教学中使用的衍支过程，通过计算机的运用则能更好地由人来控制，而且可以根据学生不同的学习方式和能力，较容易地设计一个有不同内容的教学计划。计算机在教学中的普遍使用，使得学生对大量学科的学习可根据自己的计划进行。

（四）实践的学习方法

在高等教育中，许多学科的教学（像保健专业等）并不是在教室里进行的，而是在现场。比如，学生学习医务管理，就是在临床与病人打交道过程中进行的。师范生培养的一个重要环节就是实习生教学（student teaching），即在班主任和指导教师的协助下面对一个班的学生进行实际教学。这种类型的教学方法可以被称作实践的学习方法。

如果进一步讨论，我们还可以把实践的方法理解为：它们可能是以教师为中心的（如在体育课中，教师与学生一起练习），也可能是相互作用的（如小队比赛和游戏），还可能是个体化的（如实验设计）。在一个真实的或带有刺激性的场所，学生参与实际工作是实践的学习方法与上述几类方法区别的唯一特征。

现场或临床教学通常是在实际场所进行的，比如，医院、学校、社会事务所或体育比赛现场。教学的特点受在场参与者（病人、教学人员、委托人、比赛者）的影响，当学生在现场开始工作时，现场教学也就开始了。教学开始后，教师根据情况分配给学生一个或多个任务，并督导学生完成这些任务，如果教师不去现场，就要求学生完成工作后写一份总结报告。在技能和情感领域的教学中，现场教学和临床教学是最理想的促进学生学习的方法。

在实验教学中，学生仍然是在实际中工作的，只是他们的工作程序受教师的严格控制。实验法既能用于高水平的学习领域，也能用于低水平的情感领域和技能领域的学习。当所教的技能无法在实际中应用或者为了实践的方便和安全时，此法尤为恰当。

角色扮演通常可用于学生学习人际关系技能的情境。当然在其他领域，诸如高水平的认知领域也能有效地使用。在角色扮演中，学生进入一个特殊的情境，实践应该掌握的技能。比如，学习社会工作就可采用此法练习学生与委托人之间的相互交往。

模拟和游戏可用于全部三个领域的学习（认知、情感、技能），模拟实际上代表着现实情境，它通常要求学生实践对此情境的规则和原则的应用。运用时要尽量创设一个安全又与实际相近的环境。比如，在医学教学中，可让学生实践诊断技能，并让他们根据自己的诊断对模拟病人进行评定。在教师训练中，学生可通过微型教学的模拟情境来进行特殊的实践。游戏的运用方法与模拟相似，但它所提供的是更为抽象的现实情境的缩影。

练习也是一种实践的方法，尤其在技能领域的教学中，练习是一种更为特效的方法。因为无论是复杂的心智技能，还是复杂的运动技能都是需要多次重复的。

第二节 语文教学方法的设计

一、设计中小学语文教学方法的依据

（一）教学目标

教学目标是教学方法设计的第一依据。

针对识记、了解层面的目标，可以设计讲授法、演示法；针对理解、领会层面的目标，可以设计谈话法、讨论法、读书指导法等；针对应用层面的目标，可以设计练习法等。教学目标有单

一目标和综合目标，针对综合目标设计的教学方法可能也是综合的，针对单一教学目标设计的方法可以单一，也可以是综合多样的。

（二）教学内容

不同的教学内容需要设计不同的教学方法，例如拼音，尤其是拼读音节教学中，应该大量使用练习法，诗歌与散文适合设计情境教学法，而小说（故事）则适合设计读书指导法或讨论法等。

（三）学情

学情主要是指学生的年龄特点与个性差异。例如，角色扮演法对低年级学生来说是很适合也很受欢迎的方法，但发现法和讨论法在低年级的使用效果就比高年级的效果要差。低年级适合设计活动形式和游戏形式的方法。又如，有的学生对通过读书指导法自己探索获得的知识可能难以留下深刻的印象，但结合教师的讲授（归纳、总结），则更容易留下深刻的印象。对这类学生，教师就要结合使用讲授法。学情影响教学方法的设计，因此教师要清楚所授班级学生的个性与特点，并充分考虑这些因素，有针对性地在不同的环节或者同一环节针对不同的学生设计不同的教学方法。

（四）教学组织形式

班级人数少的时候使用发现法一般会有很好的效果，但班级人数多的情形下，发现法的使用就会遇到较大的困难。

（五）教师素质与教学风格

同样的教学内容，不同的教师会设计不同的教学方法，教学方法设计也能体现教师个人的素质和教学风格。教学方法设计需要教师结合自己的能力与素质，还要考虑自己的教学风格。有的教师多媒体运用技术水平高，他就可以较多地设计使用多媒体手段的教学方法；朗诵能力强的教师，可以适量多设计示范（演示）的方法；有的教师擅长辩论或组织讨论，讨论法的设计就能很好地体现其特点与风格。

中小学语文教学方法设计过程中要注意其他教师使用的设计方法并不一定也能适合自己，教学方法要依据教师个人的能力素质与教学风格设计。

（六）教学条件

教学条件是客观的，设计教学方法不能超越教学条件，例如，受设备条件的限制，实验法有时候就无法使用；没有多媒体设备，就不能设计运用多媒体手段的教学方法。再如，受教学时间的限制，过多设计发现法或讨论法可能就难以完成教学任务。

二、设计中小学语文教学方法的一般规则

随着教育教学研究和实践的推进，教学方法体系越来越完善，教学方法越来越多，在名称不一且种类繁多的教学方法中选择适宜自己所授课程的教学方法是一件并不容易的事情。现实中，很多教师在教学方法的选用上较为随意，大多为应付教学设计或教案构成部分之需要，任意选择若干个教学方法，最终的结果是，实际教学过程中并未真正运用这些方法，或者说，选用的那些教学方法根本就没有在教学中体现出来。选择教学方法不可随意，需要遵循一定的基本规则。

教学方法可以按不同的标准进行不同的分类，教学设计过程中，一般需要坚持在同一分类标准下选择该分类中的具体教学方法的规则，以避免出现名称不同但实际方法相同的结果。

以教学目标为标准分类项下的教学方法是目前运用较多的教学方法，我们以这种分类为例，说明如何选用教学方法。

选用按教学目标为标准分类项下的教学方法，关键是先确定教学目标，确定教学目标后才可以选择教学方法。

语文课教学目标大体上有单一目标和综合目标两种情况，就单一目标而言，可以选择该单一目标项下可用的教学方法。比如在某些课时中，基本任务和目标是对学生进行情感熏陶，这类课主要以树立理想、涵养情操、形成品德和健全人格为教学目标，可以选用的教学方法包括情境教学法、欣赏教学法、暗示教学法等。

就综合目标而言，比如识字写字教学，一般就具有以获取知识、丰富经验、发展智力和启迪思维为教学目标和以获得技能、生成技巧、养成习惯和熟练操作为教学目标等多重目标，对应各目标，可选择的教学方就包括讲授法、谈话法、讨论法、读书指导法、发现法、练习法、实习作业法、实验法、演示法、参观法等。综合目标下，可选用的教学方法就比较多，也很灵活。但目标综合并非表示选用的教学方法越多越好，教学方法要典型，要实用。

单一目标与综合目标并非绝对的，实际上按照素质教育的要求，所有课堂教学的目标都不应该是单一的，我们做如此说明，仅是为了表述方便，也为便于理解而已。

三、中小学语文教学方法的名称问题

中小学语文教学方法设计过程中还有一个比较复杂的问题：教学方法的名称问题。

粗略统计一下，目前中小学语文教学方法的名称有几十种，包括常用的讲授法、谈话法、讨论法、读书指导法（导读法）、发现法、自学辅导法、设计教学法、情境教学法、欣赏教学法、暗示教学法、练习法、实习作业法、实验法、演示法、参观法等，还包括角色扮演法、读书感悟法、品词析句法、图文结合法、情景体验法、拓展延伸法、系统整理法、解决问题法、展开想象法、以读悟语法、以读悟情法、读写结合法、自主法、合作法、迁移法、讲评法、电教法、比较法、探究法、示范法、直观法、问题法等。教学方法的名称可谓多也！

教学方法设计中有一种趋势，就是每个教师都在教学设计中要用上一些新奇的方法以示创新，这种新奇至少体现在教学方法的名称上。

我们简单地分析一下。以系统整理法为例，真的需要单独用这个方法吗？本书认为系统整理是一个环节或过程，在教学过程中随时可能需要整理，这些整理行为要么可以融入讲授，要么可以融入讨论，讲授法和讨论法实际上已经涵括了系统整理，因此系统整理教学法其实并无必要存在。再如，解决问题法，从名称上看，似乎也不知所云。整个教学过程就是要解决教学问题的，要实现一定的教学目标，这个也单独作为一种教学方法，似乎也没有意义。读书感悟法、品词析

句法、以读悟语法、以读悟情法等可能就是同一种方法；电教法指的是适用多媒体电化教学手段的方法，是一种手段，而不一定能独立成为一种教学方法；讲授法、讲评法有诸多重合之处；演示法与示范法不一定真的有明显的区别；拓展延伸通常是教学过程中的一个环节、一个子流程，将其界定为一种教学方法，也不一定科学；读写结合难道不可以被读书指导法（导读法）与练习法所涵括吗？

突破规范，创新教学方法是好事，但这种突破是指方法本身，而不是名称。当然，也不是说不可以按照教师个人的理解设计使用不同名称的教学方法，名称只是一个外在的标志，并不一定全面反映方法的实质。教师在设计教学方法时，不论采用何种分类标准之下的具体方法，也不论如何创新性地对教学方法命名，只要设计的各方法之间不存在明显的重合，只要是有助于实现教学目标，任何科学的或者不违背生活常理的教学方法都可以选择。

四、中小学语文教师常用教学方法

（一）讲授法

讲授法是教师通过口头语言向学生系统地传授科学文化知识的方法，讲授法是学校教学中常用的方法之一。学生主要是间接学习前人的经验知识，讲授法可以使学生在很短的时间内获得大量的、系统连贯的知识，有利于教师对学生进行思想品德教育，还可以发挥教师的主导作用。一方面，中小学生在字词句的掌握、文章内涵理解上需要教师的教授；另一方面由于中小学生发展过程中的特点，他们不能够在较长的时间内保持注意力的集中，所以又需要教师采用灵活多样的教学方法吸引学生的注意力。教师可以根据学生自身的特点，合理安排讲授时间，使讲授内容能被学生更好地掌握。

（二）讨论法

讨论法是在教师指导下，由全班或小组围绕某一问题，通过相互交流各人的看法，相互启发相互学习的一种教学方法。讨论法使学生有机会直接参与学习，在活动中，每一个学生都可以表达自己的看法，其他同学可以从发言中获得启示，加深对事物的理解。讨论法帮助学生灵活运用所学知识，提高学生分析问题和解决问题的能力。本书认为，使用讨论法要求学生具有一定的知识基础，因此讨论法在高年级使用得比较多。一般认为使用讨论法的条件是：第一、在许多课题中有一些问题并不只有一个答案；第二，虽有标准答案，但答案不是唯一的；第三，当情感性目标或社会性目标显得特别重要时。在中小学低年级使用讨论法可适当锻炼学生的语言表达能力，促使他们学会从不同角度看问题，在争论中交往，发挥他们学习的主动性和积极性，培养他们的学习兴趣，让他们独立思考问题，发散思维、创新能力能得到较好的发展。

（三）问答法

问答法是教师根据学生已有的知识或经验，提问学生，并引导学生经过思考，对所提问题自己得出结论，从而获得知识、发展智力的教学方法。问答法是教师和学生之间双向的信息交流，大多数教师经常使用该方法。在课堂上提问，要求学生回答，不一定是合理地使用了问答法。如教师问，"哪位同学把昨天课文的中心思想复述一下？"当教师所提问题有固定的答案时，这只是考查了学生的记忆力。只有当教师提出的问题没有现成的答案，需要学生通过思考进行归纳总结时，才可以称为合理地使用了问答法。

（四）演示法

演示法是教师展示各种模型、实物、图片或进行示范，使学生获得关于事物的感性认识的方法。实际教学中，演示法在物理、化学和生物课上使用频繁。但在中小学语文课上，由于学生的感性经验少，想象力贫乏，因此教师为了促进学生对课文的掌握，有很多教师经常采用此教学方法。

（五）参观法

教师根据教学目的的要求，组织学生对社会生产生活中的实际事物进行观察、研究，从而获得新知识或巩固验证已学知识的一种教学方法。这种教学方法能够增强学生的感性认识，更好地掌握教学内容。但是这种教学方法往往受制于教学时间，在实际教学中运用较少。

（六）练习法

练习法是学生在教师指导下，将知识运用于实际，以巩固知识，培养技能、技巧的一种教学方法。中小学语文教学中教师要指导学生正确地理解和运用语文知识，丰富语言的积累，使他们具有初步的听说读写能力，养成良好的语文学习习惯。语文素养的养成是一个缓慢的渐进的过程，需要学生做大量的字、词、句、文的练习。

（七）实验法

实验法是在教师指导下，利用一定仪器设备，在一定条件下引起某些事物或现象的发生和变化，使学生在观察、研究、独立操作中获取知识，形成技能技巧的方法。此方法的优点是能够让学生参与事物的发生，增强感性认识，培养学生的操作能力。但与参观法相同的是也会受到课时的限制，使用该方法的教师常常提前布置此活动，让学生在家里或学校中能够完成该活动。

（八）发现法

学生学习概念和原理时，教师只是给他们一些事例和问题，让学生自己通过阅读、观察、实验、思考、讨论、听讲等途径独立探究，自行发现并掌握相应的原理和结论的一种方法。此种方法的优点是提高智力潜能，加强内部奖赏，以便将来自行发现原理和结论的最佳方法和策略，记忆稳定而持久。

（九）探究法

探究指学生学习操作和处理信息的策略，检验假设以及把结论应用到新的内容和情境中。这种教学方法，目标是使学生发展出操纵和处理信息的策略。学生能够识别问题，产生假设，用数据检验假设，把他们的结论应用到新的内容或情境中。该方法不同于发现法之处在于，在发现学习中教师给学生提供资料，向学生提出疑问，期望学生发现某个原理和抽象思想。探究法较之发现法要困难，对学生知识技能的要求更高。

在进行语文教学时，既要接受新的教学方法，又要不抛弃原有的好的教学方法。新课程标准致力于教学方式的革新，大力倡导自主、合作、探究的学习方式。如果我们仔细分析就会发现：自主的学习方式很难称之为一种学习方法，因为任何学习都要学习者发挥自己的主动性，这应该是一种学习状态；合作学习是一种学习组织形式，而非教学方法；探究学习是一种非常复杂的教学方法，但在中小学教师中竟有78%的教师经常使用，这和对新课程标准的学习有关，说明教师在主动调整自己的教学方法，也说明教师对探究法的实质认识不清。在一些教育理论中，没有严格区分发现法和探究法。中小学生在字词的掌握、文章内涵的理解上都需要教师的讲授，因此应正确认识讲授法在新时代下的教学中的作用。教学方法的选择要有利于学生在听说读写能力方面的培养，要全面衡量知、情、意、行的养成状况，要着眼于教与学的效果。既要看教师教得如何，更要看教师对学生乐学能力的培养，提高中小学生的语文素养。教学方法更应该强调学生的主体性，即变教师角度为学生角度。教师在教学中要考虑何种教学方法能调动学生的积极性、主动性，激发学生主动探究的精神。在实际教学中，教师要根据具体的教学内容，结合学生的特点、教师的特点、教学环境与手段，选择恰当的教学方法。

第三节 语文教学方法的运用

一、语文教学方法运用的误区

新课标实施以来，素质教育的观念深入师生人心，一些语文教师在备课时，设计了很多问题，以便上课时指导学生进行小组讨论，达到学生自主学习的目的。教师在语文教学的过程中对教学方法的钻研，一方面促进了师生交流，另一方面进一步挖掘了与教材有关的内容。在教学实践中采用这种方法，能收到良好的教学效果。

但是，在实践过程中，并不是所有的新理念新方法都能够适应中小学生语文教学的实际，某些教学方法取得的效果并不理想，例如，在一些教师的多媒体课堂上，学生的注意力多被大屏幕吸引，很少专心看课本。学生只顾看图画，对图画的记忆倒很清楚，图画旁边的文字则难以引起他们足够的注意。

另外，某些"新教学法"脱离教学实践，太过学院派，忽略了中小学生心理思维特点，脱离中小学生认知实际，不但没有达到预期的效果，反而将中小学语文教学引入误区。现在就其中几种较为普遍的现象做些分析，以期有助于改进课堂教学。

第一体现在过于强调课堂游戏化，忽略了引导学生体会学习知识过程本身的愉悦。愉快教育是针对学校片面追求升学率的错误做法、学生负担日益加重的严峻现实、造成学生为完成学习任务疲于奔命的状况而提出的。顾名思义，愉快教育是指学生乐于接受教育，学生自觉感到学习文化知识是件十分愉快的事。那么学习的乐趣从哪里来呢？教师应在教学中提供恰当的外部诱因，调动学生的学习内驱力，使其自己乐意学、努力学，在学习过程中获得乐趣。但从一些实际教例来看，有的教师片面理解"愉快教育"的含义，结果产生了一些不切实际的教法。事实上，游戏只是促进学习的一种手段，无论学习什么知识，要想学好，都得依靠学生的主观能动性，都要刻苦努力。教师有效地诱发学生学习的内在主观能动性，才是促使学生自觉愉快学习的关键。教育实践证明：中小学生由于受其年龄的限制，学习的最直接内驱力来自明确的学习目的。教师在教学中应该给学生一个具体的学习目标，使学生在学习中获得经过努力取得成功的愉悦，这样，学生就具备了主观认知的先决条件，能学懂教材，跟上教学进度，不断体验到学习成功的喜悦，达到愉快学习的教育目的。

第二体现在教学方法上，学院派气息过浓，热衷于烦琐分析，人为地将易于理解的教材艰涩化。近年来，中小学语文教学过分地对文章深入分析，对一些本来普通的词句非要挖掘出本不存在的深刻含义，把本来浅显易懂的中小学教材分析成成人也会费解的令人纠结的一团麻。目前较流行的中小学生分析课文意义方法，一般至少分四个步骤进行：类比、逆向、"闪光"、辐射，如文章中出现一个"爱"字，就要引导学生要爱家乡、爱学校、爱老师、爱同学、爱父母、爱祖国、爱人民等。人为地把平实的孩子们的语言变成程式化的思想条条框框。这不仅无助于提高学生的阅读能力，而且会使学生的思维脱离中心思想，既浪费了宝贵的课堂时间，影响了讲授效果，又使学生产生畏难情绪。这种脱离实际的"创新"，人为地胡乱联想制造深奥，不是教法的改革。这样的分析，乍看起来教法是"创新"的，古之未有，课堂十分热闹，但仔细审视，就不难发现这种方式华而不实。

第三体现在偏离课堂讲授形式，过于强调学生能动性的作用，导致课堂教学效率低下。近几年，教师上课为避免"灌"的嫌疑，不敢细讲。其实，讲解是教学方法的主要构成要素，是传授知识最便捷、最高效的方法之一。许多复杂的道理，经过详尽的讲解，或者妙手点拨，化繁为简。简洁、生动、条理清晰的讲解，本身就包含对学生的启发，只有那种让人生厌枯燥乏味的讲解才是"灌"。倘若教师的讲解准确、幽默风趣，那么这样的讲解就引人入胜，足以令学生如沐春风，学生的思绪就会被教师引入知识宝库。听这样的讲解不仅让人深受启发，而且会给人留下深刻的印象，把知识记得牢固久远。至于讲课的具体方式方法，则取决于教师自身的文化素质、具体教材的内容、教学的具体目的、学生的认知实际和学校的教学设备条件。根据实际需要，讲授、诵读、练习、提问、演示有机结合，为了实现教学目的而采取适当的教学方法。

总之，培养学生学习语文的兴趣，多方面地开展课堂教学活动是中小学语文教学的客观要求。教师可以多组织一些语文活动课，让学生在亲身参与中意识到学语文的重要性和学习的乐趣。上课时教师在讲授过程中可以多举一些生动、形象的例子，可以准备一些教学彩图，让学生有直观的感受，而不仅仅是理论上的枯燥理解。对课文的解析要深入浅出，例子最好能贴近生活，最好和现实世界有联系，联系大家普遍关注的热点，这样能更好地让学生展开讨论，进而提升学生兴趣。但是，基本的课堂讲授是不能偏离的。

二、中小学语文教学方法运用的态度与策略

（一）重视教学方法中人的因素

方法是人使用的方法，教学方法改革依赖使用教学方法的教师素质的提高。同样的教学方法，在不同的教师手中会产生不同的教学效果。教学方法多种多样，在具体的教师那里，教学方法更显得灵活多样。所谓"教学有法，教无定法，贵在得法"，除了讲教学方法的多样性外，还要求教师掌握并灵活运用各种教学方法。另外，教学方法是教与学相互作用的活动纽带，教学方法的运用不只是教师的事，还依赖学生的参与，依赖师生之间的积极互动。教师在运用各种教学方法的过程中，还要善于调动学生的主动性和积极性，善于和学生交往、互动，提高教学效果。

（二）正确处理继承和发展的关系

任何教学方法都和历史上的教学方法有一定的渊源。我们在运用教学方法时，既要注意批判地继承历史上总结出的各种教学方法，不能对传统教学方法进行简单的否定，也要处理好新课程倡导的教学方法和传统教学方法之间的关系，还要善于对历史和现实中的各种教学方法进行创造性的发展，促进教学方法的创新。

（三）综合运用多种教学方法

单一的教学方法总有各种不足，教师要在教学中综合运用多种教学方法。教师综合运用多种教学方法的前提是要认真钻研各种教学方法的特点、作用、适用范围和使用禁忌，在具体教学中选择恰当的教学方法运用，并将这些教学方法进行优化组合，取各种教学方法之"长"而避其"短"。教学方法不是孤立的，方法之间存在关联，互相渗透，任何一种教学方法的作用都是有限的，单纯运用某种教学方法难以取得好的教学效果。

三、运用最优化的教学方法

中小学语文教学方法的运用要追求实现教学方法的最优化，教学方法的最优化是教学实践取得最优效果的重要保证，也是锻炼与提高教师教学水平的重要途径。

（一）选用最优化教学方法的依据

教学方法的分类，已给我们展示了各种各样的教学方法，它们各具特点、功能互异、要求不同。那么，如何才能在教学实践中恰如其分地选定此时此地此情此景下效果最优的教学方法呢？这就需要教师注意依据以下几方面进行慎重选择，正确决策。

1. 根据教学的目的和任务

教学方法是实现教学目的和完成教学任务的手段，不同的教学目的和任务，要求运用不同的教学方法。任何教学方法都是为一定的教学目的和任务服务的。教师必须注意选用与教学目的和任务相适应并能实现教学目的和任务的教学方法。

2. 根据教学内容的性质和特点

教学目的和任务是通过教学内容来实现的，教学内容的性质和特点不同，就应选用不同的教学方法。只有选用的教学方法与教学内容的性质和特点相符合，才能使教学内容发挥出更大效益。

3. 根据教学对象的实际情况

教学对象的年龄、性别、经历、气质、性格、思维类型、审美情趣等的不同,也对教学方法提出不同的要求。只有选用与此相适应的教学方法,才能真正有效地提高教学对象的知识能力和思想水平,促进其健康向上地发展。

4. 根据教师自身素质及所具备的条件

教师自身的素养条件和驾驭能力,直接关系到选用的教学方法能否发挥其应有的作用。教师应对自身素养及所具备的条件实事求是地进行分析,根据其特点和条件选用恰当的教学方法,以扬长避短。哪怕对别人行之有效的方法,也不可盲目照搬。这样才能确保教学方法运用自如。

5. 根据教学方法的类型与功能

每种教学方法都具有不同的特点与功能,教师应认清各种教学方法的优缺点,把握其适应性和局限性,或有所侧重地使用,或进行优化组合,不可盲目地选用教学方法。教学方法的选择与使用,体现着教师的智慧,标志着其教学水平的高低。

(二)探索最优化的教学方法

最优化的教学方法只能产生并成熟于教师广泛而深入的教学艺术实践,离开这个活的源泉,最优化的教学方法就只能是一句空谈。什么是最优化教学方法呢?一般说来,它应具备如下条件。

1. 认同感

一种教学方法能否被接受者认同,直接影响其作用能否卓有成效地发挥出来。如果教师所采用的教学方法既能使学生在理智方面认同,又能使其在情感方面认同,则说明这是一种优化的教学方法;否则,就难以保证教学方法的实效。认同感是衡量最优教学方法的首要条件。

2. 参与度

主要指一种教学方法的使用过程中,教师与学生的参与程度及其积极性水平,以至师生关系是否融洽,能不能心领神会地默契配合与协作,能否达到思维共振与感情共鸣。教学艺术的生发点便是师生在教学过程中的交流与合作,所以,最优化教学方法应有较高的师生参与度,较好地体现出教学的民主性。

3. 综合化

最优化的教学方法必须是克服了每种类型方法的局限性,而在其功能、效果、手段等方面呈现出综合化特点的教学方法。因为它综合了各种方法的优点和长处,所以才能发挥出整体最优的功能。不过,综合化不是面面俱到,而是"集优化";也不是优点的简单相加,而是经过优化组合的新的整体。

4. 时效性

指最优化的教学方法既要能取得最佳效果,又要能达到最高效率,是高效果与高效率的统一。优质高效、省时低耗应当是现代教学方法追求的根本目标。那种效果虽好,但耗时太多,或效率虽高,但效果不佳的教学方法,不能算是最优化的教学方法。双效统一是衡量最优教学方法的又一尺度。

5. 审美价值

最优化的教学方法，应该符合美的规律和原则，能给学生带来美的感受，从而使其本身也成为审美的对象。最优化的教学方法即艺术性的方法，使用最优化教学方法进行教学就是一种艺术性的劳动，审美也就成为其不可缺少的因素。具有审美价值的最优教学方法注意寓教于乐，使学生在不知不觉中受到深刻的教育。

值得指出的是，这里所说的教学方法最优化不是脱离实际的"空中楼阁"和为艺术而艺术的"象牙之塔"，而是牢固地建立在现实客观条件所提供的可能性基础之上的，是此时此地此情此景下的最优化，我们不能离开现有条件去盲目追求所谓的最优化，那是于教学艺术无益的。

四、教学方法的有效性

（一）理解有效的教学方法

1. 国家利益和主流社会的诉求可以形成具有支配和主导作用的教学方法要求

教学方法的变更不只是历史变迁的结果，更是社会变革促使教育和课程的价值功能产生变更的结果。20世纪80年代出现的知识经济推动欧美各国社会迅速转型，国际间竞争不断加剧，教育的社会功能被提到战略性高度，反映这一功能而且保证教学最优化的教学方法因而受到推崇，自然被认为是"有效教学方法"。20世纪90年代这一变化趋于缓和，教育的社会性功能在发达国家和国际之间的作用放缓。各国开始反思教育和教学的本真意义，人的价值在教学中复苏。先前所谓的"有效教学方法"开始淡出，重视学生个体价值和能力发展的教学方法不断彰显，造成教学方法的"此消彼长"。

2. 文化传统和实际的社会参与对教学方法发挥辅助和补偿作用

宏观方面，国家文化传统、教育观念、社会参与、相关学科发展制约着教学方法的产出、创新、推广；中观方面，社区传统、教育宗旨、学校文化、课程领导、设施条件限制着教学方法的普及、选择、准备；微观方面，教师的课程教学意识、知识水平、教学才能以及学生的参与热情、适应程度决定着教学方法的具体实施。

3. 要认识到教学方法的"相对有效性"

所谓"有效的教学方法"中的"有效"是一个相对概念，它带有明显的社会时代特征。"有效"总是在某段时期内和特定教育背景下的"有效"。

例如，强调知识传授的讲授法直到今天仍然在世界各地广泛使用。回到20世纪20~30年代，讲授法在美国进步主义教育运动中可能不会被当作"有效的教学方法"。当时被主流教育思想判断为"有效"的教学方法应当是设计教学法。在结构主义课程运动中，教学上普遍使用且具有"有效"声誉的教学方法应该是发现法。70~80年代以后，注重学生掌握知识的效果成为共识。历史悠久的讲授法经过发展创新，才出现了系统直接讲授法、整体讲授法等所谓的"有效教学方法"。

俄罗斯有许多优秀的教学方法，如阿莫纳什维利的实质性评价教学法、沙塔洛夫的"纲要信号"图示法、雷先科娃的超前学习教学法等。虽然俄罗斯社会政治发生变化，但是这些传统教学方法并不会立刻被新教学方法替代，相反它们仍将发挥相当重要的作用，这些方法当然可以被称为有效的教学方法。

4. 要区分"有效教学方法"和"有效的教学方法"

"有效教学方法"于20世纪80年代在西方兴起。当时可以归入有效教学方法一类并且有影响的方法有直接讲授法、整体讲授法、狐光法、主题循环法。诸如此类的教学方法还有"过程—结果"教学法、直接教学法、主动教学法、明晰教学法等。这些方法在强调对系统知识和技巧的学习、强调教师的引领和示范作用、强调评价方面具有共同的特点，但相互之间风格各异，达成教学目标的过程也不相同。例如，与系统直接教授法、整体教授法相比，狐光法、主题循环法更为尊重学生的地位、突出课程参与、注重课程体验，明显带有人本主义教学的色彩；直接讲授法从目标到讲授、解答、指导、检查、评价，构成了一个完整的教学过程和知识体系。整体讲授法则强调从"从整体到部分"的学习，侧重于学生掌握能够应用于多种学习情境的学习技巧。

"有效的教学方法"不是指一个或一类教学方法，它是对某种或某类教学方法是否有效的追问，在思维上带有反思性特点。"有效的教学方法"和"有效教学方法"两者间存在关系但在类别上各自分属。为防止混淆概念，建议将"有效的教学方法"称作"教学方法的有效性"。

（二）教学方法的有效性的特点

1. 教学方法的边界不断扩大

从传统教学看，教学方法是达成教学目标的手段。但是西方教学变革已经清楚表明，教育系统中的教学方法与教学组织形式、教学过程、教学目标的分界越来越模糊，彼此之间相互作用、相互交织。例如，在问题解决教学、理解教学中，方法的过程与教学的过程基本重合。教学组织形式在过程中不断变化，而目标就贯穿在教学过程之中。学生和教师的交往互动丰富了课堂的形态，教学方法贯穿在课堂教学的各个环节，对整体的教学做精细划分，试图框定教学方法的传统边界变得困难和没有意义。

2. 有效教学方法的综合性

就当前西方教学方法的发展特点来看，强调学生对知识的掌握、对学习的主动参与，重视发展学生的智力、问题解决能力、自我学习能力、与人合作能力、创新精神构成了有效教学的特征。单一的教学方法已经不太可能达成如此丰富的教学目标。有效的教学方法往往是几种方法的有效综合，形成方法的群体。

3. 重视对传统方法的改造

从历史的角度看，任何一种教学方法都有优点和缺点。没有一种教学方法可以解决所有的教学问题，因为没有一种教学方法可以完全应对社会发展变革对课程和教学提出的所有要求，也没有一种教学方法可以完全满足人对教育的全部诉求。因此推陈出新是教学方法发展的必然和常态，但这并不意味着传统方法就失去了效用。就方法而言，大多数教学方法在过去几十年没什么变化，在不久的将来也不会发生实质性的变化。对传统教学方法只要加以完善，合乎教育发展潮流，也可以做到旧法新用。

五、语文综合性学习教学设计

（一）中小学语文综合性学习概述

中小学语文综合性学习，是新课程改革过程中，基于过去的经验对语文课外活动的有效延伸与拓展，是学生语文素养养成的重要途径，是新课程改革中的最大变化和亮点。教材单独将其列出，课标中对此进行了详细解读，可见其在学生学习语文过程中的重要地位和作用。

1. 中小学语文综合性学习的意义

开展综合性学习的意义在于将过去单一、枯燥的文字学习，更多地融入日常生活当中，在强调学科整合、实施跨学科学习的同时，让学生动脑动手，激发其学习的热情与兴趣，使学生在潜移默化中感受文字的魅力、语言的魅力，在不知不觉中提高学生的语文素质与素养。

（1）加强语文课程内部联系

在组织学生进行综合性学习的时候，应加强语文课程内部的联系，如对学生听、说、读写能力的渗透培养，如对学生质疑和探究能力的培养，如三维目标的落实达成等。

（2）加强与其他课程的联系

综合性学习的课程设计，自然会加强语文学科和其他学科的联系，比如在综合性学习过程中，会整合数学、科学、美术、音乐、体育等多种学科，通过多学科的渗透，从而体现出其综合性、实践性和实效性。

（3）加强与生活的联系

开展综合性学习，就要将学生学习语文的场所，放置于生活的环境中，让学生感受到生活中处处有语文，语文无处不在。同时，要让学生学习生活中的语文，学会运用所学知识，来解决、处理生活中的问题。

（4）促进素养协调发展

在学生进行综合性学习的过程中，要更多地关注学生个性与共性，学生对语文的学习兴趣、良好的学习习惯以及习得相应的语文学习方法，从而更加有效地促进学生语文素养的协调发展。

2. 中小学语文综合性学习的目标

中小学语文新课程标准明确了各学段综合性学习目标。

（1）第一学段（一、二年级）的学习目标：①对周围事物有好奇心，能就感兴趣的内容提出问题，结合课内外阅读，共同讨论。②结合语文学习，观察大自然，用口头或图文等方式表达自己的观察所得。③热心参加校园、社区活动。结合活动，用口头或图文等方式表达自己的见闻和想法。

（2）第二学段（三、四年级）的学习目标：①能提出学习和生活中的问题，有目的地搜集资料，共同讨论。②结合语文学习，观察大自然，观察社会，书面与口头结合表达自己的观察所得。③能在教师的指导下组织有趣味的语文活动,在活动中学习语文,学会合作。④在家庭生活、学校生活中,尝试运用语文知识和能力解决简单问题。

(3)第三学段(五、六年级)学习目标:①为解决与学习和生活相关的问题,利用图书馆、网络等渠道获取资料,尝试写简单的研究报告。②策划简单的校园活动和社会活动,对所策划的主题进行讨论和分析,学写活动计划和活动总结。③对自己身边的、大家共同关注的问题,或电视、电影中的故事和形象,组织讨论、专题演讲,学习辨别是非善恶。④初步了解查找资料、运用资料的基本方法。

从各年段目标不难看出,中小学语文综合性学习的目标定位为:

(1)培养兴趣

将学生对语文的学习放入其日常生活中,激发其好奇心和求知欲,让学生在生活中去感受语文,学习语文。

(2)学会观察

让学生对大自然及自己的家庭生活、学校生活及周围的现象进行认真观察,并通过观察产生疑问,从而培养学生的质疑和探究能力。

(3)开展活动

通过开展丰富多彩的相关活动,从简单的参与到后来的策划,让学生参与其中,增强其动脑动手的能力,同时通过相应的讨论交流,提高明辨是非善恶的能力。

(4)收集资料

从中小学阶段开展,有意识地通过综合性的学习,培养学生收集、整理资料的能力,让学生能通过多种方式获取相应的信息,不断完善和丰富学生的课外知识。

(5)恰当表达

要让学生通过口头、图画或文字的方式,表达自己的观点、看法、认识,通过组织策划相关活动,增强其组织协调、总结、提炼的能力。

(二)中小学语文综合性学习的基本类型及特点

认真阅读相关教材,仔细分析中小学语文综合性学习的内容设置,不难发现其主要有以下几种基本类型及环节设置。

1.中小学语文综合性学习的基本类型

从学生学习生活的环境,以及语文知识、能力的获取途径来划分,中小学语文综合性学习可以分为以下几种类型。

(1)文本拓展

综合性语文学习是对学生语文课堂学习的延续我们的中小学语文教材,从内容到形式都具有很强的典范性。在综合性学习中,就是要从文本开始,以课文内容为立足点挖掘综合性学习主题。许多内容还具有丰富的知识性和深刻的教育性,为语文综合性学习选题提供了丰富的素材。

（2）家庭生活

学生的生活，更多的是在家庭中和亲人的相处。在综合性学习的主题确定中，即可以家庭生活为主题来进行设计，比如，以"我爱我家"为主题，让学生围绕我家的位置、我家的房子、我家的亲人、我家的特色等开展绘画、小报、写作等方式的综合性实践活动。

（3）走进社区

社区也是学生生活中不可缺少的场所。在社区生活中，学生既享受到社区生活的丰富，也能从社区生活中感受社会生活的缩影，在综合性学习中，就可以以社区生活为主题来设计相应的实践活动。比如，以"生活与环境"为主题，开展相关的活动，如发起相应的保护社区环境的倡议，对居住小区的花草树木进行分类，制作相应爱护花草的标语，开展拾捡垃圾、清洁环境的活动，撰写相应的调查报告等。

（4）亲近自然

让学生投入大自然的怀抱，感受一年四季变化的脚步。以春天为例，让学生听听春的歌，看看春的美，读读春的诗，画画春的景，写写春的儿歌、童谣、作文等。

（5）了解社会

社会生活广阔天地，是语文学习取之不尽、用之不竭的源泉，我们要善于引导学生从生活中的鲜活事实有机进行综合活动。例如，节假日来临，学生可根据从各种媒体所获得的当地旅游信息和自己所亲身经历的旅游经验，开展以《家乡最佳旅游路线》为主题的学习活动，推荐当地的名胜古迹，介绍当地的风俗民情、民间传说，描绘旅游景点、特色餐饮、小吃，新开发游览项目及合理的日程安排意见与建议。

2. 中小学语文综合性学习的特点

（1）综合性

综合性是指在学习活动中既要体现出"知识和能力""过程和方法""情感态度和价值观"三个维度目标的综合；也要体现出听、说、读、写诸方面的语文知识与能力的综合；还要关注语文课程和其他课程的综合；学生学习方式的综合。通过多种综合，促进学生语文素质素养的提升。

（2）活动性

活动性，是综合性学习的重要特点。活动性强调语文学习与生活的联系，活动的范围包括学生学习和生活的各个方面，要通过活动去促进听、说、读、写等语文能力。通过学生亲自参与活动，让他们学会分析问题，探寻解决问题的方法，培养策划、实施、参与、协调的能力及合作精神，通过活动掌握知识和运用知识。使他们明白语文无处不在，生活处处皆语文，并引导学生学会在各个领域里运用语文知识，在运用中进一步爱上语文学习，从而学好语文。

（3）探究性

课程标准指出，综合性学习是培养学生主动探究、团结合作、勇于创新精神的主要途径，实施综合性学习，应特别注重探索和研究的过程。强调探究性要求重过程、重体验，综合性学习的课程目标一般不是指向某种知识或能力的达成度,而是提出一些学习的活动及其要求,主要指向过程。

(4)自主性

综合性学习特别注重探索和研究的过程,应突出学生主体的自主性。从活动的选题到设计,到环节的组织安排、小组的分工,以及在活动中遇到问题的处理,到学习结果的呈现方式方法,活动的评价总结,教师都应该充分地尊重学生的意愿,做好引导、点拨即可。

(5)开放性

开放性主要体现在综合性学习的生活化,主要表现为学习时间和空间、学习内容的开放。学习时间,从课内向课外开放;学习空间,由学校向自然、社会拓展;学习内容,向书本外开放,既可以就教材中指定内容来开展活动,也可以结合相应的实际情况,在活动中自主选择学习内容;开放性还体现在学习方式以及评价方式的开放上:学习方式可以自主选择,可以是观察、调查、访问、参观,也可以是讨论、辩论、演讲等。评价方式应可以多样化,可以做观察记录,可以办手抄报,可以运用相应的量表等,评价主体可以是教师,可以是学生,也可以是家长、社会专业人员,既可以自我评价,也可以相互评价。

(三)中小学语文综合性学习的基本理念及设计原则

在中小学综合性学习过程中,主要是让学生通过参与相应的学习活动,体现学生遣词造句、谋篇布局的能力,检验学生对语文知识的综合运用。

1. 中小学语文综合性学习的基本理念

(1)突出学生自主

中小学语文的综合性学习,事先可由教师指导学生确定好主题,主要内容及形式由学生自行设计和组织,由学生自己选择确定好组长,然后由组长根据学生的个体差异、特点等进行分工,根据分工开展好相关活动。整个活动的过程要充分体现学生的自主和全员的参与,要真正做到让学生人人有事做,事事有人做,充分体现学生的自主。

(2)强调学生合作

在综合性学习中,虽然有活动的分工,但更应该重视学生间的相互配合。要特别强调学生的合作,因为活动不是某个学生的个体的行为,应该是团队合作的体现。尤其当学习活动中面对困难和问题的时候,就需要集团队的力量,发挥大家的才智,才能得以解决。

(3)提倡课程整合

中小学综合性学习,不仅仅是语文学科的单一形式的呈现,更多的是表现为多渠道、多学科的课程整合。学习活动中,既会有通过听、说、读、写表现的文字的渗透学习,也会有相应的数学、美术、体育、科学、社会、安全等课程的整合,更会将学生德育及良好的意志品质、探究能力的培养自然融入其中。应该说,综合性学习就是新课程改革过程中多课程整合的体现。

(4) 重视能力培养

在综合性学习过程中，要特别注意关注学生策划、组织、协调和实施能力的培养。在学生活动开始，注意关注学生活动主题的选择是否恰当，活动过程策划是否创新；在活动中，要关注学生对活动的组织是否恰当，能否做到协调配合，能否做到有效实施学习活动；在活动结束时，要重视引导学生及时总结、反思、提炼，促进学生语文能力的全面提升。

2. 中小学语文综合性学习的设计原则

（1）发展性原则

语文学科的教学目的在于提高学生语文能力和素养，具体呈现为听、说、读、写的能力，这四个方面的能力将贯穿学生语文学习的始终。而综合性学习，则是培养学生四方面的能力、发展学生语文素养的最重要的渠道。在进行中小学语文综合性学习设计时，要把发展性作为设计的基本原则予以体现。

（2）针对性原则

由于学生所在地域不同、学生家庭环境不同、学生年龄特点不同，在进行综合性学习设计时，要做到有针对性。比如针对城市中小学生，可以设计相应的以农村为主题的活动让学生参与，而对于农村学生，则可以让其去探究一些以城市为主题的内容，这样促进不同生活环境中学生的相互了解，增强学生的适应能力。针对学生年段的不同，在组织学生开展综合性学习的过程中，也应该对听、说、读、写四方面能力的培养有所侧重。在低年段，更多的是对学生听、说能力的培养，中段则逐步重视读、写的渗透，到高段，就要做到四方面能力的有机结合。

（3）探究性原则

以学生为主体的综合性学习，不同于严谨的教育科研，不需要过多强调知识的系统性，也不特别强调结果的科学性，而更注重学生的体验和感受，其重要意义在于让学生亲历过程。在实践过程中，要让学生自己带着问题与困惑，去发现以前没见过的，去体会以前从来没感受过的，去探究自己心中的疑惑和问题。

（4）实效性原则

中小学综合性学习的设计，从主题的选择开始，就应该特别注意结合学生的学习、生活实际，只有学习熟悉的、身边的事物，才能让学生感兴趣，才会使得整个学习富有实效。在学习过程中的每一个环节，都应该避免形式主义，而强调该环节的设计要符合学生特点，适合在学习过程中使用，达到最佳的活动效果。在评价反思、总结时，也要讲究方式、方法，使评价成为激励学生乐于表达、勤于探究的重要途径和载体。总之，在综合性学习活动整个过程中，要努力使每个环节都具有实效。

（四）中小学语文综合性学习的基本环节与设计评价

1. 中小学语文综合性学习的基本环节

一个完整的中小学综合性学习，应包含以下基本环节。

（1）确定主题

正确选题，是综合性学习取得成功的基础。在教学活动中，我们要注意结合学生的年龄特点、认识能力，兴趣爱好等实际情况引导学生从广泛的生活空间中确定综合性学习的主题。

（2）明确任务

要通过讨论，做好布置，要使学生清楚本次综合性学习的内容是什么，有哪些具体的方式，要让学生知道做什么，该怎么做。

（3）做好分工

教师要在征求学生意见的基础上，指导学生根据年龄、性别、居住地等情况，让学生自由组合，成立相应的学习活动小组，选择好组长，落实好组员，同时指导学生做好相应的活动分工，让小组成员人人明白自己该如何准备，该做什么，该怎么做。

（4）组织活动

在学生完成准备工作后，教师要指导学生的具体活动。活动的过程中，教师要在保障学生安全的情况下，为学生提供相应的支持，要随时了解活动开展的情况，及时表扬好的做法，做到时时点拨、处处关心，帮助学生解决活动中遇到的问题和困难，使学生人人参与其中，取得实效。

（5）成果展示

要采用多种形式，给学生提供平台，让他们充分展示、交流学习成果。如采访的照片、录音等，可以通过小报、交流会、小品、故事会等多种方式来展示学习的成果。

（6）总结反思

在学生进行成果展示之后，教师要进行相应的总结，对在学习活动中出现的好的思路、做法，以及形成的有价值的成果进行表彰、鼓励；对在活动中的表现突出的学生小组、个体要给予相应的表彰、奖励；对活动中存在的问题要引导学生进行总结，开展反思。

2.中小学语文综合性学习设计的评析

（1）实施生本评价

对学生语文综合性学习的评价，一定要体现"以生为本"的原则。要围绕学生参与综合性学习的积极性、主动性、创造性来展开评价，既要关注全体学生的广泛参与，又要体现学生之间的个体差异。评价应着重考查学生的探究精神和创新意识。尤其要尊重和保护学生学习的自主性和积极性，鼓励学生运用多种方法，从不同的角度，进行多样化的探究。这种探究，既有学生个体的独立钻研，也有学生群体的讨论切磋。

（2）进行多元化评价

在中小学语文综合性学习的教学设计的评析中，要注意采用多元化的评价方式，既可以采用表格式，又可以采用问卷方式，既可以采取教师评价，也可以请学生自评、生生互评，还可以邀请相应的专家、家长参与评价。从多个角度对学生综合性学习实施全面、客观的评价，以便发现问题，总结经验。

（3）过程和结果并重

中小学语文综合性评价既要重视学习活动的过程，从活动的主题、任务的明确、小组分工合作到整个活动的过程，都要进行全过程的追踪和及时的记录、评价。在评价时，要充分注意学生在解决问题的过程中所采用的思路和方法。对不同于常规的思路和方法，尤其要给予足够的重视和恰当的评价。在进行学习成果的展示时，要注意引导学生采取多种形式呈现活动的成果。要通过对成果展示的激励性评价和总结，引导学生不断完善和改进综合性学习的方式、方法，从而提高学生的语文综合能力。

六、语文教学评价的设计与实施

（一）教学评价设计概述

教学评价设计是教学设计的一个非常重要的环节。如果在一门课程的教学中科学评价缺位，则该课程的管理就会落空。

按照系统理论，教学设计应包含教学评价设计。

1.教学评价的含义、功能与分类

（1）教学评价的含义

教学评价就是对教学工作质量和教学效果进行分析与评定，中小学语文教学评价就是以中小学语文教学目标为依据，运用有效的科学技术手段，对中小学语文教育教学过程和结果进行分析与评定的活动。

（2）教学评价的功能

教学评价在教学中具有诊断作用、激励作用、调节作用和引导作用。通过多形式的有效评价，可以了解教学的综合情况，可以发现教学过程中存在的问题，还能用以解释学生学习效果不好的原因，此谓诊断作用。评价本来就具有监督和强化的作用。评价可以对学生起到激励作用，评价结果或评价记录对激发学生的学习兴趣和动机具有其他教学要素无法替代的作用，这是教学评价的激励作用的表现。教学评价结果让教师与学生都知道教与学的情况，教师可以根据评价结果调整教学设计，学生可以根据评价结果调整学习进度、方法和态度，从而实现教与学的行为的自主调节，此为教学评价调节作用。教学评价的引导作用主要表现在评价结果或评价记录好的教师或班级，对其他教师或班级可以起到示范效应，获得好的评价的教学行为或过程，可以引导教师同行或学生学习或效仿，进而推动教学的整体发展。

（3）教学评价的分类

①按照教学评价在教学活动中发挥的作用分类

按照教学评价在教学活动中发挥的作用，教学评价可以分为诊断性评价、形成性评价和总结性评价三类。

诊断性评价是指在教学活动开始前，对评价对象的学习准备程度做出鉴定，以便采取相应措施使教学计划顺利、有效实施而进行的测定性评价。学期开始时的摸底考试就属于诊断性评价。

形成性评价是在教学过程中,为调节和完善教学活动,保证教学目标得以实现而进行的确定学生学习成果的评价。例如课堂中的口头提问和书面测验。形成性评价的主要目的是改进、完善教学过程。

总结性评价是以预先设定教学目标为基准,对评价对象达成目标程度,即教学效果做出评价。

总结性评价注重考查学生掌握某门学科的整体程度,概括水平较高,测验内容范围较广,常在学期中或学期末进行,是在一个相对较长的的学习阶段、一个学期或一门课程结束时对学生学习结果的评价,总结性评价的使用次数一般不多。

②按照评价的主体分类

按照评价不同的主体,教学评价可以分为单一主体评价和多元主体评价。单一主体评价是指评价的主体是单一的,通常是教师(学校、政府)。多元主体评价则是指评价的主体有多个,一般包括教师(学校、政府)、学生、家长以及第三方评价机构等。

③按照评价方法分类

按照评价方法的不同,教学评价可以分为定性评价和定量评价。定性评价是对评价对象做出价值判断的评价方法。评定等级、写出评语等是常见的定性评价方式。而定量评价则是对评价对象在某个方面的表现以数值方式做出的评价,如考试评分。

2. 教学评价的基本原则

(1) 全面性原则

全面性原则是指在进行教学评价时,要对组成教学活动的各方面做多角度、全方位的评价,而不能以点代面,一概而论。全面性原则有两个基本要求:一是要求关注学生的全面发展,而不仅关注知识和技能的教授;二是不仅要重视教学目标中知识与能力目标的实现,还要关注情感态度与价值观目标的实现。

(2) 发展性原则

发展性原则就是在新课程实施过程中,开展的课堂教学评价应是动态的、积极的和面向未来的。发展性原则,要求不能采取静态的、功利的教学评价方式,不能简单地通过评价给教师评优评差或评分定级、对学生进行鉴别和选拔,而倡导使用多样、灵活的评价标准去衡量所有教师的课堂教学。

(3) 科学性原则

这条原则是指在进行教学评价时,要从教与学相统一的角度出发,以科学的教学目标体系为基础,确定科学的评价标准,选择科学的评价工具,使用科学的测量方法和统计手段,依据科学的评价程序进行评价。

(4) 指导性原则

指导性原则是指在进行教学评价时,不能就事论事,而是要把评价和指导结合起来,要对评价的结果进行认真分析,从不同的角度找出因果关系,确认产生的原因,并通过及时的、具体的启发性的信息反馈，使被评价者明确今后的努力方向。

3. 基本教学评价方式之"评的基本方式"

评的基本方式涉及教育教学的大方向问题，涉及工作重心、教的水平问题、学的水平问题、课堂上和课堂后的延伸问题、常规管理的系统优化问题，以及一个学校或一个区域的教育教学质量问题等。它所涉及的领域十分广阔，调控的难度系数也相对较大，是学科专业与教育职业结合的一个高地。

在教育教学活动中，评的基本方式要求做到及时、准确、客观、公正，而且在规范性、科学性、稳定性、参与面和相应的比例关系等方面，也有特别的要求。其中，经常涉及和需要把控好的内容范畴有如下方面。

知道如何检测自己、评价自己或评价其他人在教育教学常规领域改革中的基本走向以及水平状况。

知道自己的差距在哪里，具体差距有几个级差，如何才能做到比较精准的自我分析，而不是空洞地泛泛而谈。

知道自己先进在哪里，先进到什么程度，才可能做到自信，而自信的基础前提是知己知彼。知道学生的学习方式状况，并知道如何补救、强化，如何应用。

知道从本节课的相关内容了解学生过去相应的学习状况，在教育发展上、在人才培养上、在教学活动中，对边缘人员的关照与对优势人员的关照都是同等重要的。

知道如何利用人力资源、表达呈现、约定等方式方法快速检测学生在关键内容上的学习状况。这种状况的人员比例应达到80%以上。

知道课堂的强化次数与该不该布置作业或布置作业多少的关系。这种关系要善于从备课、说课、上课中明确地表达出来。

知道如何才不把答案简单重复，不把单调乏味的作业留在课外由教师自己来批改。在管理上，要知道这种耗费精力、体力的方法对教师和学生都没有好处。

知道如何在开放式的教学问题上，处理思维向度和功能转换度的数量、质量、速度等关系。知道学生写的速度、记忆速度、阅读速度等方面的状况以及可操作性明显的训练手段。知道在记忆曲线的有效时间范围内，用什么方式方法进行及时的强化。

知道是谁、是什么组、什么团队、用多少时间、用什么形式完成的作业。

知道单元组与团队的联系与区别。

知道如何在课堂上有效地恢复学生学习的体力、精力，保持旺盛的学习热情。

知道兴趣、动机、效应的概念和调控周期。

知道兴趣、爱好、特长的区别。

知道如何通过多向度等来满足大多数学生的优势学习特征。

知道怎样才能把写教案、说课或上课、反思等不同类型的教学教研活动的规范化要求落实到位，力求把"三基本"（教的基本方式、学的基本方式、评的基本方式）、"三合一"（教、学、评三合一）、"三检测"（前测、中测、后测）、"三到位"（教案设计到位、说课或上课实践到位、反思到位）落到实处，并能在同事之间、团队之间、学校之间进行有效的交往。

知道并能够与同学科之间、不同学科之间、不同学段之间或大中小学之间进行具有职业化水准的往来，并能在一起进行以职业化标准为主的学习探讨交流活动。

知道好学生、好教师、好学校、好教育的标准，并能进行中长期的结构性操作。

知道并较熟练地调控单元组活动、团队活动、社团活动、社区活动、社会活动。

知道用什么方式方法和策略才能有效地继承中国教育传统的精华：教学相长、有教无类、因材施教、三人行必有我师……

知道讲授灌输式与其他方式方法或不同学科专业的比例关系。

知道超级大班、普通大班、中班、小班的教育教学在不同的目标活动中的比例关系。

知道这样一个量变到质变的重要关系："教学有法但无定法，只有我们掌握了较多的方式方法并能熟练应用的时候，我们才可能进入教无定法的境界。"

（二）语文教学评价的方式及设计

在中小学语文课堂教学过程中，教师都避免不了要对学生进行评价，学生在学习过程中也都想及时听到教师对他学习表现的评价。因此，如果课堂评价运用得好，对于营造学习氛围、激发学习兴趣、调动积极思维、增强克服困难的决心起着不可低估的作用。在中小学语文课堂教学中，评价的方式是多种多样的，其中主要有教师的评价、学生自我评价和学生间相互评价。

1.中小学语文教学评价的方式

（1）教师的评价

教师积极的语言评价是滋润学生心田的雨露，是抚慰学生心灵的春风；相反，教师消极的语言评价会扼杀学生的创新精神，所以语言评价应受到广大教师的重视。教师的语言评价应充满爱心、充满灵性、充满智慧、充满尊重、充满信任、充满着幽默与风趣。

①多一点诙谐与幽默

新的语文课程标准首次强调指出了语文学科的人文性，教师风趣幽默的语言必将使学生受到潜移默化的影响，从而有助于学生良好人文素质的养成。学生都喜欢幽默的教师，这样的教师能给学生以亲切、平易近人的感觉，如果教师把幽默恰如其分地用到课堂中，会拉近与学生的距离，形成良好的课堂气氛。

②多一点宽容与理解

与传统教育相比，现代教育使我们越来越深刻认识到学生资源的发现和利用是我们今天教育生命的希望所在。如果能用宽容的眼光去理解学生，去保护学生稚嫩纯真的心，那我们的评价语言才会宽容、亲切、真诚，才会让学生感受到教师对他的尊重与赏识，从而增强他们继续超越自我的信心。

（2）学生自我评价

自我评价是自我意识的组成部分，是个人能力结构中的一种非常重要的能力。自我评价能够消除被评者本身的对立情绪和疑虑，调动他们参与评价的积极性。

学会自评有利于学生对自己形成一个正确的认识，这也是最难以培养的一种能力。在教学中，在学生朗读、讲故事、做小老师和合作学习等过程中，教师要引导他们对自己的表现做出判断，逐步由概括性评价向具体、客观的评价发展，提高学生的自我监控能力。平时鼓励学生多做自我反思，进行自我比较，找出自己的进步和不足。这样，学生可以在反省中不断完善自我，个性得到健康发展。

（3）学生间相互评价

在实际教学中，要经常鼓励学生进行互相评价。学生的评价语言要适当、合理、明确、有针对性，而不要过于系统。在这一点上，需要教师耐心的指导，逐步培养学生的是非判断能力和评价水平，而不能急于求成，要求学生一步到位。学生是学习的主体，学生间的相互评价不仅能提高学生思考问题、分析问题、理解问题和判断问题的能力，还能培养学生自信、勇敢的品质，增强学生学习的动力。

课堂上如果合理使用不同的评价方式，不仅能提高学生学习的积极性，更能在发展语言能力的同时，发展学生思维能力，激发创造潜力。在课堂教学中，不管采用哪种评价方式，都要注重每个学生的感受，以激励为主，敏锐地捕捉其中的闪光点，并及时给予肯定和表扬，每一次评价都要让学生感受到教师和同伴心诚意切、实事求是的评价，激励学生积极思维，营造一种热烈而又轻松和谐的学习氛围，把学生引导到评价中，调动所有的学生关注评价、参与评价，使学生在评价中交流，在交流中学习，才能在评价中得到进步，共同提高，全面发展。

2. 中小学语文教学评价的设计

教学评价设计需要从具体环节上考虑。从具体环节上考察，中小学语文目前常见的评价环节包括课堂教学评价和学期教学评价两大类。广义上的教学评价包括课堂教学评价、学期教学评价和其他学段评价，狭义上教学评价仅指课堂教学评价，尤其是指单节课的教学评价。我们结合广义与狭义的教学评价范围，将中小学语文教学评价设计具体限于内容设计、主体设计、方法设计，并从这几个方面讨论如何进行中小学语文教学评价设计。

（1）中小学语文教学评价内容的设计

中小学语文教学评价首要解决的前提性问题是评价的内容是什么。中小学语文教学评价的内容非常宽泛，对评价内容设计不可能面面俱到。教学评价内容的设计要充分考虑评价的目的。我们认为中小学语文教学评价的内容可以分为两大类：一类是针对教师"教"的行为、能力、过程和效果的评价，这类评价的内容至少包括教学目标、教学内容、教学方法、教学过程、教学效果、教师能力和教学态度等几个方面。另一类是针对学生"学"的学习行为、学习能力、学习态度、学习过程和学习效果的评价。后一类评价是我们要重点讨论的。因为我们整个的教学设计就是从教师视角出发，为学生的"学"而做的设计。从这个角度看，中小学语文教学评价设计的内容大致包括学生学习语文的行为、学习的能力、学习的态度、学习的过程以及学习的效果五个方面。

（2）中小学语文教学评价主体的设计

①教师（学校）评价

教师（学校）评价最为常见，也是中小学语文教学评价中最为基础的教学评价，这种评价甚至是很多学校和教师终身采用的唯一的教学评价方式。

教师（学校）对学生在课堂上的表现最为清楚，所以教师（学校）最有权对学生在课堂上的话语、行动、认知水平、临场急智、学习态度以及学习能力进行评价。教师（学校）作为评价主体可以对全班（体）学生进行评价，可以对部分学生进行评价，可以对学生小组进行评价，更可以对学生个人（体）进行评价。

教师（学校）是中小学语文教学评价中必不可少的评价主体，但不应该是唯一的主体。

②学生评价

学生作为学习主体，应该成为教学评价的主体。中小学语文教学评价设计中应努力融入学生评价。学生评价可以弥补教师单一或单向评价的不足，利于教师综合地、更全面地了解"教"与"学"的情况，也有利于激发学生参与学习的兴趣，提高学生学习的主动性和积极性。

③家长评价

这种评价主要是学生家长根据自己孩子学业成绩或者升学情况来对教师（学校）的教学进行评价，具体表现为社会舆论。教师在设计教学评价的时候要引导家长积极主动地关注学生的学习行为、态度、能力、过程与效果，将教师（学校）关注的评价点从视角上进行转移，以获取家长视角的评价信息，进而整改并指导教学。

中小学语文教学评价设计应关注评价主体多元化。语文课程标准明确提出，中小学语文教学评价应注意将教师的评价、学生的自我评价及学生之间的相互评价相结合，加强学生的自我评价和相互评价，促进学生主动学习，自我反思。评价时要理解和尊重学生的自我评价与相互评价。要尊重学生的个体差异，有利于每个学生的健康发展。根据需要，可让学生家长、社区、专业人员等适当参与评价活动，争取社会对学生语文学习的更多关注和支持。

（3）中小学语文教学评价方法的设计

中小学语文教学评价方法要实现多样化的改革目标。教学评价方法设计的指导思想是：测试型评价和质性评价兼顾，同时大力开展质性评价。常见的教学评价方法有以下六种。

①测试

在提供质性评价的同时，我们必须认识到，测试仍然是日常教学的一种常见的评价方法。

设计教学评价方法的时候，教师应当注意改革测试内容、改革测试题型，有效发挥测试的诊断、调整、激励和甄别功能，审时度势，准确把握测试时机，同时要提高测试设计与实施的专业化水平。

②测量

虽然教师重视测试的评价作用，但是，他们往往没有重视测量的特殊作用。在语言教学中，态度测量、情绪测量、一般智商的测量，都会对改进教学有明显的影响。同时，此种测量方法还能够使学生更加了解自己。

③观察

课堂教学可以采取五种方法观察：结构严密的系统观察法、生态学观察法、人种学观察法、同步等级界定观察法、非正式观察法。

④调查

观察是在活动过程中同步采集信息，调查则是在活动之后采集信息。行之有效的调查方法有问卷和访谈两种。问卷和访谈都需要掌握一定的专业技术，但教师实施此类调查应当说是很有必要的。

⑤成长记录袋

成长记录袋也可以称为档案袋。成长记录袋具有"收集、选择和反思"功能，即从收集的所有作业中，学生自己选择存入档案袋的材料，可以是他们认为特别有价值的东西，然后学生对自己的成品和相关表现进行反思。

⑥逸事记录

逸事记录就是对某一时间、地点和环境下发生的行为进行持续的客观的描述。此种方法可以用于学生执行解决问题的任务或项目时的质性评价。这项评价活动当然可以由教师来做，但是，我们认为更重要的是让学生来进行逸事记录。长期做这件事可以有效地促进学生的反思能力。

（三）中小学语文教学评价的实施

1. 新课程理念下中小学语文优化评价方式探讨

传统的教学评价依据较为单一和片面，仅仅看学生的学习成绩就下判断，这样的教学评价方式很容易扼杀学生的潜能，不能充分激发学生的主观能动性，从而也达不到新课标提倡的全面素质培养的基本要求。

（1）语文教学评价存在的问题

①忽视表达能力评价

由于语文是一门基础语言课程，在中小学阶段，教师更倾向于读与写的语文教学，而忽视了语文表达能力的教学评价。实际上，语言表达能力是培养学生语言应用能力的关键所在，如果过于重视读与写的能力，即使学生在考试中能够获得更高的成绩，但是在语言表达能力方面依然存在着很大的障碍，显然这一教学评价的方式并不符合现代社会对人才的要求。

②教学评价形式单一

长期以来在语文课程教学评价方面存在不少的问题，这些问题集中表现为教学评价的目的片面、教学评价的范围狭窄、教学评价的主体单一以及教学评价的手段贫乏等。在教学评价的设计与实施过程中普遍存在简单化和唯量化等弊端。一是过分强调学生学业成绩在评价中的分量,将学生的学业成绩作为衡量教学效果和评价具体课程教学设计的唯一或核心指标,有将评价与考试等同起来的趋势;二是过多强调量化评价手法,淡化或漠视定性的评价,过分强调量化评价的方法而排斥其他评价方法会导致评价方式单一,进而产生评价内容越来越少的结果;三是教学评价的主体单一,教学评价通常以教师或学校作为主体,学生往往是评价的对象,评价主体未能多元化,评价的结果具有局限性。

现在的语文教学评价更多的还是"一纸见分晓"的方式,过于重视学生的学习成绩,而非学习能力的完善,语文素养的提升与情操、品格的培养。这样的方式不仅片面、不合理,忽视对学生进行多面性的考评,而且很容易让学生失去对语文学习的兴趣,或者将学生变成只会考试的机器,也就不能将这些知识活学活用,真正提升中小学生的语文素养与应用能力。

(2)在新课标理念引导下优化中小学语文评价的策略

①实行多元化语文评价方式,提高教师素养

教师要不断创新与探究语文评价的方式,打破传统考核评价的方式,增加语文实践教学考核评价。例如,创设课堂情境、朗读比赛、角色扮演、成语接龙等游戏比赛方式,从听、说、读、写四个方面来综合评价学生的语文学习能力,反馈教学信息,帮助学生了解自身在学习方面存在哪些问题,提出改进的方式,从而促使学生不断提升语言应用能力,将语文的理论知识与实践有机结合起来,提升对语文学习的兴趣。此外,还要培养一支具有较高教学水平与人文素养的师资队伍,及时转变教学观念,不断学习与创新教学方法,与学生建立良好的沟通渠道,多给予学生正面积极的激励语言。并从自身做起,给学生树立一个正面的教师形象,让学生在教师言传身教的影响下,提高语文综合素养与应用能力。最后还要严格教师招聘条件,优化师资队伍,这也是创新语文评价的重要前提。

②实行综合性评价

改变评价观念,要将基础语文知识与学生的人文素养、审美情趣兼顾起来,不仅要积淀学生的语文基础,还要培养其创新精神与综合语文素养,即将评价内容进行拓展,将学生的自学内容、口语交际、语文基础知识以及实践活动的表现作为评价的内容,综合分析各项评分的占比情况,以此激发学生的创新意识,活跃语文思维,树立健康高尚的人格品质。

③细化评价规则

评价项目越细化,越具有可信度与说服力,因此教师要细化评价规则,让评价体系更加有效,帮助教师全面了解学生的学习情况、学习态度与学习程度,从而制定更合理的、更有针对性的教学方法,满足学生的学习需求。首先,要从期中、期末、课上、课下四个方面来细化评价规则,在此基础上对学生的表现进行加分或减分,例如,学生在课堂上的表现是否活跃?是否认真完成课后作业?是否有语文学习方面的闪光点?能否遵守课堂纪律?能否对所学内容举一反三?能否掌握正确的学习方法……从细化的规则中,教师更便于归纳与总结每个学生的学习状态与学习方面存在的问题。其次，还要定期进行总结，梳理评价思路，以便完善下一个周期的教学评价。此外，还可以增加学生自评与小组互评的内容，让学生从参与者的角度总结学习中遇到的问题与经验，从而建立良好的教学反馈体系，为改良教学方法提供可靠的参考依据。

综上所述，中小学语文教师要在新课标理念的引导下优化语文教学评价方式，全面提高学生听、说、读、写的能力，不断提升中小学生的综合素养。

2. 中小学语文教学评价设计的实施

中小学语文教学评价设计主要包括评价内容设计、评价主体设计、评价方式设计以及评价工具设计。其中评价内容设计是前提，其余的设计都是建立在评价内容的基础上。评价内容的选择本身无所谓实施与否，因而讨论实施中小学语文教学评价设计实际上是讨论在设计好内容、方式和工具之后，采用何种主体如何进行评价、采用何种方式实施评价、采用何种工具实施评价以及采用何种评价机制实施教学评价等问题。

（1）多元主体参与中小学语文教学评价

中小学语文教学的任何一个时段都可以采取多元主体评价的方式。所谓多元主体评价，意指评价的主体是不同的，不同主体的评价可以分开进行，也可以联合进行；可以在前评价机制中采用，可以在中评价机制中采用，也可以在后评价机制中采用。多元主体评价的典型方式除教师（学校、政府）本身的评价外，还包括学生评价、家长评价和第三方评价。

（2）采用科学灵活的多种教学评价方法

形成性评价关注学习过程，有利于及时揭示问题、及时反馈、及时改进教与学的活动。终结性评价关注学习结果，有利于对教学活动做出总结性的结论。形成性评价和终结性评价都是必要的。应加强形成性评价，注意收集、积累能够反映学生语文学习与发展的资料，可采用成长记录袋等方式，记录学生的成长过程。对学生语文学习的日常表现，应以表扬、鼓励等积极的评价为主，采用激励性的评语，从正面加以引导。

要坚持定性评价和定量评价相结合，全面反映学生语文学习的状态及水平。评价方法除了纸笔测试以外，还有平时的行为观察与记录、问卷调查、面谈讨论等方法。语文学习具有重情感体验和感悟的特点，更应重视定性评价。学校和教师要对学生的成长记录和考试结果进行分析，评价结果的呈现方式除了等级或分数以外，还可用代表性的事实客观描述学生语文学习的进步，并提出建议。

各种评价方法都有其一定的适应性，在评价的客观性和深刻性上也各有差别，因此，评价设计要注重可行性和有效性，力戒烦琐，防止片面追求形式。

在教学评价方法中，测试这一方法一直都是基本的方法，也是饱受争议的方法。笼统而言，中小学语文测试是指期中考试、期末考试、学段考试和毕业考试等几种测试。采用中小学语文测试的评价方法，可以从中小学语文的考试入手进行讨论。不论哪种类型的考试，我们都可以从考试内容和试卷结构两方面进行改革。

①中小学语文考试内容的改革

a. 中小学语文考试内容改革的基本要求

语文课程标准分别对识字与写字、阅读、习作、口语交际和综合性学习提出了评价的实施建议，具体指出了语文各部分的价值取向和要求。教师实施教学评价，就要先认真体悟这些实施建议所蕴含的语文教学评价理念和指导思想。

汉语拼音学习的评价，重在考查学生认读和拼读的能力，以及借助汉语拼音认读汉字、讲普通话、纠正地方音的情况。

识字考试的内容不仅要关注学生的识字量，还要关注学生对识字的兴趣和自主识字的能力。

阅读考试的内容，既要评价学生的阅读能力，也要评价学生的阅读方法和阅读习惯。在考查精读内容时，要关注学生的阅读量、阅读速度、情感体验和创造性的理解。根据各学段的目标，具体考查学生对词句的理解、对文章的把握、对要点的概括、对内容的探究以及对文章的感受。在考查泛读内容时，重在考查对文章大意的把握程度以及从材料中捕捉重要信息的能力。

写作考试应综合考查学生写作水平的发展状况，重视学生的写作兴趣和习惯，鼓励表达真情实感，鼓励有创意的表达，引导学生热爱生活，亲近自然，关注社会。

口语交际的考试强调综合考查学生的参与意识、情意态度和表达能力。

综合性学习的考试，应着重考查学生的语文综合运用能力、探究精神与合作态度，着眼于促进学生提高语文水平的效率，并有助于他们扩大视野，更好地掌握学习语文的方法。

在考试内容的设计上，要严格依据语文课程标准，对标准明确要求在书面考试中不考查的内容，应该避免。比如，语文课程标准只要求"能准确地拼读音节，正确书写声母、韵母和音节"，而不要求默写音节，那么考试内容中就不应出现音节默写的内容。

b. 中小学语文考试内容改革的基本思路

基础知识的考试要简而不略："简"就是题型简简单单，内容突出重点；"不略"就是简而有度，要抓住关键。

口语交际能力的考试要在语言活动中进行：口语交际能力考试可以采用多种形式进行，将教师平时观察与学生自评相结合，鼓励学生与家长参与进行综合评定，力求真实、全面。教师可以用评语的形式对学生口语交际能力予以评价。

阅读能力的考试要体现整体把握与重点探索的结合：在阅读中要将整体把握思想内容与探究重点词句结合起来，防止对思想内容的浅识辄止，防止过度发挥考试的指挥棒作用。

写作能力的考试要活而有度：语文课程标准倡导自由表达，鼓励有创意的表达。写作能力的考试应贴近学生的生活和学习实际，让学生容易动笔，乐于表达，有话可说，自由表达。

综合性学习的考试重在参与：综合性学习的考试一般不宜采用书面形式，对综合性学习的考试应在活动中考查，考查学生参与活动的精神、参与能力和合作精神。要注意吸收来自各方面的评价意见，用评语的形式予以评价。在保护学生自尊心的基础上给予鼓励，客观地指出其不足和应努力的方向。

总体上，中小学语文考试内容的改革应按照课程标准的学段要求，结合教材的要求，突出考查学生的语文素养。

②中小学语文试卷结构的改革

中小学语文试卷的结构基本上以"字词句基本知识、阅读、作文"的结构形式为主，除这种普遍结构外，还有"听力、阅读、作文""阅读、作文""语言积累、阅读、作文"，甚至仅考"作文"等形式。各类试卷结构形式均有利弊，需要根据实际情况做出选择。

中小学语文试卷结构的改革，要综合考虑如下要素。

中小学语文教学目标要素：语文课程评价的根本目的是促进学生学习，改善教师教学。语文课程评价应准确反映学生的学习水平和学习状况，全面落实语文课程目标。这是中小学语文试卷结构改革的基本出发点。

内容要素：中小学语文试卷的结构要严格按照课程标准中"课程目标"和"评价建议"的有关条款来确定。一般来说，内容要素具体包括识字与写字、阅读、写作、口语交际和综合性学习五个方面。

题型要素：中小学语文试卷题型得到不断创新，呈现出多元化发展的趋势，语文试卷中出现了填充题、图文转换题、口语交际题、仿句题等新题型。但根据中小学语文科的知识特点及测评要素的要求，试卷一般还是由选择题、填充题、表述题和作文题组成。

分数要素：语文课程致力于培养学生的语文素养。语文素养是学生掌握其他课程的基础，也是学生全面发展和终身发展的基础。语文课程的多重功能决定了它在九年制义务教育阶段的重要地位。考虑到语文学科的课程性质及其重要地位，语文考试宜实行闭卷方式（有条件的地方可采取开卷的方式），其分数的设定可依据考试目标不同而有所差别，一般而言，中小学语文毕业考试（会考）可设计为总分150分或120分，常规学期、学段考试则为100分。

时限要素：在构建中小学语文科的考试时限要素的时候，我们要考虑到中小学语文学科的课程性质及其重要地位、考生的身心素质和年龄特征以及语文课程标准所规定的语文学科课时量等基本因素，同时应结合试卷长度、题型要素、难度要素综合考虑。一般按学段分别设置中小学语文学科考试的时间：1~2二年级为60分钟，3~6年级可以为90分钟。

此外，根据不同学段的目标要求，试卷结构改革中还需要考虑试题难度和试题量等要素。

（3）综合运用各种中小学语文教学评价工具

具体的教学评价工具使用的场合总是有限的，为避免单一或少数评价工具的使用不足，在教学评价过程中，必须综合运用各种评价工具。教师在设计选用教学评价工具之后，在教学过程中需要根据学生的年龄特点，使用激励性的语言、图片、贴（卡）片、数字、简笔画，甚至小红花、小红旗、表扬信、家长通知单（短信）等任何可用的评价工具，客观、灵活、形象地评价学生的点滴进步与发展。

（4）构建中小学语文教学全程评价机制

①前评价机制

前评价机制一般指对教学设计与方案的评价，主要从设计与方案是否符合学生学习的原则和要求，是否以培养学生全面发展为目标，是否与教材以及学生的实际情况相适应等方面进行评价。

②中评价机制

中评价机制一般是对教与学过程的评价。主要评价教学设计的质量和教学模式的质量。对教学设计质量评价的要点是设计是否贴近课程教育教学的实际要求，是否有利于学生习得知识。对教学模式评价的要点是模式是否突出科学性、开放性和发展性。

③后评价机制

后评价机制其实是一种外部反馈机制，注重从家长与社会处获得评价，要点是培养的学生是否具备相应的能力和素质，教师的"教"与学生的"学"是否都实现了相应的目标，以及获取家长与社会对教师教育教学质量的总体评价。

（5）中小学语文教学评价的实施建议

①关于识字与写字的评价

汉语拼音学习的评价，重在考查学生认读和拼读的能力，以及借助汉语拼音认读汉字、讲普通话、纠正地方音的情况。

对识字的评价，要考查学生认清字形、读准字音、掌握汉字基本意义的情况，以及在具体语言环境中运用汉字的能力，借助字典、词典等工具书查检字词的能力。第一、第二学段应多关注学生主动识字的兴趣，第三、第四学段要重点考查学生独立识字的能力。

对写字的评价，要考查学生对于要求"会写"的字的掌握情况，重视书写正确、端正、整洁，在此基础上，逐步要求书写流利。第一学段要关注学生写好基本笔画、基本结构和基本字，第二、第三学段还要关注学生的毛笔书写，第四学段还要关注学生基本行楷字的书写和对名家书法作品的临摹。义务教育的各个学段的写字评价都要关注学生写字的姿势与习惯，引导学生提高书写质量。第三学段要求学生会写2500个字。

评价要有利于激发学生识字、写字的兴趣，帮助学生养成写规范字的习惯，减少错别字。

②关于阅读的评价

对阅读的评价，要综合考查学生阅读过程中的感受、体验和理解，要关注其阅读兴趣与价值取向、阅读方法与习惯，也要关注其阅读面和阅读量，以及选择阅读材料的能力。重视对学生多角度、有创意阅读的评价。语文知识的学习重在运用，其概念不作为考试内容。

能用普通话正确、流利、有感情地朗读课文，是朗读评价的总要求。根据阶段目标，各学段的要求可以有所侧重。评价学生的朗读，可从语音、语调和语气等方面进行综合考查，评价"有感情地朗读"，要以对内容的理解与把握为基础，要防止矫揉造作。

对诵读的评价，重在提高学生的诵读兴趣，增加积累，发展语感，加深体验和领悟。在不同学段，可在诵读材料的内容、范围、数量、篇幅、类型等方面逐渐增加难度。

对默读的评价，应从学生默读的方法、速度、效果和习惯等方面进行综合考查。

对精读的评价，重点评价学生对阅读材料的综合理解能力，要重视评价学生的情感体验和创造性的理解。第一学段可侧重考查对文章内容的初步感知和对文中重要词句的理解、积累；第二学段侧重考查通过重要词句帮助理解文章，体会其表情达意的作用，以及对文章大意的把握；第三学段侧重考查对文章表达顺序和基本表达方法的了解领悟；第四学段侧重考查厘清思路、概括要点、探究内容等方面的情况，以及读懂不同文体文章的能力。

对略读的评价，重在考查学生能否把握阅读材料的大意。对浏览的评价，重在考查学生能否从阅读材料中捕捉有用信息。

对文学作品阅读的评价，着重考查学生感受形象、体验情感、品味语言的水平，对学生独特的感受和体验应加以鼓励。第一学段侧重考查学生能通过朗读和想象等手段，大体感受作品的情境、节奏和韵味；第二学段侧重考查在阅读全文基础上对重要段落和语句的细致阅读，具体感受作品的形象和语言；第三、第四学段，可通过考查学生对形象、情感、语言的领悟程度，以及自己的体验，来评价学生初步鉴赏文学作品的水平。

评价学生阅读古代诗词和浅易文言文的能力，重点考查学生的记诵积累，考查他们能否凭借注释和工具书理解诗文大意。词法、句法等方面的概念不作为考试内容。

要重视对学生课外阅读的评价。应根据各学段的要求，通过小组和班级交流、学习成果展示等方式，了解学生的阅读量和阅读面，进而考查其阅读的兴趣、习惯、品味、方法和能力。

③关于写作的评价

对写作的评价，应按照不同学段的目标要求，综合考查学生写作水平的发展状况。第一学段主要评价学生的写话兴趣；第二学段是习作的起始阶段，要鼓励学生大胆习作；第三、第四学段要通过多种评价，促进学生具体明确、文从字顺地表达自己的见闻、体验和想法。对作文的评价还须关注学生汉字书写的情况。

写作的评价，要重视学生的写作兴趣和习惯，鼓励表达真情实感，鼓励有创意的表达，引导学生热爱生活、亲近自然，关注社会。

写作材料准备过程的评价，不仅要具体考查学生占有材料的丰富性、真实性，也要考查他们获取材料的方法。要引导学生通过观察、调查、访谈、阅读等途径，运用多种方法搜集材料。

重视对作文修改的评价。要考查学生对作文内容、文字表达的修改，也要关注学生修改作文的态度、过程和方法。要引导学生通过自改和互改，取长补短，促进相互了解和合作，共同提高写作水平。

评价结果的呈现方式，根据实际需要，可以是书面的，可以是口头的；可以用等级表示，也可以用评语表示；还可以采用展示、交流等多种方式。

提倡学生在成长记录中收存有代表性的课内外作文和有价值的典型案例分析，以反映写作的实际情况和发展过程。

④关于口语交际的评价

对口语交际的评价，须注重提高学生对口语交际的认识和表达沟通的水平。考查口语交际水平的基本项目可以有讲述、应对、复述、转述、即席讲话、主题演讲、问题讨论等。

对口语交际的评价，应按照不同学段的要求，综合考查学生的参与意识、情意态度和表达能力。第一学段主要评价学生口语交际的态度与习惯，重在鼓励学生自信地表达；第二、第三学段主要评价学生日常口语交际的基本能力，学会倾听、表达与交流；第四学段要通过多种评价方式，促进学生根据不同的对象和内容，文明地进行人际沟通和社会交往。评价宜在具体的交际情境中进行，让学生承担有实际意义的交际任务，并结合学生在日常生活和学习活动中的表现，综合考查学生真实的口语交际水平。

⑤关于综合性学习的评价

对综合性学习的评价，应着重考查学生的语文综合运用能力、探究精神与合作态度。主要着眼于学生在综合性学习过程中的表现，如能否积极参与活动，能否主动提出问题，还有搜集整理材料、综合运用语文知识探究问题、展示与交流学习成果等方面的情况。第一、第二学段要较多地关注学生参与语文学习活动的兴趣与态度；第三、第四学段要多关注学生在语文活动中提出问题、探究问题以及展示学习活动成果的能力。各个学段综合性学习的评价都要着眼于促进学生提高语文水平，并有助于他们扩大视野，更好地掌握学习语文的方法。

评价要尊重和保护学生学习的自主性和积极性，鼓励学生运用多种方法，从不同的角度进行探究。要充分注意学生解决问题的思路和方法。对有新意的思路和表达以及有特点的展示方式，尤其要给予足够的重视。除了教师的评价之外，要多让学生开展自我评价和相互评价。

中小学语文教学评价要体现语文课程目标的整体性和综合性，全面考查学生的语文素养。应注意识字与写字、阅读、写作、口语交际和综合性学习五个方面的有机联系，注意知识与能力、过程与方法、情感态度与价值观的交融、整合，避免只从知识、技能方面进行评价。

3.教学设计中教学评价的设计与实施

要做好教学设计中教学评价的设计与实施，我们应做好课前准备性评价、课中形成性评价及课终总结性评价的设计与实施。

（1）课前准备性评价的设计与实施

准备性评价是在一门课程、一个单元的教学工作开始前进行的预测性、诊断性的评价工作，目的在于使教师了解教学对象对教学课程的目的期望、兴趣态度和意见建议；掌握教学对象所具备的与本课程教学相关的知识储备和学习能力，摸清不同教学对象的个体性差异和需求，进而为教学方法手段、目标要求、实施计划提供具体翔实的依据。

设计和实施好准备性评价的工作，对完成好整个课程、单元的教学设计与实施至关重要。准备性评价可采取查阅学生的学习档案、与学生进行座谈、问卷调查或课前小测验等多种方式进行。

准备性评价不是筛选性、达标性评价，所以准备性评价的设计与实施要以能最有效地了解和掌握教学对象的基本情况为原则。准备性评价后，教员要做到对每个学员在本门课程学习中的"初始状态量"心中有数。准备性评价的结果只能作为教师因材施教、有的放矢地做好"差异性教学"的设计与实施的依据，以及今后的过程性、结果性评价的依据，但要防止以此给学生贴标签、分好恶，或作为给自己开脱责任的理由。

（2）课中形成性评价的设计与实施

形成性评价（也称为过程性评价）是在课程教学实施的过程中进行的随机性、检验性评价。目的是及时、动态地了解和掌握学生对一堂课、一个单元中所学知识的掌握程度和相关技能的形成情况，进一步发现和掌握每个学生的能力潜质以及教学中存在的问题，为促进和引导学生改进学习目标和学习方法，并为教师改进教学方法、调整教学进度、进行个别辅导等提供反馈信息和决策依据。

过程决定结果。设计、组织和实施好形成性评价，是提高整个课程教学质量的重要保证。形成性评价贯穿课程教学的全过程，形式方法多样，可以通过随堂提问的回答、单元测验的成绩、课外作业的完成情况等信息来进行整体和个体的学习效果的评价。课外作业不但是促进学生加深对课堂教学内容的理解掌握，提高学生运用课堂所学知识分析、解决问题能力的重要方法，同时可作为检验和评价学生课堂学习效果的重要手段。为了更好地通过作业情况来检验和评价课堂教学效果，布置课外作业时，可根据学生学习能力和水平存在差异的客观实际，分别选定难、中、易三个等级的题目各二至三题，并只要求学生根据自己的情况选做其中二至三题，但鼓励多做；检查和批改作业时，通过做题的质量、数量和难度可以对学生学习效果和学习态度做出初步的评价；讲评作业时则要根据准备性评价中得出的每个学生的基本情况，以不同的标准进行讲评。对于学习基础较差的学生只要其能完成难度低的习题就可视为完成作业，做了中等难度以上的题则应给予表扬；对于基础好的学生则应提高标准，只有在完成了难度较大的习题时，才给出好的评价，从而使各个水平的学生都有适宜的、可实现的学习目标，激励和保证每个学生在教学过程中都尽可能地取得最大的收效。过程性评价不是给学生的学习评定等级或做出结论，所以在进行过程性评价时，教师关注和记录的应该是评价中发现的问题和原因，而不是学生的分数和表现。教师应该根据发现的问题及时分析产生的原因，调整自己的教学方法，协助学生分析问题，制定改进学习的方法措施，并做好个别辅导。过程性评价的结果可以作为结果性评价的参考依据。

（3）课终总结性评价的设计与实施

总结性评价在课程实施或教学过程结束时进行，目的在于：①对本课程教学过程进行总结分析，肯定成绩和优点，找出问题和不足，吸取经验和教训，为教员在今后课程教学中改进教学设计提供反馈信息；②对本教学过程最终取得的教学效果和教学目标的实现程度做出评价；③以目标为牵引，辅以有效的奖惩机制，全程激励师生的教学热情，促进师生的责任意识和进取意识。总结性评价多采用考试和座谈等方法获取评价信息，通过综合的总结分析得出评价结论。总结性评价由任课教员、教研室组织，也可由专门的考试机构或教学质量评价机构组织。

总结性评价既是对本教学过程的总结和评价，又为设计和实施下一个教学过程提供经验和指导，在教学设计与实施中有着重要的地位和作用，必须科学务实地做好设计并切实有效地去实施。

第一，试题试卷拟制既要依据课程教学的目标要求确定试题范围、试题类型、难易程度，也要兼顾教学对象实际的学习能力和水平，以确保考试能真实有效地反映课程教学目标的实现程度和学生能力素质的发展提高。

第二，分析评价既要依据教学目标做好教学目标实现程度的绝对性评价，又要根据不同学生、不同单位之间的不同特点做好相对性评价。既要看学生知识、能力素质的"当前量"，更要看其教学实施前的"初始量"与"当前量"之间的"增量"；既要看学生在本课程知识能力方面的收获，也要看通过本课程教学后，学生在德、智、体、技等综合素质方面的提高和收获。

第三，在评价结果的处理上既要依据评价结果和相关规定进行严格的奖惩，发挥好总结性评价的激励作用，更要根据评价中发现的问题、不足和优点收获，做好经验教训的总结，并制定改进的措施，发挥好教育评价的调节作用。

第七章 语文教学设计的其他要素

第一节 语文课堂提问

一、中小学语文课堂提问存在的问题

中小学语文课堂提问存在的问题如下。

（一）表面的提问

教师为讨论而讨论，而不是为了促进学生之间的相互交流与理解。提问的内容缺乏思考价值，几乎不会对学生的思维产生刺激与冲击。表面上教师在提问，学生在回答，但是学生所回答的只是课本上的公共知识，而不是学生自己体验所生成的个人知识。大而空的问题往往不能贴近语文教学目标，学生的答案模棱两可，教师的评价也含含糊糊。这样的问题不但无效，而且会让学生养成囫囵吞枣的浮躁习气。

（二）包装的提问

有些教师在提问的外面加上了一层特殊的"包装"，多了一分斧凿，少了一分自然，一问齐答，师生之间缺乏自然的亲和力。在这种提问中，教师没有真正理解提问的真谛和意义，只把提问当作一种技术和方法。教师不够亲切，或者看起来亲切，其实在学生心中却觉得比较疏远。教师呈现的主要是课堂组织能力、社会角色及理性人的一面，缺少教师自然情感的投入以及教师信仰、真实自我的呈现。这样的提问，教师只关注自己教学行为技能的表现，而忽略了行为技能背后的学生感情、人格的和谐发展。它能够让学生学得更有效率，但缺少对生命意义的感悟。因此，教师在提问时应该神态自然，以鼓励的眼神和亲切的话语鼓励每一位学生，无论答案怎样，教师都应公平公正、满腔热情、一视同仁。对回答正确的学生，教师要予以表扬；对回答错误的学生，也不能指责和嘲笑，应真诚而又耐心地加以引导和启发。

（三）随意的提问

教师想到什么就问什么，前后问题之间缺乏逻辑性。语文课堂中还存在着大量随意的提问："是不是""对不对""好不好"之类的无效性问题；学生上课不专心听讲，教师突然发问的惩罚性提问；一味鼓励学生提出与众不同的观点，致使学生偏离教学目标的不合理提问；貌似民主、

充分尊重学生主体地位，让学生畅所欲言，但对学生提出的问题搁置在一边不予理睬的作秀性提问。优秀的语文课堂讲究前后照应，讲究起承转合，讲究生动流畅的美感，而这种美感在很大程度上是依靠严谨、连贯的课堂提问来实现的。

朱熹曾说，"读书无疑者须教有疑，有疑者却要无疑，到这里方是长进。"对于学习者来说，学习过程实际上是一种提出问题、分析问题、解决问题的过程。教师出色的提问能够引导学生去探索所要达到目标的途径，获得知识，养成善于思考的习惯和能力。

提问是为教学服务的，为提问而提问是盲目的提问。盲目的提问无助于教学，只能分散精力，浪费时间。目前，许多教师对提问还缺乏科学的认识，还不能有效地运用提问来达成高层次的教学目标，语文教学课堂提问方面还存在着，问题数量多，松散零碎，简单肤浅，缺乏思考价值；组织提问序列不清，缺乏系统观念，教师东一榔头西一棒子地盲目发问，有意无意地节外生枝，偏离目标，学生无所适从地跟着教师东碰西撞地找答案，根本无法了解自己的学习过程；提问匆忙急促，节奏紧迫，教师只顾着抢时间完成教学程序，无视学生的思考时间，师生始终在"短平快"的紧张节奏中；提问死板干巴，枯燥无味，提问前不善于做必要的铺垫准备，提问中也没有其他活泼多变的教学手段和动作方式与之穿插配合，问题转换时，也不能做自然、恰当的过渡；问题的解决毛躁、漂浮，学生回答问题常常是支支吾吾，含糊其词，而教师也不做追究，只求自己完成教学环节，不问学生是否获其所应得。主要表现在问题设计的目的性弱、有效性差、问题水平偏低、教师提问多，学生主动提问少、期待时间不充足等方面。

要进行有效的提问，关键在于科学地设计问题。

二、课堂提问设计的模块

在这方面，国内外不少专家进行了有益的探索。其中最有代表性的是布鲁姆·特内的教学提问设计模式。这一模式是由教育家特内按照美国著名教育家本杰明·布鲁姆的《教育目标分类学》的基本思想而创设的。在这种提问模式中，教学提问被分成由低到高六个水平，每一水平的提问都与学生不同类型或水平的思维活动相联系。这六个水平是：知识（回忆）水平的提问、理解水平的提问、应用水平的提问、分析水平的提问、综合水平的提问以及评价水平的提问。这种教学提问设计模式很科学，按照该模式，结合我国中小学语文教师课堂提问的现状，中小学语文课堂提问设计时可以将问题归集为三个模块。

（一）基础模块

基础模块的问题比较简单，一般是为扫除阅读与理解的障碍而设计的，主要包括字词问题、识记性的问题。

基础模块的问题通常与课前的预习结合在一起，在课堂上教师要控制这类问题的数量。

（二）提高模块

提高模块的问题其实是在基础问题的基础上针对字词在语境中的意义、课文的理解、中心的明确以及应用能力和分析能力的训练而设计的。

（三）拓展模块

拓展模块问题的目的在于延伸课堂。拓展提问是好的课堂提问中必不可少的成分，它可以就教材的内容、主题、结构或写法进行拓展提问，也可以就学生的学习方法、学习体会进行延伸提问，目的是拓展语文课堂的时空，并收到举一反三、触类旁通的效果。拓展模块的问题主要针对评价能力、续写能力、想象能力的训练而设计。

三、课堂提问设计的规则

课堂提问设计的技巧其实就是回避低效性、低水平、弱目的性、弱针对性的问题，讲求问题的科学性、实效性和艺术性。

（一）以能激发互动与共鸣为原则设计提问

建构主义学习理论重视教学中教师与学生以及人与环境的社会性相互作用，而这种社会性相互作用集中表现在两个方面：

第一，实现有效的互动与教师创设的问题情境密切相关。如果教师创设的问题与布置的作业大多数是回忆、描述事实，或一味纯粹模仿性的，那么这样的问题不能实现师生、生生之间真正的交流。教师在课堂教学中，只有创设一些能引起学生认知冲突的问题与讨论，才能实现师生、生生之间有效的互动。

第二，交流应是双向的。教师设计有效的问题，学生经过思考或小组讨论，在回答问题后，教师应给予有效的反馈，而不是仅仅简单地判断学生回答问题的对与错，或简单地予以更正。教师的介入行为应该是：如果学生回答正确完整，则一定要给予明确、积极的评价。如果学生回答不周、不足甚至错误，则要引导其找错并加以改正，或指导学生弄清楚回答的根据和理由，通过再思考修正先前的回答；或要求学生补充或修正他人的回答。不能受所谓教学时间或教学任务的限制，放弃这类包袱或简化对这类问题的解决。

进行好这样的反馈活动，不仅有助于发展学生评价、判断和交流的能力，而且有助于他们重新梳理和调整知识结构，有助于他们有效地建构知识。

真正的课堂是一个动态发展的过程，具有很大的生成性。要提高课堂提问的实效性，教师要及时发现并抓住课堂中生成的有价值的问题或有价值问题的诱因进行点拨提问，加以重锤敲击，从而激起共鸣、碰撞智慧。

（二）以紧扣教学重点为基点精选关键提问

提问是中小学语文课堂教学中最普遍运用的一种教学手段，但过多的提问，会挤占学生自主学习的时间。首先，问题设计得再好，站起来回答的总是部分学生，教学活动面受到局限，并不能真正调动全体学生思考的积极性。其次，回答问题也不能代替朗读、背诵、书写等基本能力训练，不能代替课文对学生情感的熏陶，所以，课堂提问不宜多，精当的提问，应符合教学的需要，激发学生的求知欲，并启迪思维。以紧扣教学重点为基点精选关键提问，可以改变课堂教学胡子眉毛一把抓、重点不突出的现象；可以充分调动学生学习的积极性，变以讲为主为以读为主；可以克服满堂问的缺点，切实做到"教师主导，学生主体"。但要注意，紧扣教学重点提问，提出的问题，一要少，要直插要害；二要精，要有利于学生思考，能起到"以问促读""以问促思"的作用。

（三）以课堂教学需要为根据把握提问时机

提问要选准时机，启于愤悱之际，问在矛盾之时。若不论时机，不辨对象，随时发问，是难以取得一石激起千层浪的效果的。高质量的提问、精彩的提问，只有在关键时刻提出，才能有效地调动学生学习的积极性和创造性，才能有效地突出重点，突破难点，让学生顿悟。在什么时候提问，要根据教学内容的性质和需要而定，要在对学生、对教材了然于胸的基础上来定。只有把握好提问的时机，在关键时"投石冲开水底天"，达到"一石激起千层浪"之妙，才有艺术性可言，这样的提问才能余音绕梁，韵味无穷。

在合适的时机提出合适的问题，能突破课文的重难点，能让学生在顿悟中加深对课文的理解，收水到渠成之效。

（四）以拓展学生思维为目的预留想象空间

预留想象空间一般用于拓展模块问题的设计中。

想象力比知识更重要。因为知识是有限的，而想象力概括世界上的一切，推动着进步，并且是知识进化的源泉。语文教学在发展学生的想象力方面更具有特别的任务。因此，语文教学的提问设计，应当特别具有培养想象力的功能，体现创新教育的价值，而不是重复课文情节上提问。

这样的语文课，能使学生的主体精神和创新意识得到充分的培养和发展，课堂效率就更不用说了。

（五）以轻松活泼有趣的语言编制系列问题

课堂教学中有时候需要设计系列问题，此时需要注意语言的风格，否则古板压抑地一路追问，学生容易倦怠。

课堂教学中巧妙的提问，常常能收到"一问提醒梦中人"的效果。教师加强堂提问设计方面的研究是激发学生的学习兴趣、启迪学生的思维、调动学生的积极性的需要，同时也是教师个人成长的需要。

四、中小学语文课堂提问的有效性

在中小学语文课堂上，提问是一种必不可少的教学技能。恰当地运用提问，可以开启学生的心灵，增长学生的能力，诊断学生遇到的障碍，对学生进行个别指导等。因此，提问是否得法，引导是否得力将直接影响教学的效果。

目前中小学语文课堂提问存在诸多问题，可将其概括为七个字，即多、碎、浅、乱、急、干、飘。前三项属于提问内容方面的问题，后四项属于提问技巧方面的问题。有效的课堂提问应该尽量避免上述七种问题，下面将从提问内容和提问技巧两方面来阐述中小学语文课堂提问的有效性。

（一）提问内容，即问什么的问题

1. 课堂提问要围绕教学目标，设计"主问题"

提问是为教学服务的，因此，提问应紧紧围绕教学目标，突出重点，突破难点，以"主问题"设计带动整篇文章的阅读理解。"主问题"相对于成串的"连问"、简单应答的"碎问"而言，是引导学生对课文进行研读的中心问题或关键问题。"主问题"是经过概括提炼的，着眼于整体地带动对课文的理解品读，着眼于引导学生长时间的深层次的课堂学习活动，每一次提问设计都能形成和支撑课堂上一个时间较长的教学活动的"板块"。在以"主问题"为线索的阅读教学中，由于一般性提问的"量"大大减少，课堂活动以学生的读、写、说、思为主要内容，课堂气氛因此而显得生动活泼。可以说，"主问题"就是用精、少、实、活的提问将学生深深地引进课文，激发学生研讨的热情，从而有效地开展课堂教学活动。

2. 课堂提问要有层次性、连续性，能够启迪学生的思维

层次性，一体现在课堂提问要由小到大，由简到繁，由易而难，层层递进，步步深入。二体现在课堂提问必须面向全体学生，要兼顾优、中、差三个层次的学生。对尖子生可合理提高，对中等生可逐步"升级"，对后进生可适当"降级"，从而使全体学生都可汲取知识的营养。什么样的问题适合什么层次的学生来回答，学生自己不必知道，教师必须做到心中有数。对于后进生，可设计一些低级认知问题，如记忆性问题；对于中等生，可设计一些理解性、应用性问题；而对于优等生则可以设计一些高级认知问题，如分析性问题、综合性问题等。连续性，就是指课堂提问前后应有逻辑上的联系，不是孤立存在的。在一个由层次性、连续性的提问所创设的特定情境中，学生的思维才能够充分地从一点到另一点，由浅入深做连续的活动，否则，学生的思维一方面将陷入紊乱无序的境地，另一方面如浮光掠影，不能深入。

3. 课堂提问要兼顾教材的整体性、系统性，帮助学生形成知识结构

中小学语文教材的编写体例是单元分组教学，每一个单元都有重点读写训练项目。每一单元有精读课文和独立阅读课文，它们承担着各自不同的教学任务。教学以单元为基本单位，以课文为载体，这就要求我们在进行单元教学时，要从整体上考虑问题的设计。这些问题既要考虑本单元的重点训练项目，又要考虑课文在本单元所处的位置。当一个单元学完了，可以通过提问启发学生进行比较、归类、总结，使学生明白其内蕴的关系，形成知识结构。

（二）提问技巧，即怎样问的问题

1. 课堂提问必须言简意赅，不让学生产生歧义

课堂提问言简意赅是最基本的要求。经常在课堂上看到教师问出一个问题，学生的答案五花八门，离教师的预设十万八千里，其实就是教师的提问不够清楚明白。只有准确简洁的语言表述才不会让学生产生歧义，不知道如何作答或者答非所问；只有准确简洁的语言才能引领学生沿着教师的预设前进，才能激发学生思维的火花，活跃课堂气氛，从而到达真理的彼岸。

2. 课堂提问必须缓急有度，掌控课堂教学的节奏

教师设置的问题应疏密有间，在紧张的高潮之后要继以小的停顿，让学生对输入的信息有时间去梳理，以利于大脑皮层的有效储存。不能一个问题接着一个问题，高密度的问题只会让学生疲于招架，无心思考。罗尔发现，在大多数的课堂中教师的等待时间不足一秒。增加等待时间3秒，会产生如下影响：学生回答问题的长度增加，正确性上升；特别对那些反应慢的学生，不能回答的情况减少；主动、自发的回答增加；参与问题讨论的积极性提高；交流增加。因此，教师在提问后要留给学生足够的思考时间。在一系列紧张的提问之后，可以安排欣赏配乐朗诵或者美丽的图片等，来缓解学生紧张的思维状态，让大脑得到片刻的放松。学生的有意注意时间短，要通过种种方式调动学生的无意注意，将有意注意和无意注意相结合，达到最佳的课堂教学效果。

3. 课堂提问要变换方式，调动学生学习的热情

教师在提问过程中，不能拘泥于某一特定的模式，要善于灵活运用多种方式，调动学生学习的热情，共同完成教学任务。

（1）变换提问的角度

由顺向换为逆向，如不问作者这样写为什么好，而问不这样写行不行，为什么？由单向转为多向。由于语文教材内容包罗万象，有时可以从政治、历史、地理、音乐、美术的角度提出问题，这样既能给学生以新鲜感，又有利于增强各种知识的联系。

（2）创新提问，忌俗宜新

一个小故事，一条民间谚语，一句顺口溜引出的提问，往往令人耳目一新。反之，提问落入俗套，久而久之，则令人生厌，顿生乏味之感。

（3）口头提问与书面提问相结合

有时候，当学生对于听觉的刺激感到厌倦了，换一种视觉的刺激，充分调动学生的多种感官，效果也是不错的。

4. 课堂提问后关注问题的解决，避免毛躁、漂浮

课堂提问后学生能否准确地说出答案，是否又生成了新的问题，这些都是需要教师关注的。有的问题比较简单，学生能够一下子就说出答案，但有些问题有一定的深度，学生在回答的过程中可能"卡壳"。教师应该耐心地给学生一些思考的时间，如果学生还是思考不出来，就需要进一步地追问。追问应该注意化繁为简、化难为易，帮助学生顺利地解决问题。不能学生一"卡壳"，教师就迫不及待地将问题移交给更好的学生，这往往不利于问题的解决，因为这个学生遇到的问题可能就代表了大部分学生的问题。学生在回答问题的过程中可能生成新的问题，对于这些新问题，对于关乎文中重难点的关键性问题，一定不能放过，往往一些特级教师就能机智地利用这些生成的问题，使之成为课堂的亮点，我们何不效仿呢？

总之，中小学语文课堂提问要做到紧紧围绕教学目标，以"主问题"串联起整篇课文，避免"多、碎、乱"，以学生为本，变换提问的方式，启迪学生的思维，避免"浅、干"，对于学生

的回答，耐心地等待，适时地追问，避免"急、飘"，才是有效的课堂提问。

第二节 语文课堂板书

多媒体是多种信息的集合，将互联网、电视、录像等媒体上的各种信息集合起来，多媒体课件则是将文字、图形、图像、视频图像、动画和声音集合起来的一种教学工具，能够让学生的感觉器官全方位地感受信息，能让枯燥乏味、抽象的讲解变生动。多媒体教学手段的运用将大大提高课堂教学效率，这一点是传统的板书、挂图等手段所无法相比的。与很多教师交流，大家都认为，在边远农村中小学都普及了多媒体教学设施与设备的背景下，板书的作用真的不大了，传统的课堂板书有被淘汰的趋势。

尽管多媒体课件能组合影音动画，能容纳大量的教学信息，在吸引学生注意、提高学生学习兴趣以及提高教学效果方面有很多特殊的优势，但还不能完全取代课堂板书。首先，多媒体课件都是预先设计好的，课堂上基本不再改动，因此难以做到随机应变。例如，课堂上学生随机提出问题引发师生讨论时，这个问题课件中并没有预设，那只能通过板书展示或呈现。其次，多媒体课件信息量大，容易忽略学习进度慢的学生的特殊需求。再次，多媒体课件的运用容易将语文课变成一成不变的流程的展示过程，反而单调。最后，中小学语文课堂上仍有很多内容是信息技术手段所不能呈现的。另外，还有许多场合，如停电、多媒体设备出现故障的时候仍需要依靠板书。因此，板书仍是教师的一项基本功。

一、板书的类型与作用

（一）文字型板书

文字型板书是按照一定的格式，根据课文内容确定出的书写在黑板上的文字，它能表示文章的主要内容、中心思想、文章结构、写作方法、修辞知识等。

1. 重点词和中心句型

这是从课文中找出重点字词书写在黑板上，以体现课文的内容和要教给学生的知识。这种板书根据文章的结构和作者的思路来设计，选用课文中的重点词和中心句，有利于对学生进行词句训练，也便于对学生进行思想教育。

2. 概括意思型

此类板书是用自己的话概括文章段落、写作目的、篇章结构、写作方法、修辞手法等。

（1）关键词句型

这是用关键性的词语概括文章的主要内容、写作目的、篇章结构的板书形式。课文的内容用概括性的词语全部反映在这则板书里，可以帮助学生厘清文章的主要内容，以及各部分的衔接关系，进而了解作者的写作意图。

（2）整洁词句型

这是根据课文内容，教师用相同字数、整洁词句概括出文章的内容、中心思想，并用篇章结构的方式书写出来的板书形式。这种板书抓住人物描写的特点和主要内容，从外貌特征反映出人物形象和故事的脉络，刻画的人物有血有肉，极具个性特征，也使课文内容和写作方法一目了然。

（3）诗歌型

这是根据具体课文，将文章内容、篇章结构用押韵的诗歌形式总结出来的板书形式。这种板书通过对课文内容的高度概括，用押韵的诗歌形式来表现，学生易懂易记，读来朗朗上口，学生很容易理解课文内容。

（4）写作方法型

就是根据课文内容，除介绍主要内容、基础知识、写作目的外，还把写作方法放在主要位置上的板书形式。这种板书将课文的写作方法总结出来，可以清楚地展示文章的结构、线索和中心。

（二）表册型板书

表册型板书用表册的形式将课文主要内容、人物心理变化、故事情节、文章线索、写作目的等内容列入其中，给人一目了然的感觉，学生易学易记。

表册型板书将课文内容全部表示出来，这样的板书符合文章结构形式，系统且简便地将课文内容进行高度浓缩。学生从这则板书中不难掌握课文的主要内容。

（三）图示型板书

图示型板书是用图形辅以文字说明的板书形式，能直观形象地表示出文章的主要内容、篇章结构、写作目的等，更利于学生吸收和理解课本知识。图示型板书要求教师有一定的绘图能力。

二、中小学语文课堂板书设计的要求

（一）内容科学化

内容科学化是板书设计的首要标准。没有内容科学性的保证，一切板书设计都将走上"形式主义""唯美主义"的道路。内容的科学化有三个基本含义：第一，表现课文内容的准确性。板书是教材的反映、是课文的缩微，设计板书应该首先保证表现课文内容的准确性。第二，反映教材知识的正确性，即表现语文学科知识及语文课所涉及的自然、社会科学知识准确无误。第三，表情达意的真实性。板书是教师落实教学意图的主要工具、是教师教书育人的重要手段，因此板书应该保证教师表情达意的客观性、真实性。

（二）形式艺术化

马克思主义哲学认为，内容决定形式，形式服务于内容。优秀的板书应该是内容与形式的完美统一。我们在尽力追求板书内容科学性的基础上，也应该追求形式的艺术性。

1. 形象性

板书构图形象、具体、直观，是语文板书的一个显著特点。因此语文板书设计常常运用语言、符号、线条、色彩等要素的巧妙组合、和谐搭配，创造富有形象美的板书，以吸引学生注意，激发学生兴趣，培养学生的形象思维能力。

2. 新颖性

板书设计追求创新。长时间的千篇一律，势必令人厌烦，思想分散。只有多种多样的形式才能激发学生的兴趣，使学生长久地处于兴奋状态，以高度的注意力投身于学习。

3. 独特性

板书是教师对教材独特理解后的创造，是教师创造思维的集中体现，也是教师审美情趣的独特折射，所以因人而异，不可能"划一"。板书因形式不同而丰富多彩，因风格不同而独具个性。丰富多彩、独具个性是语文教学板书设计的最佳境界，是语文教师不倦追求的目标。

4. 趣味性

兴趣是最好的教师。学生所有智力方面的工作都依赖兴趣。我们要让学生喜欢语文，让学生喜欢上课，"趣味性"是第一要素。教学内容要有趣味性，教学方法要有趣味性，教学语言要有趣味性，教学板书也要有趣味性。

5. 审美性

板书要有"实用价值"，也要有"审美价值"，这是教师的理想。让学生"喜闻乐见""心领神会，愉悦陶醉"的板书是具有审美价值的板书。教师是美育的主体，设计的板书应显美、创美，使学生产生美的情趣，激起美的向往，得到美的享受，获得美的陶冶。

（三）手段现代化

电教化是现代语文教学的发展方向。板书手段现代化，也是板书得以生存、发展的条件。没有手段现代化，板书未来将不复存在。实际上，板书与电化教学也有着天然的互通、互赖关系。教师设计好的"板书"，便可制成图片去投影，或制成"课件"，通过电脑传送。两者相得益彰。

三、中小学语文课堂板书的要求

（一）文字：正确、清楚、美观

文字是板书的工具、媒介，课文的内容、教师的意图都通过它表达，因此要求板书文字：一要做到正确规范，即不写错字，不写繁体字、异体字和被废的简化字；二要做到端正清楚，不潦草难辨，不影响学生学习；三要做到漂亮优美，给人以艺术享受。叶圣陶先生说，"实用的写字，除了首先求其正确外，还须求其清楚匀整，放在眼前觉得舒服，至少也须不觉得难看"。板书的文字既属实用的字，又属艺术的字，更应做到叶老所说的要求。另外，文字写对、写清、写好也是语文教师的基本素质。语文教师肩负传授祖国语言文字的重任，应起到身教、示范作用。

（二）语言：准确、简洁、生动

马克思主义的文风要求文章语言准确、简洁、生动。板书是书面语言，板书因此也要做到准确、简洁、生动。准确，是指语言能正确反映课文的内容和施教者的教学意图；简洁，是指语言概括精练，不拖泥带水、不啰唆重复；生动，是指语言具体形象，富有趣味性。语文板书对语言的要求更为严格，因为语文课首先是"语言课"，其首要任务在于教会学生理解、使用祖国的语言文字,所以语文板书的语言应起"榜样"作用。

(三)内容:科学、完整、系统

语文板书要发挥其"服务教学"的作用,取决于内容的准确性、完整性、系统性。板书的内容错误、零乱、缺漏,必定影响板书的表情达意,以致误人子弟!科学是指板书内容要准确无误地反映教材,体现教师的教学意图。具体地说,板书表达的知识要正确、再现的信息要准确、反映的资料要无误、揭示的主题要客观,并且又能准确深刻地体现施教者的思想情感。完整是指板书内容完备全面,体现课文的整体性。当然在整体性的前提下,要突出重点,做到整体性与重点性统一。系统是指板书内容内部联系紧密、系统有序、条理分明、逻辑性强。板书内容的系统性,对学生把握文章的整体结构、了解作者的行文思路,培养学生整体思维能力有其重要意义。

(四)造型:直观、新颖、优美

板书的造型是指板书形式的安排,是体现板书形式美、外在美的主要手段。它要求板书图示的排列和组合在准确体现内容的前提下,力求生动活泼,给人形式上的美感。语文板书造型依据学科特点、教材特色、教学情景、学生实际、教师个性,要求做到直观、新颖、优美。所谓直观是指板书造型具体可感、形式可视,富有趣味性。所谓新颖是指板书造型新颖别致、独特新奇,富有创造性。所谓优美是指板书造型符合美学规律、审美原理,符合心理审美取向,富有强烈的艺术感。板书是反映课文内容的镜子,展示作品场面的屏幕;是教师教学引人入胜的导游图,学生学习中掌握真谛的显微镜;是开启学生思路的钥匙,进入知识宝库的大门;是每堂课的眼睛,读写结合的桥梁。这话虽是比喻,但它却生动地揭示了语文板书的深刻价值。这一价值的发挥,取决于板书造型的生动和美感。因此,优秀的教师都会花大量的精力去设计富有科学性、教育性、实用性和艺术性的板书。也只有这样,板书才能发挥其"几乎可以服务于无限目的"的功能。

(五)结构:严谨、有序、巧妙

板书之所以能给人以美感,除了内容的科学美、形式的外在美外,还在于板书内部组合安排的严谨、有序、巧妙,这便是板书结构的要求。严谨是指板书布局合理、构思严密,内在联系缜密而富有逻辑性。板书是知识信息科学的、系统的编码,这一编码便要求严谨缜密。有序是指板书内部联系有条有理、秩序井然,富有顺序性。这一点既体现了课文作者有条不紊的思路,又表现了教师授课井然有序的教学思路,对指导学生"学习思路"产生深刻影响。巧妙是指板书构思、构图自然巧合、妙趣横生,给人一种"意料之外,却又在情理之中"的美感。

所有的直观教具中,要数黑板最普遍、最重要、最灵活。但是也许正因为黑板过于为人们所熟悉,因而往往被人们忽视或使用不足。许多教师利用黑板的能力很差,还从未探索过它令人兴奋的各种可能的办法。这里所指的"令人兴奋",应该是指板书巧妙的构思、灵活的运用给学生带来的惊喜、给教师带来的愉悦!

(六)色彩:恰当、蕴藉、和谐

心理学认为色彩能引起知觉,唤起味觉,兴奋大脑皮层,促进自由神经活动,和谐心理发展。

因此板书设计追求色彩的合理搭配，尽量做到恰当、蕴藉、和谐。恰当是指板书色彩搭配合理。板书有强调作用，白色外施加其他颜色可以突出重点、难点、疑点、要点、特点；蕴藉，是指板书色彩含义深刻，富有象征意味，起表情达意的作用；和谐，是指板书色彩搭配谐调，有审美价值。色彩美感最通俗，易为学生接受。所以马克思说色彩的感觉是一般美感中最大众化的形式。色彩使用主要以白色为主，和谐配以其他颜色，做到浓淡相间、色彩相宜、主次分明。

（七）功能：认识、教育、审美

板书要"书之有用"，这是设计的一大原则。板书具有以下七大作用：体现教学意图，落实教学计划；厘清全文脉络，便于提纲挈领；突出教学重点，深化课文内容；强化形象直观，加深学生印象；便于集中注意，有利训练思维；利于巩固记忆，增强教学效果；节省教学时间，提高教学效率。这是极为中肯的。根据语文学科特点，我们要求板书达到以下三种功用。

1. 认识作用

板书是教师对教材钻研后，用精练概括的书面语言对课文的归纳。因此，板书是教材的"缩微"，是课文信息的"集成块"。课文有认识世界、认识社会、认识自然、认识生活、认识自我的作用，板书当然也有这些作用，并且这些作用会因为板书的高度集中而变得更加明显。

2. 教育作用

文章不是无情物，师生皆为有情人。一篇篇文质皆美的课文，蕴藉着作者深刻的思想、浓郁的情感。动人心者莫先乎情，语文教师要发挥语文教育"文道合一"的作用，用精确、精练、精彩、精美的板书教育学生、启迪学生，使学生形成鲜明的个性、健全的人格。

3. 审美作用

板书不仅仅是教材的反映，更是设计者对教材审美的判断，是教师审美意识、审美情趣的集中体现，是施教者用来对受教者施加审美影响的"艺术品"。板书的审美作用通过板书的"美感"实现。语文教师应该站在美学高度，挖掘课文的自然美、科学美、社会美、艺术美，设计出美的板书，用以培养学生感知美、理解美、评价美、欣赏美、创造美的能力，从而塑造学生美的灵魂。

（八）风格：多样、创造、个性

每位教师板书内容与形式的诸因素的具体表现是不相同的，因此每位教师的板书都具有独自的特点。板书由内容到形式的特点的有机体现，即为板书的风格。它是一个人教学板书走向成熟的重要标志。一个教师要形成自己独特的风格，首先要继承，要学习、"占有"前人的板书，古今中外兼收并蓄，要容纳各种风格流派，走多样化的道路。从目前来看，我国语文板书风格大致分为三种：一种是纯文字的传统板书；另一种是新颖别致、形象具体的图示式板书；还有一种是前卫夸张变形的抽象式板书。三种风格的板书各有优点，应该相容互补。其次要批判性地接受，要创新。"为创新而教"是现代教学新理念，语文教师首先要做出榜样。要兼收并蓄，要从实际出发，扬长避短，根据自己的兴趣爱好、个性特长，以及对教材的不同理解，设计出渗透自己审美情趣的独特、新颖的板书。没有创新，就没有艺术。语文教师不能只会生搬硬套、只会模仿不会创新。最后，要有个性。继承、模仿、创新，形成自己的风格，这是艺术创作的必由之路。板书是每位教师根据自己对教材的理解进行的创造，是个人教学个性魅力的独特折射，因人而异，不可能有标准答案，不可能是一个模式。的确，板书应该有自己的个性。

（九）目的：明确、集中、合理

板书是工具，工具是用来为"目的"服务的。教懂学生、教会学生，使学生学会、会学，是教学的目的。板书为了达到这一目的，就必须有自己鲜明的"目的"。板书设计是整个课堂教学的有机组成部分，任何一则好的板书都是为一定的教学目的服务的。那种毫无章法地在黑板上胡乱涂鸦的所谓板书，我们当然要反对，而看似整齐却目的不明的板书也是不足取的。板书的目的要明确、集中、合理。明确是指板书为什么服务、为谁服务、怎样服务，具体明白、正确鲜明；集中是指板书目的单一，"高度集中"地为一个目标服务；合理，是指板书的定位合理、方向明确，符合教学总目标、总要求，不游离于整体教学，书之有理。这是板书设计者始终要考虑的问题。板书就其目的来说，应该有以下两个方面：其一为学生学习服务。板书是学生学习的"导游图""行军图"，是学生学习的"钥匙""门窗"，应起到助学、导读作用。其二为教师讲课服务。板书是教师授课的"微型教案"，是教师反映教材的"屏幕"，是联系师生感情的"纽带"，应起到辅教、帮授作用。

（十）态度：认真、虚心、务实

板书是对教材的一种提炼，是课堂教学的重要手段。它要求设计者态度认真、虚心、务实。我们反对板书书写"龙飞凤舞"，不求美观；我们反对板书活动随心所欲，不求计划；我们反对标新立异，不求实效；我们反对简单照抄、盲目搬用，不求创新；我们反对板书千篇一律毫无个性，不求丰富。我们倡导板书设计态度认真。认真钻研教材，挖掘课文内涵；认真构思设计，追求创造性、个性和艺术性；认真书写使用，在课堂上起"师表"作用，实行"身教"。我们倡导板书设计态度虚心。虚心学习他人板书；虚心接受学生的批评，让学生"喜闻乐见"；虚心学习理论、训练技能，努力提高自己的素质。我们倡导板书设计态度务实。为教而设计，为学而设计；为教材而设计，为课文而设计；为导入、提问、结课而设计；为预习、练习、复习而设计，真正做到"书之有用"。

四、中小学语文板书设计的问题与策略

板书是教学中文章思路、教师思路、学生思路三者凝结而成的艺术结晶；板书是课堂教学的有机组成部分，渗透、贯穿整个教学活动，是课堂中学生注意的一个焦点；板书是文章精华的浓缩，是文章的血肉。遵循板书的科学性及充分发挥板书的艺术性而精心设计板书，会在很大程度上提升学生的认知感受。某种程度上来说，板书是高效课堂的一个关键，需要引起我们高度的重视。板书的设计应该成为每一个中小学语文教师研究的重点，优美的板书，更应该成为每个中小学教师追求的目标。

现代语文教学思维的创新研究

（一）中小学语文教学板书设计中存在的问题

在语文教学中，板书是不可缺少的环节。它是激发学生学习兴趣、提高教学质量和效率的有效手段，也是衡量教师教学水平的重要标尺。有的教师由于缺乏教学经验，或者对板书设计在整个教学环节中的重要性及相互关系认识不足，从而导致在板书设计中出现以下问题：①多媒体课件的过度使用；②照搬照抄，缺乏创造；③板书内容简略，不能体现教学需要；④板书内容冗长，缺乏提炼；⑤板书讲写脱节，切入不当；⑥板书设计形式单调。

在中小学语文教学活动中，板书设计得好、运用得好，能化复杂为简单，化紊乱为条理，化抽象为直观。从美学角度看，它是课堂教学的精品展示，给学生的视觉效果是严谨、科学、简洁的结构美。我们更应该全方位地认知板书的作用，并潜心研究，避免板书设计中的问题给学生学习带来不良影响，要发挥板书的重要功能，为教育教学服务。

（二）中小学语文板书设计的策略

成功的板书设计，要在遵循板书设计要求的前提下，重视板书的内容选择、艺术构思和书写呈现技能，精心设计，实现板书教学的基本目标。

一方面，板书的设计是一种艺术，它需要教师具有创造性；另一方面，板书的设计也是一种科学，所以它也是有规律可循的。在掌握了板书设计的具体步骤的前提下，板书设计也要注意方式方法。

1. 从文眼入手，抓关键词语

抓住问题中的关键词，既能把握课文的主线，又能循着主线找出与主线相关的脉络。

2. 从文章主要内容入手，抓文章梗概

板书有再现课文主要内容的功能，因而在设计板书时应该考虑从文章的内容入手。在设计板书时，将课文的主要内容提纲挈领地写出来，揭示文本间的内在联系，有利于学生对课文的理解和记忆。

3. 从文章的层次结构入手，抓关键词语

文章的层次结构是作者写作思路的表现形式，厘清文章的层次结构，使学生清楚写作思路，明确表达的中心是阅读教学的重要环节。设计板书时可按照作者叙述的顺序厘清层次结构，抓住重点词语。可按时间、空间以及事情发展的顺序，总—分—总或并列的顺序厘清文章的结构。

4. 从单元重点训练项目入手，抓关键词语

中小学语文教材从中年级开始，每个单元都安排了重点训练项目，各训练重点都有明确的要求，都与本单元的各篇课文有着密切的联系。因此，设计每篇课文的板书时，都要弄清文章的特点，紧扣重点训练项目，找出文章的相应之处，抓住关键词语安排板书的内容和形式。单元训练的重点在于把握人物形象、教育学生学习这些美好的精神品质。因此，在设计板书时应该突出这些美好品质，从而加深记忆。

在中小学阶段，学生的认知还属于形象思维，教师更应该发挥板书的作用，为教育教学服务。

作为一名教师，应在自己的板书设计上提出更高的要求，用心专研，精益求精，设计好真正属于自己的板书，真正发挥板书的功效。

第三节 语文说课

说课就是宣读教案的活动，说课稿与教案的结构和内容等都大致相同，说课的核心是将如何上好特定的某节课说清楚即可。二者的区别主要在于使用场合不同：说课稿是提前准备用于将教案内容说给同行或专家（评委）听，教案主要是用于真实的课堂教学。所以，写好了教案，说课稿也就有了，在教案的基础上，增加过渡性的话语，将教案内容进行口语化的转换就是说课。

中小学语文说课是教师将自己的教学设计的内容、思路、理念与相关思考讲述出来的活动，说课面向的是同行或者专家，说课的主要目的在于展示设计、交流思想、争鸣观点以及改进与提高教学。中小学语文说课以教学设计为基础，要遵循教育学、心理学与教学论的基本规律和原理，也要体现中小学语文学科教学的规律与原则。

一、说课的主要内容

（一）说教材

说教材是在认真研究教材和分析教学内容的基础上，简要说明教材的地位、作用、分析教材的编写思路、结构特点等。一般要说的内容是教材的版本和课文在教材中的位置、课文的主要内容和课文的主要特色。说教材实际上是教学设计中的教材分析与教学内容设计口语化的浓缩表述。

（二）说学生

说学生对应于教学设计中的学情分析要素。说学生说的是学生的知识能力现状、学习能力、学习习惯与态度等。说学生是为后续的说教学目标、说教学重点与难点以及说教学过程提供依据。

说学生一般单独说，也可以融入其他部分说。

（三）说教学目标

说教学目标就是明确介绍具体的教学目标。说教学目标安排在说教材与说学生之后，因为教学目标只能是在深入解读教材、设计教学内容以及准确把握学情的基础上才可以确立。教学目标可以采用"三维目标"（知识与能力、过程与方法、情感态度与价值观）的固定模板表述，也可以灵活地采用其他方式表述，但表述必须涵括"三维目标"。

（四）说教学重点与难点

教师在分析教材和教学内容，把握学情，确立具体教学目标之后，继续分析要想实现这些教学目标，按学生的实际情况和教学内容确定哪些是重要内容（重点），哪些是学生学习中可能有困难的内容（难点）。教师在说重点与难点的过程中，还需要对如何突破这些重点和难点进行说明。

说课中的说重点与难点部分也可以放在说教材或者说教学目标部分，不必另外单独作为一个部分。

（五）说教法与学法

教法与学法不同。说教法主要说的是教师如何教以及为什么这么教，主要是教师说明用什么样的方法与手段去落实教学目标，阐述如何处理教与学的关系。说学法则是说学生如何学以及为什么这样学。说教法和说学法不能截然分开，因为通常在说教法时对应地就需要呈现学法。说教法与学法环节还要安排教师是如何运用这些教法与学法突破教学重难点或者这些教法与学法在突破教学重难点中的作用等内容。

（六）说教学过程

说教学过程是说课的核心环节，说教学过程主要说的是教学的总体设计、课堂结构、具体流程、时间安排、环节转换、板书设计等。同时需要对具体教学环节的设计原因（为什么这么设计或安排）、设计依据（这样设计或安排依据的是什么样的设计理念或学情等）以及目的（这种设计意欲达到何种目的）等进行说明，即要说明设计意图。当然，并非所有环节都需要说明设计意图，在要突出设计者的新想法、特别做法，或者设计者认为有必要解释，或者需要特别提示听者的时候，才需要这个部分。设计意图部分通常以备注的形式单独置于对应环节之后。

二、说课的基本要求

（一）内容完整，详略得当

说课活动要求教师在较短的时间内（10~15分钟）说清楚对教材、学情的分析，说清楚教法学法、教学过程以及理论依据等问题，说的内容要系统、完整。但受时间所限，同时为了让听者更好地把握重点内容，说课要注意详略得当、重点突出。通常情况下，说课的重点应放在说教学过程上。说教学过程同样要注意详略得当，突出重点和核心过程，而不宜面面俱到，事事都谈。其中要特别关注教学重点和难点问题，如何解决重点问题和如何突破难点问题更是关键。此外，为给听者留下深刻的印象，教学亮点、教学特色等也是需要具体说明的内容。

（二）说清理论依据

教师说课不能流水式地介绍自己设计的教学过程或教学中的做法，说清楚为什么这么教，这样教的理论依据是什么，这样教的意图是什么，这些比流程的介绍更为重要。换言之，教师在说课中一定要解释清楚自己采取某种教学设计和思路的理论依据。例如，学情分析就需要依据教育学和心理学相关的理论，教学方法的设计和运用要以教学论或教学过程论以及语文学科教学方法为指导。

（三）语言生动，富有交流感

说课是通过语言（包括肢体语言）、图表、图像甚至多媒体手段来阐述自己的教学设计的，以"说"为主，辅以适当的情感与情境表达。语言表达是核心，因此说课时要注意使用生动的语言，清晰地表达自己的意思，阐述时要做到仪态自然、语速适中、条理清晰、层次分明；精神要集中，而且要充满激情，富有交流感。说课要能打动听者，使其受到感染，能直观感受到说课人的自信和能力。

三、说课的方法

（一）多媒体直观法

教师利用电教手段，创设多种情境，使学生完全置身于课文所描绘的情景之中，在轻松、愉快的氛围中学习，充分激发学生学习的兴趣，调动学生的积极性、主动性，使他们能更好、更快、更准、更深地把握教学中的重点、难点，从而深入地理解课文内容。

（二）质疑问难法

古人云，"学起于思，思源于疑"。课堂教学中，运用恰当手段，引导学生质疑问难，能激发学生浓厚的思考兴趣和创新思维。

（三）自主、合作、探究法

教育孩子的全部奥秘在于相信孩子和解放孩子。学生是语文学习和发展的主体。根据课文的训练要求，以学生为主体，采用"自主、合作、探究"的教学方法，引导学生发现问题、提出问题、探究问题、解决问题。

（四）多读多背法

语文课程标准十分重视朗读。在教学中，把指导朗读和背诵贯穿整个教学过程，让学生在读中理解课文的内容，在读中实现对词句的训练和语言的积累。

四、说课的误区及矫正对策

说课，本是检验教师钻研教材，理解、把握课标精神，落实大纲要求的一杆"风向标"，也是衡量教师专业理论与专业素养的一项重要标准。它不仅要求教师能说清说好教学的预设，说出预设的理论依据，还要能自如地将教法、学法、教学原则等有机地融会进去，做到"有理有节，有根有据，有板有眼，有情有意"。

然而，不知从何时起，说课这一创造性的脑力劳动与个性张扬的智力活动却有点"变味走形"。说课的教师开始有些"投机取巧"了。

（一）教师说课中存在的误区

1. 大玩"空手道"

教师事先准备大量的"语录"，非常虔诚地背诵、记忆；大量地摘录课标中的理念、要求，将这些理论、说理、言论一股脑儿地塞到说课稿里，而对教材的理解、处理、重难点的突破一字也不捱边，投的是"空对空导弹"，玩的是"虚""大""空"的说课噱头。

2. 高唱"样板戏"

教师事先搜罗一些已经发表的或公开出版的说课材料，建立一个"说课模版"，做成一个"箩筐"，不管适用不适用，"对口"不"对口"，尽管往里装，装一个是一个，装两个是一双。基本样式为：三言两语说教材，搜肠刮肚说教法、学法，轻描淡写教学程序，随意拔高夸大板书设计，再来"画龙点睛"说教学效果预想。不管是什么课型的内容，不管是什么特点的篇章，总是往启发式教学法、激趣导入法、多媒体辅助法、拓展延伸法等教学方法里搬，往自主探究、小组合作学习方法往里塞。

3. 追求"高""大""全"

参评教师担心评委教师会评议自己"捡了芝麻，丢了西瓜"，索性来个"眉毛胡子一把抓"。于是，教师的说课开始变得谨慎、古板了，全往高、大、全方面发展。不管是低年段，还是中年段，抑或是高年级的语文教材，在说课内容的设置上都是"全方位"的，事无巨细，什么都要涉及，什么都是"蜻蜓点水"。为了体现语文学科的课内外沟通，也不管是何学段，也不管是需要不需要，总要在说课的最后一个环节贴上一个"拓展延伸"的标签，有时拓展得有点莫名其妙。

4. 玩"狸猫换太子"的伎俩

洋洋洒洒15分钟的说课下来，与文本愣是不搭界，死抱着两三页密密麻麻的"讲稿"，激扬文字，条分缕析，旁征博引，当评委想细听课堂流程的真正实施时，却"守口如瓶"，一句也没有。

（二）说课误区的矫正

1. 说课不应落入俗套，应张扬说课教师的教学个性

不同的教师，他（她）的教学风格、教学个性必然是不同的。说课内容大致应包括说教材、说教法学法，说教学程序，说板书设计等，但这只是基本元素，不是一成不变的，应该允许并鼓励教师将某些环节、步骤予以综合融会，允许教师做必要的加减法。比如，根据具体的教学流程，完全可以将教学设计意图、设计理念、教法学法等渗透组合在一起，这样说课者条理清晰，听评者眉目分明；也可以先说自己对教材的理解，钻研教材后的思考，对教材的处理设想，预设本班学生的学力状况及调控引导措施等。说课应追求鲜明的个性，实用的功效，切不可当"追风一族"。

2. 说课应疏密相间，张弛相配，要竭力追求"亮点""细点"

好的说课要有说书者的风度，应追求一种让听者"欲罢不能"的效果。在说课的环节安排上，也应注意疏密有致，张弛有度。对教材重难点的确定与突破应该在说课的时间安排上予以绝对的"优待"。说课更应追求实在、细致、精彩，有两个点（亮点与细点）须牢记，而且要紧紧追寻："亮点"指的是一课的教学设计要努力突破1~2处的重点，产生经典的精妙，给人以印象深刻之感；"细点"指的是语文教学要紧紧抓住语言训练、语感培养的细致处，通过教师有效的教学展开，以展示语文教学的独特魅力。

3. 说课不应是应景式的，而应是家常式的"升级版"

课堂是教师与学生共同成长的"幸福地"，课堂要的是真实、扎实、朴实的"小三实"，绝对拒绝应景式的作秀。因为学生是鲜活的，学生不需要受应景的"侵扰"。因此在教师看来，说课的最好方式应该是家常式的"升级版"。说课时应多一点思索，多一点交融，多一点教育智慧，让说课说得更有"质感"。家常版一旦升级，课堂的实效便会提升，基于这样原则的说课才是有效的。

4. 各级教育行政主管单位要通力合作，加强指导，狠刹"套路说课风"

本着对教师专业成长服务的宗旨，针对以上所列举的说课误区，教育主管部门要通力合作，加强对教师说课的指导，坚决刹住说课套路风，要加大"刹风"力度，纯净说课氛围，以此来督促教师。说课教师要敢于表白、敢于展示、敢于陈言、敢于创新。

第四节 语文教案

教学设计是根据课程标准的要求和教学对象的特点，将教学诸要素有序安排，确定合适的教学方案的设想和计划，一般包括教学目标、教学重难点、教学方法、教学步骤与时间分配等环节的设计。教学设计包括教案、学案、评价方式，甚至学生问题的创设、教具的应用等所有与教学设计有关的内容。所以，教学设计是一个泛化的概念。

而教案则是教学的内容文本，是教学设计的最核心的部分。一般有表格式、课堂实录式、普通文本式等，主要是对教学目标、内容、环节进行备课。教案是指导教师自己上课用的，也是考察一名教师备课的一个依据。每一位上过讲台的教师都明白教案的重要性，可是随着现代教育技术的介入，越来越多的教师开始关注教学设计了。

那么教学设计与教案有哪些不同呢？

一是范畴上的不同。教案是教育科学领域的一个基本概念，又叫课时计划，是以课时为单元设计的具体教学方案，是教学中的重要环节。教案的基本组成部分是教学进程，内含教学纲要和教学活动安排、教学方法的具体应用和各种组成部分的时间分配等。教学设计也称教学系统设计，是教育技术学科的重要分支，形成发展于20世纪60年代。它包括宏观设计和微观设计，主要是运用系统分析方法解决教学问题，以优化教学效果为目的，以传播学习理论和教学理论为基础，具有很强的理论性、科学性、再现性和操作性。课堂教学设计属于微观教学设计的范畴。

二是对应层次不同。教学设计是把学习者系统作为它的研究对象，所以教学设计的范围可以大到一个学科、一门课程，也可小到一堂课、一个问题的解决。从整体上看，教学设计可概括为以下三个层次：以系统为中心的设计、以课堂为中心的设计、以产品为中心的设计。鉴于我国目前的教学组织是以课堂教学为主，所以课堂教学设计是教学设计中运用最多的一个层次，而且从研究范围上讲，教案只是教学设计的一个重要内容，因此教学设计与教案的层次关系是不完全对等的。

三是指导思想不同。教学设计不仅重视教师的教，更重视学生的学，怎样使学生学得更好，达到更好的教学效果是教学设计的指导思想，所以对学习者进行特征分析是教学设计不可缺少的步骤，体现了现代教学理论的鲜明性。它强调教师主导地位和学生主体地位的辩证统一，注重学生学习能力的提高。教学设计非常重视对现有媒体的设计和充分利用，以创造良好的学习环境和学习效果，不少教师围绕媒体而展开课堂教学的设计活动。教学设计也非常重视教学目标和教学评价的设计，因而从传播学的角度上看，制定教学目标和实施评价在教学系统中分别具有前瞻和反馈的作用，是教学信息传播过程的重要组成部分。

四是元素的含义不同。教案一般包括教学目的、教学方法、重难点分析、教学进程、教具的使用、课的类型、教法的具体运用、时间分配等因素，从而体现课堂教学的计划和安排。教学设计从理论上来讲，有学习者需要分析、学习内容分析、学习目标阐明、学习者分析、教学策略的制定、媒体的分析使用及教学评价七个元素，然而在实际的教学工作中，我们讨论比较多的是学习目标、教学策略和教学评价三个主要元素。下面我们对教案和教学设计的对应元素进行分析。

目的与目标：教案中称之为教学目的，多来源于课标或大纲的要求，比较抽象，可操作性差，不便于对教师进行客观评价；教学设计的教学目标可由教师依据课标或大纲和学生的实际水平来制定，并要求用可操作的行为词进行描述，在认知领域一般分为识记、理解、应用三个层次。

重难点分析与教学内容分析：教案中的重难点分析主要由教学大纲指出，是教师上课讲解的主要内容和教案的重要组成部分；教学设计中的教学内容结合学习者进行分析，有一定的系统性和连续性，分析得到的重点和难点常常是媒体设计所针对的对象。

教具的使用与媒体设计：教案中的教具使用比较简单，多为模型、挂图等公开发行的教具，缺乏针对性和创新性；教学设计非常重视媒体的选用和使用，而且注意使用时的最佳作用和最佳时机，有较理想的教学效果。

教学评价：在教案的编写过程中评价体现得不明显；教学设计依据教学目标对学生掌握知识、形成能力的状况做出准确而及时的评价，是教学设计中的重要环节。

通过以上分析比较不难看出，教案作为经验科学的产物仍需进一步理论化，特别是现代教育思想和现代教育媒体的日渐介入，对教案的编写工作有巨大的冲击力；教学设计虽然有了自己的理论框架，但还需要在教育实践中充实和完善。由于二者既有相同点又有明显区别，而且二者都要在教育实践中得以发展，很可能在不久后的教育实践中二者会走上相互融合的道路。完全有理由相信拥有现代教学设计思想的教案会有着更加令人满意的教学效果，我们应该认识到两者的区别，绝不能将教案与教学设计的概念混为一谈。

教案即教学方案，从宽泛意义上讲，教案设计的过程就是教学设计的过程。在内容上，教案设计与说课设计有很多重合的地方，但设计的成果，即教案与说课案在形式上还有一定的区别，比如设计理念，在说课设计中是很重要的部分，但在教案设计中一般却不必写出来。不过近年来也出现了很多教师在教案的教学过程设计部分增加了设计意图说明。

设计并拟写中小学语文教案必须了解教案的格式和结构、教案的种类和教案设计的基本要求。

一、中小学语文教案的格式和结构

一份完整的中小学语文教案（本／册）应包括教案的封面、课程简介、教学大纲、教学日历和单元、课时教案的内容。

（一）单元、课时教学情况

包括：课题名称；授课班级；授课日期；教学目的；教学重点和难点；课型；教法与学法；教具；其他应考虑的内容。

（二）教学过程（进程/流程）

教学过程就是教学事件的安排，包括：教学时间安排（顺序和时长）；每个教学步骤（事件）的目标；相应的教学内容；教师的活动及其行为；学生的活动及其行为；设计意图、教学评估及教学辅案等。

其中设计意图、教学评估及教学辅案等不一定是每节课都需要的。

（三）教学后记

教学后记也称教学反思，主要预留空间用于记录课后的心得和感悟。通过教学后记，教师可以与同行、学生一起总结教学得失，利于改进教学。

二、中小学语文教案的种类

（一）详案与简案

按照教案的繁复程度，教案可以分为详案和简案。对于复杂的教学内容和新教师来说，一般可以选择详案，对于简单的教学内容和老教师，则可以选择简案。

（二）文字表述式教案、表格式教案和卡片式教案

这是按照陈述的方式对教案做的分类。通常情况下，表格式和卡片式教案都属于简案，文字表述式教案属于详案。当然，也有采用表格式或卡片式的详案。

（三）主教案、辅助教案和应急教案

主教案是教师准备实施的教案，体现课堂教学的主要脉络和安排，一般情况下，主教案能确保教学过程的顺利进行。辅助教案是主教案的合理补充。辅助教案主要是教师基于教学经验，针对通常出现的不同情况，以不同的教学内容、方法因应学生学习差异而设计的教案。应急教案是针对可能不应该出现的学习情况或教学中的意外事件而设计的教案。这三类教案中，主教案是常态教案，辅助教案和应急教案为非常态教案。

（四）纸质教案和电子教案

这是按照教案的载体形式而做的分类。纸质教案是传统形式的教案，教案本（册）中的教案是常见的纸质教案，而借助多媒体设备显示的教案则属于电子教案。电子教案一般有 PPT（PPS）格式的，也有 Word 格式的。纸质教案与电子教案各有所长也各有不足。

三、中小学语文教案设计的基本要求

教案是课堂教学的预案，教案成果反映教师的设计理念、对教材和教学内容的把握程度、教学方法和手段的运用水平、对学情的了解程度以及教师整体的教育教学水平。好的教案是上好一节课的基本保障。设计一份好的教案，要遵循一定的基本要求。

现代语文教学思维的创新研究

（一）体现语文课程理念

中小学语文教案设计的最基本和最直接的依据是语文课程标准，而课程标准中的课程理念是教师设计教案的理念源头和思想指引。中小学语文教案的设计最基本的要求就是要体现语文课程理念。具体而言，就是要充分体现全面提高学生的语文素养，正确把握语文教育的特点，积极倡导自主、合作、探究的学习方式以及努力建设开放而有活力的语文课程等基本课程理念。

（二）关注学生学习行为

教案从字面上理解是教师教学的方案，浅表层次上的理解，教案的重点是教师如何教，但一份好的教案不仅要设计教师如何教，更要关注学生如何学。学生如何学习、如何引导学生学习同样也是教案的重点。新课程倡导实施自主、合作和探究的学习方式，就需要教师在教案设计中将自己定位为学生学习的帮助者和引导者，同时将自己设计成学生学习过程中的对话者，充分体现教师的主导地位和学生的主体地位。

（三）展示教师个性风格

同一节课，不同的教师会有不同的教学方案，展现不同的风格，这是中小学语文教案设计的应然。现实中，以教师用书为依据或参考，甚或直接按照教师用书上课，不进行实质的教案设计的现象比较常见。千人同案、众案一词，忽略了学情，抹杀了教师的个性，更重要的是纵容了教师懒惰化趋势的发展。教师必须根据自身的能力基础、知识储备、个性风格设计教案，倡导多样化的设计，营造百花齐放、百家争鸣的教学氛围。目前很多地方举行的同课异构或同课异教活动就是一种激励教师进行个性化教案设计的活动形式。

四、教案写作的问题与策略

教案写作即为编写教案的过程，需要依据课程标准和教科书，从学生实际情况出发，精心设计。剖析教案写作的基本步骤后可以清楚地发现，它存在这样一个内在语言组织过程：教师首先要将想要讲述的内容通过口头语言的表达习惯转译成适合于课堂教学的话语，再将这些话语以书面文字的形式作为教案记录下来，然后在课堂教学过程中以此为蓝本进行现场"二度创作"呈现给学生。可见，教案从形成到实施都是处在不断变化的动态过程之中的，是一个永无止境的过程。这就要求教师在实际教学过程中，要努力做到时时刻刻地构思教案、改写教案、生成教案。这便是我们所倡导的教案写作的应有之义。

（一）教案写作中存在的主要问题及原因

1. 过分依赖学案

随着课程改革的推行，在中小学课堂中掀起了一股"学案风"。学案是一种以学习为本的教学计划方案，以学生自主学习为价值取向，以其学习活动为中心。简言之，学案即为辅助学生学习的计划方案。为学生提供清晰、明确且有针对性的教学内容的学案，不但有助于教师的教学，而且使学生在听课过程中有比较直观的学习依据，这对于提高教学效率、增加师生间的交流搭建了良好的互动平台。借助这一平台，教师可以将自己教学设计的主要环节以较为清晰的文字形式呈现给学生，学生也可以对教师的教学环节，特别是教师所引述的相关材料有较准确的把握。

然而，在当前的实际教学中，一些教师过分依赖学案，把学案当成课堂教学的唯一抓手，因而降低了对教案写作的重视程度，其主要表现为：一是许多教师将学案变成教案的"简化版"，即保留教案的主体框架，将整个教学环节呈现在学生面前；二是教师直接把书本上的例题和练习照搬到学案上，学生上课听课基本不使用教科书。长此以往，学生和教师就会产生对于学案的过分依赖感，学生越来越不会阅读课本、越来越不会听讲，教师也越来越不会写作可供课堂讲授的教案了。

2.过分拘泥于形式

在实际教学过程中，不少教师在教案写作中常常受到课程标准的束缚，单一、机械地表达教学目标；有关教材重点的撰写也大多是参考诸如教学设计等类型的教学参考书；至于板书的设计，也是以呈现教学框架为目的，而缺乏教师个性化的教学风格，没有生成动态板书。

导致教师所写教案千篇一律的原因是多方面的。从外部因素看，面对课堂教学之外繁重的批改作业、考试和处理日常教学事务的压力，留给教师撰写教案的时间是少之又少，教师很难静下心来认真研读教学文本，并在思考、总结和提炼的基础上撰写高质量的教案。同时，学校对教师的考核也常常采用诸多量化的评价手段。这样，管理变成了检查（其中以教案检查、作业批改检查最为典型），考核变成了考分，教师往往疲于应付，限制了其创造性地开展工作。从教师自身看，一方面，由于他们在接受师范教育以及在日常的教研活动中并未受过较为系统的教案写作的指导与训练，教师往往对"什么样的教案称为优秀教案"这一判断没有明确的认识；另一方面，优秀的教案写作需要教师具备大量的知识储备与丰富的教学经验，并且要全身心地投入教学科研之中。而一些急于求成又怕苦畏难者便常常望而却步，很难在教案写作上取得突破性的成绩。

3.过分重视预设

教案写作中安排必要的预设，符合教学的一般规律且在情理之中。然而，有些教师过分重视教案写作的预设功能。他们急于在每个知识点开始讲授时，就向学生们进行一种具有极强暗示性的教学"诱导"，学生在这种"诱导"之下一步步逼近教师所预设的方向与答案。这种看似突出"教师主导"的教学方法实则限制了学生们自由的思维空间。如果教师死守住一个准备应付一切情况的唯一途径不变，那么得到的便是学生的无知。

教案写作出现这样的问题，一方面，由于教师对所教授内容的理解还不够深入，未能对教学内容本身做全方位、多层次的解读；另一方面，教师对学生的知识水平层次、理解能力还缺乏深入的了解，对于课堂的整体把握与临场调度能力仍有待提高。

（二）教案写作的基本策略

1.教案写作的创作动机

教案的写作过程与教学一样，是教师主体人格内化于教学内容的过程。这当中便存在着写作的原始冲动，即创作动机的问题。明确教案写作的创作动机，这就要求：

首先，教师在教案的写作之初就必须在自己的大脑中构造出一种课堂教学的场域，树立现场感意识。现场感是教师走向课堂之前，在意识中主动建构的一种对于即将面对的课堂环境的感觉预设。只有对课堂环境做出整体的判断，教师在教案写作中才可能有的放矢，既能注意语言的选择，又能考虑对语言氛围的营造。

其次，教案写作的创作动机源于教师内心一种强烈的教学热情以及想要把知识传授给学生的冲动。从教学活动的现实存在形态来看，沟通实践是教学活动存在的根本特征。教学是一种基于对话的人与人的交流活动。尽管当前我们推崇民主、平等且互动的课堂氛围，但仅仅依靠学生一方是很难收到预期效果的。这就要求教师在教案的写作中要努力将自己想要表达的内容尽可能地记录下来，只有这样，在实际教学过程中才会有意识地把在备课时所准备的内容怀着极大的教学热情向学生们讲授。

明确了这两点创作动机，教案写作就不再类似于"挤牙膏"式的文字拼凑或是机械照搬一般撰写格式的教条，而是教师在准确的现场感意识牵引下"一挥而就"的主动建构，并在此基础上形成适合本节课教学的教案"格式风格"。这样的创作动机就从教案写作的源头奠定了整体基调，也为写作的具体实施过程确立了教学氛围与价值取向。

2. 教案写作的逻辑体系

教案写作要寻找一条一以贯之的主线，这便是教案写作的逻辑体系。任何一节课都应当具有一个相对完整的教学逻辑体系，而明确"一节课就是一个完整的教学活动"是寻找教案写作一以贯之主线的前提。课程改革之后，之前只注重教师单方向的知识传授，即"教师独霸"的课堂教学现状有了较大改善，师生交流、互动的环节逐渐增多了。但随之而来的问题是，不少教师一味地追求课堂互动、小组合作学习，甚至不惜占用教师讲课的时间而给予学生更多的讨论机会。显然，这些状况都在一定程度上走向了某种极端。出现这种极端现象的根源就在于，课堂教学缺乏一以贯之的主线，即缺乏围绕一个中心问题而展开的逻辑体系建构。教师按部就班地讲授，或许能够把每个问题讲清楚，但这样一种"线性式"的知识传授缺乏教学的整体感，使学生在听课过程中不能跟随着教师始终围绕某个问题积极听课、展开思考；提倡课堂互动、开展小组讨论，虽然在一定程度上围绕某一主题进行了集中的、有针对性的学习，但受时间的限制，讨论常常流于形式，不能深入，而且教师在学生讨论结束后很少有充分的时间和精力分析、解答学生们在讨论中生成的种种问题。由此，学生许多刚刚生成的想法又被抑制，课堂交流互动的效果得不到良好的实现。

由此可以看出，过分的集中或是过分的放手都不是明智的选择。因此，教师讲授与学生参与的契合点应聚焦于一条能贯穿始终、统领全局的主线上，它既可以是一个围绕教学主题、极具吸引力的问题，也可以是一个能建构整节课教授内容的逻辑框架。

3. 教案写作的语言定位

课堂上的教案写作语言，与一般的人与人交流所用的口语并不相同，也不同于书面的文字记述，而是介于口语与书面语之间的一种具有属于学科特性的讲述话语。这当中有两个关键概念：一个是"学科特性"，这是从学科归属层面来说的。任何一门学科的课堂教学都应当具有该学科所独有的语言氛围。如语文学科倡导语言的诗意、富于想象；数学学科重视语言的逻辑缜密；历史学科强调语言的考据价值与历史叙事的清晰、简明等。针对不同学科，教师应选取分属于各学科特性的话语进行表达，力求在教学语言的渲染中熏陶每一位学生，既传递学科知识，又潜移默化地帮助学生形成良好的学科观与方法论。另一个概念是"讲述话语"，这是从语言归属层面来说的，突出强调的是讲授法在教学中的重要作用。这里的讲授法并不是向容器中灌水，而是在学生自觉的、有意识的努力的基础上，其大脑深层能动、紧张、丰富的建构过程。基于对这两个关键概念的把握，教师在教案的写作中就既要努力把握学科的内在话语逻辑，又要积极探求讲授话语的独特教学意蕴。

4. 教案写作的价值归属

教案写作的价值归属体现在教师对教学内容的深刻理解与富于个性化的解读上。所谓价值归属，就是教师对于教案写作的终极关怀。教案写作就好比作家创作，绝非单纯在教学层面的环节设计，而是基于教学又高于教学的一次二度创作。

面对纷繁复杂的可选择的素材，首先，教师要明确哪些素材对于课程内容的教学最有价值，并将这些素材围绕某一中心论点或某个关键问题进行有机改造与组合；其次，教师要结合自身的阅读体验与对教学内容的个性化理解，在综合了所收集材料的基础之上，形成具有教师独特教学风格的教案文本；最后，教师要用批判的眼光与多样化的视角审视成形的教案文本，寻求新的教学生长点，并在可能存在多元解读与学生质疑的环节留出"缓冲"的空间，一方面可以作为正式上课前仍在思考的问题，另一方面可以将其作为课堂上与学生交流互动的讨论问题。这两方面契合了教案写作动态生成的特性，因而具有较强的理论价值与实践可能性。

课堂是反映教师的一般修养和教育素养的一面镜子，从课堂中可以看出教师的智力、见识和博学程度。教案的写作则更是一个教师对于教学内容理解的真实内心独白的显现。广大教师应该将更多宝贵的精力与饱满的热情投入教案的创作过程中，避免那些流于形式的教学设计，或是教条式的教案编写损害课堂教学。只有当教师真诚地用心与文本对话、与学生对话、与教学的场域对话时，他们撰写出的教案才是个人真性情的流露，教案本应具有的独特价值才会越来越充分与完善地显现出来。

第五节 语文课堂教学多媒体手段的运用

在外出听课过程中经常发现，每节公开课的多媒体课件做得都非常漂亮，既有图片又有视频，但是黑板上只有少量的板书，有时甚至连标题也没有。这样的课堂虽然很好看，但教学效果并不理想。写字是教师一项重要的基本功，实际上，教师一手漂亮的粉笔字往往会给学生留下深刻的印象，简洁明了的板书设计也能让学生对本节课的教学内容有一个完整清晰的认识。

多媒体技术作为一种重要的教学辅助手段，对于引导课堂教学方式变革确实起推动作用，但是我们要回归教学理性，不能漫无目的地滥用。在运用多媒体技术时要注意：一是选择好教学内容。多媒体技术主要适用于一些艺术作品的展示、数据图表的呈现、技术原理的剖析等，比如像代数式的运算、解方程和不等式就不适宜运用多媒体，而应该采用板书示范、讲练结合的方法来进行教学；对于三角函数的图像、圆锥曲线的定义运用，多媒体就较合适，因为通过多媒体课件，能直观形象地展现函数图像和圆锥曲线的动态形成过程，这样学生不但学得兴趣盎然，而且记忆深刻。二是把握好时间长度。过多、过长地运用多媒体技术，容易使学生产生疲倦感，如果长时间地播放多媒体课件，会削弱教师的示范和引领作用，学生也不一定能够看得懂，因此使用多媒体技术时，教师要把握好时间和节点，让学生耳目一新，再配合必要的讲解，这样才能取得良好的效果。

课堂教学重在学生参与，多媒体技术只是一种辅助手段，切不可本末倒置。教师应该把多媒体技术与传统教学有机结合起来，使各种教学手段优势互补，以达到最佳的教学效果。

一、多媒体教学手段的运用要讲究目的性和实效性

从多媒体辅助教学的角度说，多媒体要有必要用才用，使用了就要用好，用出效果。画面、声音要清晰，出现的时机要恰当，操作要熟练。多媒体课件的制作要规范，比如课件制作中尽量不用变形的美术字体，尤其是低年级教学中，建议使用楷体；汉语拼音不能用英语字母替代；课件的字号要适宜，要根据教室大小、学生分布以及投影屏幕或一体机屏幕的大小，选择大小合适的字号。有些教师，尤其是高年级教师制作的课件字号偏小，学生一看，密密麻麻的，坐在教室后边的学生根本无法看清具体内容，等他们瞪大眼睛，好不容易努力看清个大致时，课件很快又转到下一页。这中间，学生甚至连教师的讲解都没来得及听。这样的多媒体教学手段的运用就明显地没有讲究目的性和实效性。

二、处理好传统媒体和现代多媒体教学手段的关系

传统媒体和现代多媒体教学手段在设计制作和使用效果上各有千秋，二者在课堂教学中可以并行不悖，优化组合使用传统媒体和现代多媒体教学手段是处理好二者关系的基本途径。

三、处理好语言训练和直观教具的关系

学习语言主要靠读与悟，图像用得好能引起想象，用得不合适就会限制学生的想象。要重视培养读课文、想象画面的能力，让学生感受语言的无穷魅力，利用图像音画要适可而止，以给学生留下适当的想象空间。例如，有的教师在诗歌（古诗或现代诗）教学中，一开始就播放课件，配乐示范朗读，影响了学生自主、多元想象。如果将课件放在学生充分自读之后，并在播放之前让学生猜测课件录像的画面，效果可能就会大不一样。

四、多媒体手段的运用要结合自身所长及学生实情

多媒体手段的运用首先要充分考虑教师的多媒体技术基础，要结合教师自身所长。多媒体技术涉及面广，多媒体教学手段的运用本身对教师就有一定的要求，并非所有的教师都适宜，也并非所有的教师都有能力运用多媒体教学手段。例如，当下翻转课堂非常流行，一些教师对翻转课堂缺乏必要的认识，视频制作水平低下，对相应的教学内容是否适宜采用翻转课堂的方式教学都不甚明了，此时却仓促进行翻转课堂教学，那在教学效果上只会适得其反。

多媒体教学手段的运用还要结合学生的实际情况。对有些思考能力强、独立学习能力强的学生，某些音画形式的手段就不一定有必要使用。

五、多媒体教学是利弊并存的"双刃剑"

（一）多媒体教学的"利"

语文课程标准要求：应拓宽语文学习和运用的领域，注重跨学科的学习和现代科技手段的运用。多媒体是现今中小学教学中最重要的现代科技手段之一。多媒体以图文并茂、声像俱佳、动静皆宜的表现形式，以跨越时空的非凡表现力，大大增强人们对抽象事物与过程的理解与感受，从而将课堂教学引入全新的境界，把学生带进一个声、像、图、文并茂的新天地。多媒体教学手段在激发学生学习兴趣、开发学生智力、提高课堂效率、优化课堂结构方面确实起到了关键作用。可是多媒体技术运用于语文课堂教学，用好了，它可以成为语文教学活动的润滑剂，否则，将会与我们使用它的初衷背道而驰。正确适当地运用多媒体不仅可以改善师生关系，形成良好的课堂气氛，而且它能在有限的时间（课堂）、空间（课间）内打破地域界限，展现古今中外的客观事实，使经验较贫乏的中小学生在课堂上就能很感性地认识教材中的事物，使注意力容易分散的中小学生在课堂中能多感官、多角度、多渠道地进行学习，使枯燥的课堂学习成为他们学习语文的乐园。

语文是一门文学艺术，在传统的一支粉笔、一块黑板和一张嘴的教学环境下，很难让学生领悟到课文的真正魅力，而多媒体的运用，正是把现代科技引进课堂，优化了教学内容，使学生易学、乐学，培养了学生记忆能力、表达能力和创造能力等能力。

1. 突破时空的限制，诱发学习兴趣

兴趣是学习的本原性动力，没有兴趣更谈不上主动、自觉、及至自主。语文课的教学，由于教材中的课文和作者都处于一定的时代、背景和空间，而学生由于生活经验的限制，缺乏时间和空间的概念，教师在传统教学中所使用的教学手法，难以使学生产生一种身临其境的积极情感，学生的兴趣也难以调动。教师使用多媒体能打破时空限制，把语言文字所描绘（有改动）的情景直观形象逼真地展现出来，能使学生从听觉视觉上去领略语言文学所描绘"美"的情景，从而诱发学生的学习兴趣。

2. 再现情景，突破知识的重难点

如何巧妙地突破文章的重难点，这一直是我们语文教师不断思考的问题。在教学过程中，我们发现只要恰当运用多媒体巧妙地再现课文中的情景，不仅能够突破知识的重难点，而且能使学

生从形象的感知中增强学习的趣味。

3.拓宽视听范围,训练记忆能力

人类感觉器官获取信息主要靠视听觉,而传统教学主要是通过听觉让学生记忆,这种记忆较为枯燥,为被动记忆,记忆的时间也不长。多媒体则从不同方面刺激学生多种感官,在学生大脑皮层形成多个兴奋中心,激起他们学习的兴趣,从而使他们在自学的感知思维中培养了记忆能力。

在语文教学中,运用多媒体,对激发学生的学习兴趣、拓展课程资源、丰富学生的感知、发展学生的思维、提高课堂教学效率有着明显的效果。

(二)多媒体教学的"弊"

1.片面追求多媒体的动画效果,分散学生的注意力

有的教师误认为,只要多次使用多媒体技术就能调动学生的兴趣,就能营造良好的课堂教学气氛。有的教师力求多媒体画面的漂亮和动画效果,结果却分散了学生的注意力。比如,有的课件在显示时,本来已经选用了非常精美的图片做背景,却又在同一张画面上出现几种不同的字体,甚至还不时跳出几个动画人物来;切换的方式各不相同,一会儿从这飞出一张,一会儿从那出来一张,还伴有不同的声音,不难想象,学生不会关注所要掌握的内容,而是过分注意不需掌握的部分,甚至会出现自发性的讨论,致使课堂教学处于骚动不安的状态。

2.过分使用多媒体,削弱了教师的作用

任何教学手段的使用,都离不开教师。有的教师把上课要说的话,录制下来作为配音,跟随课件播放。上课时,教师操作计算机,学生随屏幕显示学习,一节课看不到教师在黑板上写几个字,在讲台上讲几句话。其实,多媒体技术的使用,并不能代替教师的作用。语文教师的一手好字,会使很多学生注意自己的书写;教师儒雅的气质、饱满的激情、个性的语言、抑扬顿挫的语调,会激发很多学生的朗读热情。师生之间的语言交流,教师表情以及身体、语言的提示,可以引起学生的共鸣,吸引学生的注意力。教师授课的过程也是一个师生情感交流的过程,是一个对学生心理活动进行积极引导的过程,是一个培养学生良好情绪智力的过程。如果一味地依靠多媒体技术,会大大削弱教师的魅力。

3.直接再现情境,忽略学生的思维与想象

选入课本的都是文质兼美的文章,需要教师最大限度地调动学生的想象和联想,引导他们透过语言文字去品味语言、感知形象、体会情景、领悟道理。而多媒体技术在化抽象为形象、提高教学内容可接受程度的同时,很容易造成对学生抽象思维能力和想象能力培养的不足,长期如此,学生的想象力和创新能力也就受到抑制。

4.师生对话变成了人机对话

一节理想的课,不是看教师教了什么,而是看学生学了什么。教师的主要任务就是组织协调并积极参与学生活动。而在实际教学中,我们却看到很多教师把相当一部分精力放在了演示多媒体课件上,整个课堂教学形成了由教师操作、计算机演示、学生"洗耳恭听"的新的"填鸭式"

模式。由过去的"人灌"模式变为现在的"机灌"模式，这样更加强化了教师的主动性和学生的被动性，多媒体的优越性根本毫无体现。要充分发挥多媒体教学的优越性，教师在设计课件的时候必须要有以学生为中心的思想。在课件结构上，可采用模块化思想，变线性结构为非线性结构，将课件设计成学生学习的资料库，并注意增强课件的交互性及其界面的人性化，使课件流向能根据教学需要而随意调度。同时，要考虑各层次学生的接受能力和反馈情况，还可适当增强课件的智能化，提高自由度。能及时对学生的回答或提问做出正确的响应，真正使学生成为课堂的主人。

我们不难看出，多媒体是一个利弊并存的现代科技手段，我们应正确、辩证用其所长，避其所短，使多媒体技术更好地为提高教学质量服务。

第八章 语文教学思维创新能力培养的实践策略

第一节 语文教学思维创新能力培养环境的创设

中小学各学科都需要运用思维创新能力，而语文学科依托语言能力与思维创新能力密切相关的优势，培养思维创新能力的效果最为显著，所以要重点把握语文教学对听说读写能力的训练，提升学生的思维创新能力。语文教学将阅读与写作、课内与课外相联系，使学生思维得到横向和纵向的延伸，思维创新能力才能真正得到释放。探究对语文教学思维创新能力的培养，可以从以下三个方面入手。

要系统持续地开展培养语文教学思维创新能力的活动，需要多方合力营造良好的培养环境氛围。具体来说包括以尊重个性为出发点的自主学习氛围、促进共同进步的合作探究氛围、实现合理发展的积极创新氛围。

一、创建尊重个性的自主学习氛围

每个中小学生的大脑都是一个独立的思维系统，体现思维创新能力的形式也多不相同。要有效地发展思维创新能力，应该改变吸收式的教学观。社会要实现各领域的繁荣发展，就不能抑制学生个性化的发展。个性化意味着要正视个体之间的差异性，并且尊重学生的个性。在教育教学中要从性格、兴趣和能力三个方面分析学生的差异。皮连生认为个性差异是指人格特征在个体之间所形成的不同品质。人格（个性）差异是一个相对宽泛的概念，人与人之间身体上、认识及情感方面的差异都被包括其中。依据上述观点与教学实践可以看出，年龄和智力相当的学生的个性主要存在性格、能力、兴趣和认知等心理层面的差异。教学中语文教学教师应时时刻刻体现出对每位学生的尊重、理解和信任，与学生平等交往，帮助学生树立自信心，启发鼓励学生大胆质疑；学生把自己的心得体会坦诚地告诉教师，积极诚恳地汲取教师的建议。这样师生就能够相互吸引、相互包容，全力投入教学活动中。

二、营造共同进步的合作探究氛围

语文教学思维创新能力的形成不能仅靠一人之力。个人学习需要深入的探究能力，但是个人的探究往往带有片面性，所以合作探究就显得尤为重要。阅读合作探究体现为教师指导学生的经验型探究和学生之间的互助型探究两种形式。

师生之间的探究产生了传统和新兴观点的碰撞，不是为了比较孰优孰劣，更是相互积极地影响。学生之间的探究是平等层面观点的交流，这种形式的探究可能存在内容的重合或者冲突，也可能互相补充。教师可以通过设置探究性的问题营造探究氛围，创设启发性的教学情境来调动学生的积极性，并组织学生之间以小组合作等形式展开讨论、分析和总结。思维水平较高的学生与水平较差的学生交流探讨，能够实现相互启发。语文教学课堂上应该合作探究，实现教学群体的共同进步。

三、构筑指向发展的积极创新氛围

思维创新能力的高层次体现的是学生的创新能力和发展能力，因此要为培养语文教学思维创新能力提供积极创新氛围。创新与发展更多的是对学生精神层面的要求，而阅读教学对学生精神的熏陶是最深刻的。语文教学受到知识和情感的牵引，二者动静融合影响着学生的思维。为培养语文教学思维创新能力，积极创新环境应找准着力位置。首先教学方式要创新，在阅读课堂上，教师可以使用幽默风趣的语言和新颖的教学方法等；在课后开展丰富的课外阅读活动，让创新思想深入学生生活的方方面面。其次教学内容要创新，教师根据学情来确定教学的内容，适当的时机可以渗透为学科服务的新概念和新技术。最后积极进行阅读创新实践，将传统与新型的阅读形式结合。为了创设更好的培养环境，还需要学校、家庭和社会通力合作。

第二节 语文教学思维创新能力培养的文体教学策略

语文教学有规律可循，但要以科学深入地理解语文学科的内涵为前提。受应试教育的消极影响，学生并没有真正形成独立阅读和学习的能力。在各学科中语文的阅读比重最大，所以语文教学中的阅读教学在培养学生思维创新能力上承担了重要角色。

一、记叙文教学细化阅读，保持思维连贯

（一）明确记叙文培养思维创新能力的方向

记叙文以人、事、景和物为主要写作内容，分为写人记叙文、叙事记叙文和写景状物类记叙文。记叙文作品的共同点是文章中包含着思想情感，要体会其思想的深刻性必须学会阅读文本。所谓学无定法，思维创新能力就是让学生根据实际情况，做到即使没有现成的经验可以借鉴，也能从容自如地阅读。记叙文教学遵循由浅入深的顺序，指导学生做到通读全篇，细读人、事、景，品读思想。在记叙文教学中培养思维创新能力要细化阅读，保持思维连贯，提升思维创新能力的批判性、鉴赏性和创新性。

（二）自主阅读，注重整体把握和概括信息能力

在进行课堂教学时，教师应该尽量让学生结合相似的生活情节阅读。学生能够深刻理解课文的人物形象，增强处理现实生活矛盾的能力。

课前组织学生自读课文两遍，学生在熟悉课文框架的基础上，对人物和事件进行初步感知。这时的阅读是没有目标设定的，学生可以沉下心来，自觉地去阅读课文。自主阅读时学生的思维是自由的，学生的想象力和联想力也真正在发挥作用，也能够生成更多个性化的阅读理解。

（三）指导研读，强化理解能力和思辨能力

课文的研读阶段，重在培养学生的内容理解能力和逻辑思辨能力。阅读思辨力的发挥，主要体现为学生在自我认知的基础上去辨析文章作者的写法，进而探知文章要传递的思想主张。随着对课文解读的不断深入，个人认知也在不断深入。

如果我们只是单纯地认读而不理解体会，阅读教学也就失去了价值。学生以课文为参照，并结合生活中的相似情节去深入解读文章中形象。

（四）发散阅读，提升阅读思想力和思维创新力

在研读课文时，学生已经把握了作者的创作意图。进入再读环节，我们要获得文章的"读者意义"，也就是自己对内容的看法。作者给了文章最初的生命，有人说文章从完成那一刻起就失去了生命，而学生通过思维创新能力感悟语言文字符号，能给文章第二次的生命。

二、说明文教学分解要素，整合思维材料

（一）把握说明文培养思维创新能力的方向

说明文的文体特点主要表现为内容的知识性、结构的逻辑性和语言的科学性，以上都是说明文所呈现的陈述性知识。阅读说明性的文章要从说明的对象、顺序和方法以及语言特色方面，领会作品中体现出来的科学精神和思想方法。说明文教学中将说明要素清晰地分解出来，再融合成丰富的思维材料，能有效提升学生思维创新能力的整合性、发散性和逻辑性。

（二）全面收集说明对象信息，提升思维创新能力的整合性

面对纷繁复杂的材料信息，学生一开始的思维肯定是无序的。梳理文章的层次需要找到全面的信息，并有效地进行收集和整合。

（三）感悟说明文语言，提升思维创新能力的发散性

说明文的语言特点分为平实性和生动性。受说明文的实用性功能影响，学生只注重对说明文语言的准确性和平实性的分析，而忽略其生动性。这会造成对说明文语言的片面性理解。说明文教学中有意识地矫正这个问题，可以打破错误的思维定式。

（四）厘清说明顺序，增强思维创新能力的逻辑性和严密性

在说明文教学中信息整合能力很重要，在此基础上的文本理解才能更加透彻深入。在说明文中出现了大量的科学现象，这些都是说明对象的外在表现。说明文阅读需要结合说明现象深入科学内核。多数学生能够结合生活实际理解说明文中现象，做出常理性的归纳。但是要科学地认识其实质，需要我们透过表层去揭示其规律性，培养梳理说明结构的思维创新能力。

说明性文章除了向学生展示一般性的文体知识，也侧重对科学知识与方法的普及以及科学思想的熏陶作用。在阅读教学中，说明文经常因其说理性和平实性，而无法引起学生的学习兴趣。

教师在初学说明文的阶段应该避开纯知识传授的方式。

三、议论文教学剖析逻辑，发散思维角度

议论文与以上文体呈现的思维类型有明显的区别。如在记叙文中体现的思维方式既有直观的形象思维，也有抽象的灵感思维或逻辑思维。而议论文通过议和论的形式行文，以说理性和思辨性见长，回答的是"为什么"的问题。一篇完整的议论文通常包括论点、论据和论证三个要素。议论文按议论内容分为政论、书评、文艺评论、学术论文等；从社会应用角度可以分为开（闭）幕词、演讲稿和序等。

在议论文教学中通过提升学生的逻辑剖析能力，培养学生思维创新能力的批判性和深刻性。

四、应用文教学对比迁移，转化思维成果

应用文是在社会生活实践中形成的一种文体，协助人们的生活、学习和工作事务。随着社会分工的细化，应用文被赋予的功能也越来越多，在社会生活的各领域发挥着作用。语文教学目前常见的应用文包括书信、启事、便条、申请书和倡议书等形式。在应用文教学中主要培养中小学生的实用性思维创新能力，提升思维的灵活性和积极性。

语文阅读的过程本身伴随着思维，语文教学对学生思维创新能力的培养是最切实的。语义教学中几种常见文体教学内容既相互独立也存在着交叉，需要培养而且能够培养多种形式的思维创新能力。

第三节 语文教学思维创新能力培养的评价策略

语文教学学科的教学评价结合语文教学模式制定，是检测教学成果的主要方式。近年来随着对学生课堂地位的关注，教学评价更加关注学生情感与智力的协调性发展。出于语文教学思维创新能力培养的现实需要，相关的教学评价体系也应建立起来。语文教学评价现状是评价形式在不断增加，但是实际使用却呈现单一化和传统化。单一传统的教学评价形式会造成评价结果不公平的现象，进而影响中小学生学习语文的积极性。因此培养中小学思维创新能力的教学评价要体现公正性、全面性与灵活性，做到评价依据的合理化、评价内容的针对性和评价方式的多样性。

一、评价依据要合理化

教学评价主要依据学生的课堂表现、课下反馈练习和考试成绩等。学生在课堂上的表现主要是听课的专注程度、对教师问题的反应速度、课堂笔记的条理性和完整度以及与学生之间的合作探讨等。这些表现都需要在教学过程中及时评价，所以教师要认真观察学生的课堂反应。当在课堂某一环节学生出现困惑的学习状态时，应及时调整教学思路适应学生的思维。对课堂表现专注的学生进行口头表扬或者奖状等书面性质的表扬，对课堂表现异常的学生要详细了解原因再深入交流。课下反馈是对课上学习情况的摸查，教师可以采用谈话的方式了解学生的学习进展，也可以发放限时训练，并及时批阅反馈给学生。目前对学生阶段性的教学评价主要是依据考试成绩。

考试面向学生体现公正性，但也不能排除中途出现意外而影响成绩的情况。所以还应该结合学生近期课堂学习的表现、其他学科教师的反馈、学生家长和同学的意见对其做出合理评价。

二、评价内容要有针对性

语文教学科随着课程改革也在更新着教学的内容，因此对学生的教学评价内容不断调整。不同阶段学生思维水平呈现不同的特点，评价的内容也要具有针对性。让评价者和被评价者能根据评价内容，清楚地了解中小学生语文学习发展状态。中小学阶段的学生处在思维发展的有利时期，心理学家通过对学生运算能力的发展研究得出，中小学二年级是逻辑思维由经验型向理论型的过渡期，此时评价内容主要是集中于学生思维的抽象性发展。对学生的评价内容在全面的基础上，一定要有所侧重。首先是学生基本学习任务的完成情况，这时评价的内容要求一致，以实现学科基础的全面夯实。其次在能力提升阶段，对学生学习的优势部分要做出鼓励性评价，薄弱部分也要适当做出引导性评价，实现突出所长、补足短板。最后还要注意对学生学习过程中的突出表现做正面评价，让学生肯定自己，建立自信心。

三、评价方式要多样化

教学评价按空间分为课中评价和课后评价。教师的课中评价方式又可以分成语言性的评价和非语言性的评价。在语文教学课堂上教师对学生进行的语言评价主要是鼓励和正面引导。如教师可以对经常发言的学生给予表扬，要求其他学生以积极发言的同学为榜样；对经常积极发言的学生在语言鼓励的基础上，可以做深入性的引导，增强其语文思维的深刻性和发散性。课堂上教师的非言语性评价主要是借助教师的面部表情和肢体语言实现。在学生发言内容精彩时，可以在结束后带动其他学生鼓掌，促使学生继续积极地发挥思维创新能力；在学生表述出现停顿时，应该适当等待学生思考，并以微笑和眼神鼓励其继续回答。教师对学生的评价是指导性的，还可以让学生之间展开互助性的评价，实现评价者和被评价者思维创新能力的互相影响。课后评价主要是通过测验和考试。学生成长的评价应该从多角度考察，在成绩之外的品德、修养就无法通过答题的方式查看。借鉴目前出现的一些新的评价形式，如建立成长档案、进行社会实践，都可以进行积极的尝试。

中小学生思维正处于形象思维向抽象思维过渡的关键时期，语文教师在教学中营造良好的培养氛围，采取合理的教学手段和评价方式，能极大地促进学生的思维创新能力发展。

参考文献

[1] 廖娅晖. 小学语文教学设计[M]. 北京：中国铁道出版社，2018.

[2] 杨洪港，肖杏花，何小波. 浅谈小学语文教学管理[M]. 长春：吉林人民出版社，2019.

[3] 饶满萍. 小学语文教学设计与实施[M]. 成都：西南交通大学出版社，2019.

[4] 朱立金. 小学语文教学研究与实践[M]. 济南：山东教育出版社，2018.

[5] 刘素贞. 小学语文教学与教研实践研究[M]. 银川：宁夏人民出版社，2019.

[6] 郭晓莹. 文本解读与小学语文教学设计[M]. 福州：福建教育出版社，2019.

[7] 吴亮奎. 小学语文教学设计问题与方法[M]. 福州：福建教育出版社，2018.

[8] 宋秋前，钟玲玲. 小学语文教学问题诊断与矫治[M]. 上海：上海交通大学出版社，2018.

[9] 成秀. 小学语文教学入门50问[M]. 济南：山东教育出版社，2018.

[10] 宋秋前，王儿. 小学语文教学问题分析与解决策略[M]. 上海：上海交通大学出版社，2018.

[11] 顾可雅. 基于核心素养的小学语文教学设计[M]. 宁波：宁波出版社，2018.

[12] 孙芳. 小学语文教学实务[M]. 成都：西南交通大学出版社，2015.

[13] 石学花. 小学语文教学方法探究[M]. 成都：电子科技大学出版社，2016.

[14] 黄莉. 贵州传统文化在小学语文教学中的渗透探析[M]. 长春：吉林人民出版社，2019.

[15] 高修军. "图画转向"下的小学语文教学[M]. 徐州：中国矿业大学出版社，2017.

[16] 徐晓燕. 小学语文教学探索与实践[M]. 成都：电子科技大学出版社，2015.

[17] 王蕾. 儿童文学与小学语文教学[M]. 北京：人民教育出版社，2015.

[18] 龙宝新. 小学语文教学论[M]. 西安：西北大学出版社，2014.

[19] 夏家发，刘云生. 小学语文教学研究[M]. 北京：教育科学出版社，2014.

[20] 付喜山. 小学语文教学方法与思维创新[M]. 成都：电子科技大学出版社，2016.

[21] 薛晓倩. 多元文化教育背景下的小学语文教学再探究[M]. 宁夏：阳光出版社，2018.

[22] 杜永道. 有问必答小学语文教学疑难答问[M]. 上海：上海教育出版社，2018.

[23] 李永元，谢江峰. 见证穿越 小学语文教学改进实践探索[M]. 上海：上海社会科学院出版社，2017.

[24] 李海霞. 新时期小学语文教学策略研究[M]. 北京：新华出版社，2015.

[25] 莫莉. 新课程小学语文教学的理论与实践 [M]. 昆明：云南大学出版社，2015.

[26] 张敏华. 思维导图与小学语文教学 [M]. 杭州：浙江大学出版社，2015.

[27] 王亚苹. 思维地图在小学语文教学的应用研究 [M]. 北京：北京邮电大学出版社，2016.

[28] 陈红旗，王晶. 21世纪教育理论与实践丛书高教探索与中小学语文教学研究 [M]. 广州：暨南大学出版社，2017.

[29] 刘云生，罗良建. 走向表达本位的小学语文教学与文学教育探究 [M]. 成都：四川大学出版社，2015.

[30] 江玉安. 小学语文课程与教学导论 [M]. 长沙：湖南师范大学出版社，2018.